BATAILLE DE HOCHKIRCH

Entre les troupes imperiales aux ordres du Marechal Daun et les prussiens sous le Commendement de Sa Majesté le Roi, gagnée par les premiers le 14 d'Octobre 1758.

RENVOIS

A. Camp de l'armée imperiale le 7. Octobre près Kittlitz. B. la seconde position. C. Glowen que le Marechal Daun fit retrancher. D. Montagne de Stromberg, dont la hute était occupée par 4 Bataillons de grenadiers aux ordres du Gólosbourg et 4 autres bataillons sous ceux du Gl. Browne soutenus de 12 Bataillons. E. L'infanterie de la gauche, et par la cavalerie de l'aile droite. G. batterie de grosse artillerie soutenue par 2 regimens d'Infanterie tirée de la gauche de la Seconde ligne, et en partie battue de Grenadiers. H. Camp du General Laudon. I. Camp retranché de l'armée prussienne. K. Camp retranché d'un corps prussien détaché aux ordres du Gl. Retzow près Weissenberg. L. Endroit, où les troupes du Gl. Laudon se formérent tandis que la cavalerie de la gauche pour aller attaquer l'armée prussienne par derriere. M. 3 Colonnes sortant du bois pour y marcher aux prussiens. N. Seconde position des 3 colonnes commandées par le Marechal Daun, qui attaqua les retranchemens, qui couvraient le flanc droit de l'armée prussienne. O. Prussiens se battant sur les hauteurs. P. Endroit, où les cavaliers imper. et grenadiers à cheval se formérent. Q. Croates canonnant les prussiens. R. Position de l'armée imper. après avoir forcé le village d'Hochkirch. S. Endroit, où les prussiens se forment, et d'où ils firent un feu tres vif. T. Attaque de la Droite de la première ligne des Imperiaux. V. celle de la Seconde ligne du Duc d'Aremberg. X. 6. Bataillons, et un Bataillon de grenadiers s'emparerent de la hauteur. Y. Corps du prince de Durlach pour soutenir l'attaque du Duc d'Aremberg. Z. Corps du prince de Lowenstein, qui a suivie celui, que les Prussiens avaient à Weissenberg. A. Endroit, où les 2. regimens de Lowenstein cuirasiers les gardes à cheval du Roi de Prusse. b. Differents attaqués des Croates. c. Plusieurs regimens d'infanterie attaqués par la cavalerie prussienne et soutenus par un regiment de cavalerie de la gauche imper. d. Troisieme alignement des colonnes repoussant les Prussiens du Champ de Bataille. e. Corps du Gl. Laudon à la poursuite des Prussiens. f. Position du Roi de Prusse après la Bataille. — Les Prussiens perdirent 101 Canons de differents calibre, 2 étendards 28 drapeaux leurs tentes et la plupart de leur bagage. La Bataille commenca a cinq heures du matin, et finit deux heures avant midi.

C. P. S. C. M.

MANESSE BIBLIOTHEK DER WELTGESCHICHTE

FRIEDRICH II. DER GROSSE
KÖNIG VON PREUSSEN

FRIEDRICH DER GROSSE

Mein lieber Marquis!

Sein Briefwechsel
mit Jean-Baptiste d'Argens
während des Siebenjährigen Krieges

Ausgewählt, kommentiert und
mit einer Einführung versehen
von Hans Schumann

MANESSE VERLAG

ZÜRICH

JEAN-BAPTISTE DE BOYER
MARQUIS D'ARGENS

Friedrichs Freund d'Argens

Friedrich der Große, ein Mensch in seinem Widerspruch: Gesellig und verschlossen, offen und mißtrauisch, freundlich und verletzend, Freigeist und Autokrat, homme de lettres und Staatsmann, Philosoph und Feldherr, der Mann seines Jahrhunderts.

Lord Tyrconnel, irischer Emigrant und französischer Gesandter am preußischen Hofe, zeichnete ein Bild von ihm, das mit den Worten beginnt: Der König von Preußen besteht aus lauter Gegensätzen. Und sein Kollege, der Marquis de Valory, der sich ebenfalls bemühte, des Königs Charakter zu ergründen, schließt resignierend mit der Feststellung, als Ganzes bleibe er ein Rätsel. Es ist das Rätsel, das uns jedes Genie aufgibt, und wir wagen nicht, es zu lösen, denn es ist unlösbar. Aber seine Privatbriefe, die innerhalb der in der Mitte des vorigen Jahrhunderts erschienenen dreißigbändigen Ausgabe seiner Werke zwölf Bände umfassen, nicht gerechnet die fünfundvierzigbändige Ausgabe seiner politischen Korrespondenz – er war neben allem andern einer der emsigsten und brillantesten Briefschreiber seiner Zeit –, geben uns doch mancherlei Einblicke und Aufschlüsse darüber, wie er dachte und empfand, was er glaubte und verwarf, wie er sich und die Welt sah.

Als 1788 die erste Ausgabe der Hinterlassenen Werke Friedrichs in fünfzehn Bänden erschien und alle interessierten Geister Europas begierig danach griffen, schrieb Körner aus Dresden am 27. Oktober an Schiller: «Von Friedrichs Werken lies vor allen Dingen seine Briefe an den Marquis d'Argens aus dem Siebenjährigen Kriege; mir sind sie das Liebste unter dem, was ich davon gelesen habe.» Und in einem Brief von Karoline von Lengefeld, Schillers künftiger Schwägerin, aus Rudolstadt, März 1789, heißt es gleichermaßen: «Lesen Sie doch die Briefe an Argens in den Schriften des vorigen Königs – sie haben einen großen Charakter, deucht mich.»

Diese Briefe, die Friedrich Schiller in so eindrücklicher Weise zur Lektüre empfohlen wurden, sollen dem Leser hier in einer Auswahl aus den insgesamt 317 überkommenen Briefen vorgestellt werden. Zu Recht hob Körner dabei die Jahre des Siebenjährigen Krieges (1756–1763) hervor; denn die Zahl der Briefe davor und danach ist verhältnismäßig klein und im Vergleich zu dieser für das Leben des Königs, aber auch für die europäische und die Weltgeschichte entscheidungsvollen Zeitspanne von nur geringer Bedeutung. Die Auswahl beschränkt sich folglich nur auf jene Briefe, die während des Krieges selbst geschrieben wurden. Zum besseren Verständnis des historischen Rahmens, innerhalb dessen diese Briefe handeln, ist jedem Kriegsjahr ein kurzer Überblick über die den Krieg betreffenden Ereignisse vorangestellt. Einer genaueren Information über manches in den Briefen nur Angedeutete, zu dessen Verständnis es einer weitergehenden Erläuterung bedarf, sowie einer ausführlichen Bekanntschaft mit den in den Briefen genannten Personen sollen die Anmerkungen am Ende eines jeden Kriegsjahres und das Personenverzeichnis im Anhang des Buches dienen. Eine historische Gesamtschau im Anschluß an diese Einführung zeichnet die Entwicklungen nach, die, ausgehend vom Spanischen Erbfolgekrieg zu Beginn des 18. Jahrhunderts, zur Neuordnung der europäischen Mächtekonstellation führten, deren letzter Akt der Siebenjährige Krieg war.

«Als einfacher Privatmann, der zu sein ich mir oft gewünscht habe», sagte der König einmal zu seinem Vorleser Catt, «würde ich ruhig und nach meinem Geschmack leben; ich würde sicherlich einige Freunde haben und wollte sie mir sorglich warm halten. Ich würde leben! Denn ohne die süße Freundschaft verdient das Leben den Namen nicht. Seien Sie versichert, daß ich den ganzen Wert dieses Gefühls kenne.» Wie zur Bekräftigung dieser Aussage schreibt Herder in den «Briefen zur Beförderung der Humanität» 1799: «Daß sein (Friedrichs) Herz den Empfindungen der Humanität, der Freundschaft, der Bruder- und Schwesterliebe, dem Zug zu allem Großen und Guten nicht verschlossen gewesen, zeigen hundert Stellen seiner Schriften, tausend Momente seines Lebens.»

Friedrich und seine Freunde, das ist ein Thema, das hier wenigstens anklingen soll. Es waren nicht viele,

und bei der erhabenen Stellung der Majestät konnte
es ohnehin nicht anders sein; mit zunehmendem
Alter wurden es immer weniger, der Tod raubte sie
alle, und die letzten fünfzehn Jahre seines Lebens war
der König im Grunde allein. «Ich arbeite, promeniere
und sehe niemand.»

Da ist Keyserlingk zu erwähnen, vor dem Fluchtversuch Friedrichs Stallmeister, als hochgeschätzter
Gesellschafter und nach der Thronbesteigung als
Generaladjutant in Rheinsberg Vertrauter des Königs, Cäsarion von ihm genannt und gefeiert, ein
Mann, dessen Geist und Liebenswürdigkeit für ihn
einnahmen. Als er 1745 allzufrüh starb, hat Friedrich
sehr um ihn getrauert und ihm in einem Klagelied ein
Denkmal gesetzt.

Zum Rheinsberger Kreis zählte auch Jordan. In der
französischen Kolonie zu Berlin geboren, hatte er
nach dem Tode seiner Frau sein Pfarramt in der
Uckermark aufgegeben, war auf Reisen gegangen
und dann vom Kronprinzen als Sekretär und literari-
scher Berater angestellt worden. Friedrich hat ihn
wegen seines Fleißes, seiner Gelehrsamkeit und Ehrlichkeit außerordentlich geschätzt, er ernannte ihn
nach dem Regierungsantritt zum Geheimen Rat.
Auch ihn verlor er im gleichen Jahr wie Keyserlingk.
In einem Brief an Maupertuis, den Präsidenten der
Berliner Akademie der Wissenschaften vom 10. September 1745 heißt es: «Wir gewinnen Schlachten und
erobern Städte, aber wir wecken weder Jordan noch

CHARLES ETIENNE JORDAN

Keyserlingk auf, und ohne sie ist mir das Leben ein Jammertal.»

Rothenburg, General, 1751 gestorben, ein vielseitiger, in Diplomatie und Kriegsdienst bewährter Mitarbeiter, war dem König ganz besonders lieb und wert; desgleichen Gotter, Oberhofmarschall, eine sehr unkonventionelle Persönlichkeit. Nehmen wir noch die Brüder Keith hinzu, die 1748 an den preußischen Hof kamen, George, Erbmarschall von Schottland, und James, General in russischen Diensten, bevor er als Feldmarschall in preußische trat, der dann bei Hochkirch 1758 fiel; ferner die Generäle Winterfeldt und Fouqué, dann dürften etwa die Persönlichkeiten aufgeführt sein, die wir zum engsten Kreis um den König zählen können. Damit kommen wir zu Jean-Baptiste de Boyer, Marquis d'Argens, der über ein Vierteljahrhundert ebenfalls dazugehörte und fast der letzte war, zu dem Friedrich in einem Freundschaftsverhältnis stand.

D'Argens entstammte einer alten vornehmen provençalischen Familie und wurde nach eigenen Angaben am 24. Juni 1704 in Aix-en-Provence als Sohn des Generalprokurators des dortigen Parlaments, das heißt des Generalstaatsanwalts des obersten regionalen Gerichtshofs, geboren. Er erhielt im Elternhause und am Jesuitenkolleg seiner Heimatstadt eine Erziehung, über die er sich später recht abfällig geäußert hat. Die hohe Stellung des Vaters, die ihm als ältestem von vier Brüdern einmal zufallen sollte, konnte

HANS KARL VON WINTERFELDT

HEINRICH AUGUST FREIHERR
DE LA MOTTE-FOUQUÉ

den lebenslustigen jungen Mann nicht reizen. «Ich hielt sie für das Grab aller Vergnügungen; das ausschweifende Leben eines Offiziers hingegen hatte für mich viel größeren Reiz.» Darüber gab es manch häuslichen Hader, bis schließlich der Vater nachgab und d'Argens im Alter von fünfzehn Jahren in das Regiment von Toulouse eintrat. Zwei Jahre war er in Straßburg stationiert, eine Zeit, die er als vollkommenes Glück bezeichnet hat. 1722 wurde die Herrschaft d'Argens in der Nähe von Castellane in den Rang eines Marquisats erhoben, wodurch Jean-Baptiste, nunmehr Marquis d'Argens, in die Oberschicht des europäischen Adels aufrückte. Von nun an standen ihm auch die Paläste der Hocharistokratie und die Schlösser der Fürsten offen.

Auf Urlaub bei den Eltern erlebte er die erste von zahlreichen Romanzen mit einer jungen Schauspielerin, die eigentlich Nonne hätte werden sollen, und floh mit ihr, sie als Knabe verkleidet, nach Spanien, um sich dort, was einfacher war als in Frankreich, trauen zu lassen. Ein Marquis, der eine Schauspielerin heiraten will, das war in den Augen der Eltern und der Zeit überhaupt ein Skandal. In Barcelona widerfuhr dem Ausreißer das Mißgeschick, oder, wie man will, das Glück, daß ein Freund seines Vaters ihn erkannte, noch bevor die Trauung vollzogen war, und ihn durch den Gouverneur arretieren ließ, bis väterliche Weisungen eintrafen. Silvie, so hieß das Mädchen, für das der Jüngling, wie er schrieb, in den

Tod gehen wollte, erhielt vom Alten eine Abfindung und wurde sogleich anderweitig verheiratet; der liebeskranke Jean-Baptiste jedoch wurde unter militärischer Bewachung wieder nach Frankreich gebracht und auf der Zitadelle von Perpignan festgesetzt. Hier nahm sich seiner ein anderer Freund der Familie, der gerade zum Gesandten in der Türkei ernannt worden war, an und engagierte ihn mit väterlichem Segen als Gesandtschaftssekretär. In Toulon stach man in See und erreichte nach abenteuerlicher Fahrt über Algier, Tunis, Tripolis und Candia schließlich Konstantinopel. Aufgeschlossen und wissensdurstig machte sich d'Argens mit den Verhältnissen im Reich des Sultans bekannt und gewann Erfahrungen und Einsichten, die ihm für seine Arbeiten als Schriftsteller noch nützlich werden sollten. «Während der sechs oder sieben Monate meines Aufenthalts in Konstantinopel habe ich aufs intensivste die Sitten und Gebräuche der Türken studiert. Ich fand bei den Muselmanen viel gesunden Menschenverstand, Rechtschaffenheit und Treuherzigkeit. Die in Frankreich so häufigen Bankrotte sind in der Levante fast unbekannt. Vertrauen ersetzt den Notar. Man kennt keine Versicherungs- und Garantieverträge, Güter werden auf Treu und Glauben anvertraut oder höchstens mit einer persönlichen Unterschrift. Natürlich wäre es absurd zu glauben, daß es keine Betrügereien gebe. Die Türken sind auch nur Menschen. Aber was ihre Rechtschaffenheit angeht, halte ich sie für zuverlässiger als andere.» D'Argens lernte, sich von Vorurteilen frei zu machen, besonders auch in Fragen des Glaubensbekenntnisses.

In die Provence zurückgekehrt, folgte er nun den väterlichen Absichten, machte die entsprechenden Examen und ließ sich als Anwalt nieder. Er führte einige Prozesse mit Erfolg, doch ließen es dann Affären und Amouren geraten erscheinen, Aix zu verlassen. Er begab sich nach Paris, wo er, seiner Neigung für die Künste folgend, seine Tage zumeist im Atelier des angesehenen Malers Caze verbrachte. Als er am Roulettetisch eine größere Summe gewann, brach er nach Rom auf. Dort machte er die Bekanntschaft des Barons Pöllnitz, der jahrzehntelang im preußischen Hofdienst stand und einmal sein Tischnachbar an der Tafel von Sanssouci werden sollte. Dem Baron ging der Ruf voraus, daß er aus kommerziellen Erwägungen mehrmals den Glauben wechselte. D'Argens verstand sich gut mit ihm. In Rom weilte er ein halbes Jahr und befaßte sich eingehend mit der italienischen Malerei; auch mangelte es ihm nicht an amourösen Liaisons. Als eine seiner Geliebten versuchte, ihren treulosen Galan aus Eifersucht umbringen zu lassen – so behauptet der Marquis in seinen Erinnerungen und fügt hinzu: à la mode des Landes –, ergriff er den besseren Teil der Tapferkeit und machte sich davon.

Wieder folgte er den Fahnen, wurde Leutnant im Regiment des Herzogs von Boufflers und nahm 1734 im Polnischen Erbfolgekrieg an der Belagerung von Kehl teil. Er wurde verwundet. Ein Jahr später stand er als Infanteriehauptmann im Einsatz vor Philippsburg. Ein Sturz vom Pferde beendigte seine militärische Laufbahn.

Mit dreißig Jahren, nach einem schon recht bewegten Leben, stand der Marquis vor dem Nichts; denn einem energischen Befehl des Vaters, nun endgültig im Justizdienst festen Fuß zu fassen, entzog er sich durch eine Flucht nach den Niederlanden. Er versuchte sich als Publizist und brachte, was er trotz seiner Jugend schon alles erlebt hatte, zu Papier. Seine Memoiren, eigentlich die eiserne Ration alt gewordener Schriftsteller, erschienen 1735, waren flott und amüsant geschrieben und machten ihn mit einem Schlage bekannt. Sie sind wohl das literarisch Beste, was er hervorgebracht hat, auch wenn er in späteren Jahren bedauerte, dieses leichtfertige Buch überhaupt veröffentlicht zu haben.

Die Niederlande, «Die Arche der Flüchtlinge», waren damals das Refugium der Männer der französischen Aufklärung, sei es, daß sie sich selbst dorthin begaben, um den hartnäckigen Verfolgungen der Kirche und der Behörden in Frankreich zu entgehen, sei es, daß sie ihre Werke dort, meist anonym, drucken ließen. Ein Land, in dem Protestanten, Katholiken und Juden friedlich miteinander auskamen, mußte dem Marquis sehr zusagen. Er ließ sich in Den Haag nieder und entfaltete alsbald eine gera-

FRIEDRICHS FREUND D'ARGENS

dezu fieberhafte schriftstellerische Tätigkeit. In Form von Periodika mit wöchentlich erscheinenden Fortsetzungen ließ er nacheinander die «Jüdischen», «Kabalistischen» und «Chinesischen Briefe» erscheinen, gefolgt von den «Moralischen und kritischen Briefen über die verschiedenen Zustände und Beschäftigungen der Menschen», einer «Philosophie des gesunden Menschenverstands» und den «Geheim-Memoiren der Republik der Wissenschaften», alles inhaltlich zusammenhängende Werke insofern, als Religion, Staat und Gesellschaft, Theater, Musik und bildende Künste in Europa kritisch betrachtet, vor allem aber die intolerante Kirche, die Herrschaft der Jesuiten und der Mißbrauch der Religion scharf darin angegriffen werden. Daneben trat er noch als Verfasser sogenannter Romane auf, kleine meist pikante Nichtigkeiten ohne literarischen Wert. Die anderen Publikationen erlebten teilweise hohe Auflagen und Übersetzungen ins Englische und Deutsche. Vor allem die «Jüdischen Briefe», ein fingierter Briefwechsel zwischen drei weitgereisten Juden nach dem Muster der «Persischen Briefe» von Montesquieu, erregten die Aufmerksamkeit der Aufklärer und machten d'Argens zu ihrem willkommenen Gefährten. Sie verschafften ihm den Ruf eines Philosophen, womit man im achtzehnten Jahrhundert vielfach auch einen Schriftsteller von kritischem Vermögen bezeichnete. Selbst Voltaire versagte ihm die Anerkennung nicht und titulierte ihn fortan «Bruder Isaak». Die Denkweise des Marquis wird am besten aus der «Philosophie des gesunden Menschenverstandes» ersichtlich, worin er die Skepsis zum Prinzip erhebt. Ungewißheit in der nach Locke nur aus den Sinnen und aus der Erfahrung kommenden Erkenntnis, die täuschen könne, Ungewißheit über den Wahrheitsgehalt religiöser Dogmen, Ungewißheit auch über den Aussagewert der Naturwissenschaften, besonders was die Probleme des Raumes und der Atomistik angehe, Ungewißheit über das Wesen der Seele und ihre Unsterblichkeit, Ungewißheit schließlich bezüglich der Voraussagen der Astrologie, davon handelt die weitläufige Arbeit, die er, im Stile der Zeit, für Kavaliere und Damen geschrieben hatte. Positiv übrig bleibt am Ende nur der Glaube an die Ratio, die Forderung nach Toleranz und eine Lebensführung im Sinne Epikurs.

Lassen wir die Großen der französischen Aufklärung an uns vorüberziehen, d'Alembert, Bayle, Diderot, Holbach, Montesquieu, Rousseau und Voltaire, so werden wir den Marquis in diese erlauchte Gesellschaft nicht einordnen dürfen, wiewohl er zu denen, die darunter seine Zeitgenossen waren, in Verbindung stand. Er erreichte nicht ihren wissenschaftlichen, literarischen und philosophischen Rang und war sich dessen auch immer bewußt. Doch als ein Mann von ausgreifender Kennerschaft und Belesenheit, als ein Liebhaber der Wissenschaften und Künste, als Parteigänger im antiklerikalen Kampf gegen Fanatismus, Dogmatismus und Unduldsamkeit war er ein gewandter Vermittler der neuen Ideen, die, englischen Ursprungs, unter dem Panier der Aufklärung über Frankreich die Welt eroberten und veränderten. In der «Philosophie des gesunden Menschenverstandes» hat er sein Programm wie folgt umschrieben: «Wenn ich will, daß ein Autor verständlich schreibe, dann meine ich nicht, daß er sich herablasse und gemein mache; es geht um die Kunst, die anspruchsvollsten Dinge zu sagen und sie auch gewöhnlichen Geistern faßlich zu machen. Auch die abstraktesten Gegenstände kann man methodisch so behandeln, daß sie sehr leicht werden.» Mit diesem Programm erzielte er bei einer weit gestreuten Leserschaft beachtlichen Erfolg. Seine Lehrer und Vorbilder sah er in Bayle, Fontenelle und Montesquieu; sein Verhältnis zu Voltaire, dessen Überlegenheit er anerkannte, war jedoch nicht unkritisch, zu Diderot, dessen Jahrhundertwerk, die «Enzyklopädie», er nicht würdigte, feindselig, zu den radikalen Materialisten wie Holbach und Lamettrie ablehnend; die revolutionäre Lehre von Rousseau hielt er für gefährlich, denn er war im Grunde seines Wesens ein Konservativer, stark von den französischen Dichtern und Denkern des siebzehnten, des klassischen Jahrhunderts geprägt.

Schon als Kronprinz gefielen, wie Thiébault, Lehrer für Französisch an der Berliner Akademie, berichtet, Friedrich die «Jüdischen Briefe» so gut, daß er bereits in der Rheinsberger Zeit d'Argens für seinen Hof gewinnen wollte. Dieser verspürte aber kein Verlangen, unter die Fuchtel König Friedrich Wilhelms I. zu geraten. «Bedenken Sie gnädigst, Monseigneur», schrieb er an Friedrich, «daß ich, um zu Ihnen nach Rheinsberg zu gelangen, sehr nahe bei den drei Potsdamer Gardebataillonen vorbeireisen müßte. Kann ich das ohne Gefahr tun? Ich bin fünf Fuß, sieben Zoll groß und ziemlich gut gewachsen.» So ließ die für sein Leben entscheidende Begegnung und Bindung an Friedrich noch etwas auf sich warten.

Zunächst gedachte d'Argens, wieder nach Frankreich zurückzukehren. Auf dem Wege nach Straßburg, wohin es ihn in Gedanken an seine glückliche Garnisonszeit zog, kam er 1740 nach Stuttgart und wurde der Herzoginwitwe Maria Augusta, der Mutter Carl Eugens, vorgestellt. Diese fand Gefallen an ihm und bot ihm die Stelle eines Kammerherrn an, die der Marquis annahm. Als Voltaire davon erfuhr, schrieb er ihm: «Was soll das, es gibt einen König von Preußen. Der liebenswürdigste Mensch hat soeben den Thron bestiegen. Wissen Sie nicht, daß alle Welt zu ihm drängt, um unter diesem Marc Aurel des Nordens zu leben?» Das war ein Wink, den d'Argens nicht vergaß. Ein Jahr später schon war er, damals noch in Diensten der Herzogin, in Berlin. Er war vorausgereist, um dem König einen Brief von ihr zu überreichen, aber Friedrich stand im Felde, er führte den Ersten Schlesischen Krieg. Die Herzogin traf

Anfang 1742 in Berlin ein, um dem König ihre Aufwartung zu machen und ihre Söhne zu besuchen, die am preußischen Hof erzogen wurden. Aus den zeremoniell steifen und engen Verhältnissen in Stuttgart wieder herauszukommen und die belebende Luft von Berlin zu atmen, das muß den Marquis in seinem Wunsch nach einem Dienstwechsel sehr bestärkt haben. Er fand geeignete Wege, den König davon zu unterrichten, denn bereits am 19. März 1742 schrieb dieser aus seinem Hauptquartier in Selowitz, daß d'Argens für den Fall, sich von den Verpflichtungen in Württemberg lösen zu wollen, jederzeit in Berlin willkommen sei und eine jährliche Pension von tausend Gulden erhalten werde. Schon vorher hatte der König seinen Freund Jordan gebeten, sich den Marquis anzusehen und ihm zu schreiben, was das für ein Mann sei, ob er einen unruhigen Geist und die Flatterhaftigkeit seiner Nation habe oder ob er gefalle, ob, mit einem Wort, Jordan ihn akzeptiere. Und Jordan konnte ihm kurz darauf antworten, daß er und der Marquis schon gute Freunde seien. Der offensichtlich vorzügliche Eindruck, den d'Argens in Berlin machte, wird auch von einem Hofmann bestätigt: «Unter den Höflingen im Gefolge der Herzogin», schreibt er einem Bekannten, «ist der bemerkenswerteste zweifellos der Marquis d'Argens. Er ist ebenso liebenswürdig in Gesellschaft, wie er angenehm und lehrreich in seinen Büchern ist. Er ist groß, gut gewachsen und von sehr einnehmendem Aussehen. Er hat ganz das Wesen eines homme de qualité, der den gewohnten Umgang in der großen Welt mit der Vernachlässigung seines Äußeren verbindet. Die Hälfte seines Lebens verbringt er im Bett, um darin zu studieren und zu schreiben. Sein Phlegma ist mehr als vollblütig, aber in Gesellschaft ist seine Lebhaftigkeit mehr als provençalisch. Nehmen Sie noch hinzu die Stimmung eines Dichters, den Esprit eines Philosophen, das Gedächtnis eines Literaten, das Herz eines vollendeten Ehrenmannes und die Laune eines sehr liebenswerten Verführers, dann kennen Sie den Marquis.»

In Berlin begann man bald über ihn und seine Herzogin, die eine heißblütige Dame war, zu tuscheln. Die einen sagten, der Marquis sei in sie verliebt, was dieser entrüstet verneinte, die andern meinten und hatten vermutlich recht, es verhalte sich gerade umgekehrt. Jordan berichtete dem König am 14. April 1742 von einem Krach, zu dem es zwischen den beiden gekommen sei, aber auch von einer Versöhnung. Es sei ein sehr lebhafter Streit gewesen, die Trennung lärmend, die Versöhnung spektakulär. Der Marquis habe die Herzogin auf Knien gebeten, und wer dabei war, habe Tränen vergossen. Die Ursache des Zwistes lag in der Absicht des Marquis, in preußische Dienste zu treten. Zunächst begleitete er aber Maria Augusta nach Stuttgart zurück, um bestimmte Aufträge, die ihm Friedrich erteilt hatte, zu erledigen – sie betrafen die Anwerbung von Soldaten – und um sich wieder ganz mit der Herzogin zu vertragen, was ihm denn auch gelang. Am 7. Juni 1742 bat d'Argens den König um Zollbefreiung für seine Sachen, insbesondere für seine umfangreiche Bibliothek. «Ein König, der alle Jahre eine Schlacht gewinnt und zwei oder drei Provinzen erobert, hat es nicht nötig, die Philosophie zu besteuern.»

Die Herzogin hat ihm seinen Schritt nicht nachgetragen; im Gegenteil, sie setzte sich für eine gute Verwendung ihres Marquis bei ihrem Herrn Vetter in Berlin ein. Dieser zögerte anfänglich, seinen finanziellen Versprechungen nachzukommen, denn in Geldsachen war Friedrich vorsichtig, ja geizig, so daß d'Argens, der seit Wochen in einem Berliner Gasthaus auf die Regelung seiner Verhältnisse wartete, die Geduld verlor und dem König schrieb, seine Börse habe eine hitzige Belagerung auszuhalten und daß er, wenn Seine Majestät ihm nicht rasch zu Hilfe komme, kapitulieren und den Rhein wieder überschreiten müsse. Der Brief wirkte, d'Argens erhielt nach einer Übergangszeit den goldenen Kammerherrnschlüssel, wurde zum Direktor der Literaturklasse an der von Friedrich neu begründeten Akademie der Wissenschaften ernannt und bekam ein auskömmliches Gehalt, ohne daß dieses jedoch immer regelmäßig ausgezahlt wurde.

D'Argens wurde vom König sogleich für Dienste verschiedener Art in Anspruch genommen. Er widmete sich der im Aufbau begriffenen Akademie und übernahm eine Zeitlang die Leitung des königlichen Theaters. Eine der freien Stellen besetzte er mit der jungen Schauspielerin Babette Coichy, die er 1749 heiratete und die ihm nach einigen Jahren eine Tochter schenkte. Es war eine glückliche Ehe. Selbst der frauenfeindliche Friedrich schätzte die Marquise, denn sie war klug und taktvoll. Ihr wurde sogar erlaubt, in Sanssouci zu wohnen; Friedrichs bedauernswerte Frau, die Königin Elisabeth Christine, weilte zu seinen Lebzeiten niemals dort.

Der Bau dieses herrlichen Sommerschlosses durch Knobelsdorff nach den Vorstellungen des Königs wurde während der beiden Schlesischen Kriege begonnen und 1747 vollendet. Der Berliner Buchhändler Nicolai erzählt, daß Friedrich und der Marquis einmal auf der Baustelle spazierengingen. Dabei habe der König auf eine vor der Terrasse angelegte Gruft hingewiesen und gesagt: «Quand je serai là, je serai sans souci», dort werde er einmal ohne Sorge sein. Von dieser Bemerkung habe das Schloß dann seinen Namen, in goldenen Lettern über dem Portal angebracht, erhalten. Für das immer herzlicher werdende Verhältnis zu d'Argens, der alles, was der König ihm auftrug, zu dessen voller Zufriedenheit ausführte, spricht, daß Friedrich ihm bereits 1747 eine poetische Beschreibung von Sanssouci, das er so sehr geliebt hat, widmete. Es mag dem also Geehrten und Umworbenen ergangen sein wie einige Jahre später Voltaire, der nach seiner Übersiedlung an den

ELISABETH CHRISTINE
KÖNIGIN VON PREUSSEN

FRIEDRICH DER GROSSE UND VOLTAIRE
UNTER DEN KOLONNADEN VON SANSSOUCI

preußischen Hof 1751 dem Herzog von Richelieu schrieb: «Ich komme in Potsdam an, die großen blauen Augen des Königs, sein holdseliges Lächeln, seine Sirenenstimme, seine fünf Schlachten, sein ausgesprochenes Gefallen an der Zurückgezogenheit und an der Arbeit, an Versen und an Prosa, endlich Freundlichkeiten, die einen schwindeln lassen, eine entzückende Unterhaltungsgabe, Freiheit, im Verkehr volles Vergessen der Majestät, tausend Aufmerksamkeiten, die schon bei einem Privatmann bestricken würden – alles das hat mir den Kopf verdreht. Ich ergebe mich ihm aus Leidenschaft, aus Verblendung und ohne zu überlegen.»

D'Argens ergab sich ihm aus einer von Herzen kommenden Bewunderung und Verehrung, die trotz gelegentlicher Eintrübungen, an denen die unselige Spottlust des Königs schuld war, im Grunde das ganze Leben anhielten. Friedrich wiederum lernte d'Argens schätzen als geistvollen, belesenen Gesprächspartner; er hat ihn geliebt als honnête homme, als einen aufrechten und zuverlässigen Mann, dem er unbedingt vertrauen konnte. Charakterliche Qualitäten gingen ihm noch über intellektuelle. Daß der Marquis den König dazu reizte, ihn gelegentlich aufzuziehen, ist allerdings verständlich und war ja auch nicht böse gemeint; denn d'Argens war nicht nur ein Langschläfer im Gegensatz zu seinem Herrn, der seine Sekretäre bei Tagesanbruch zum Diktat bestellte, sondern auch ein großer Hypochonder, der sehr um seine Gesundheit besorgt war, und er, der Philosoph der Vernunft, war sogar recht abergläubisch. Da konnte es nicht ausbleiben, daß Friedrich, gern dazu aufgelegt, ihm manchen Streich spielte und dabei bisweilen leider zu weit ging. Denn der Marquis war empfindlich.

Im Sommer 1747 sandte ihn der König nach Frankreich, um Schauspieler und Künstler für Berlin zu gewinnen. Zuvor aber hatte er den Auftrag, dem bei der Armee in Belgien sich aufhaltenden König Ludwig XV. als Geschenk zwei Pferde aus ostpreußischem Gestüt zu überbringen, eine Mission, der sich der Marquis mit Vergnügen unterzog. Bei Marschall Moritz von Sachsen, dem Herzog von Richelieu, dem Kriegsminister und dem Außenminister war er zum Essen eingeladen, wie er geschmeichelt nach Potsdam berichtete. Aber gute Schauspieler, die bereit waren, Paris mit Berlin zu vertauschen, fand er nicht. In der Provinz hatte er etwas mehr Glück; nicht aber gelang es ihm, Maler von hohem Rang zu verpflichten und ebensowenig einen Gelehrten, der literarischen Sachverstand mit gesellschaftlicher Gewandtheit verbinden sollte. Da griff, um des Königs Wunsch zu erfüllen, Maupertuis ein und berief Lamettrie, der mit der Veröffentlichung seines rein materialistischen und atheistischen Buches «Der Mensch eine Maschine» größten Ärger erregt hatte und sich selbst in den Niederlanden nicht mehr vor den Verfolgungen der Theologen halten konnte, in

LUDWIG XV.
KÖNIG VON FRANKREICH

JULIEN OFFRAY DE LAMETTRIE

die Akademie. Friedrich machte ihn zu seinem Vorleser, denn er war geistreich und sehr unterhaltend.
«Wenn man seine Bücher ungelesen ließ», bemerkte
der König, «konnte man mit ihm zufrieden sein.»

Anfang der fünfziger Jahre reiste d'Argens für
einen längeren Urlaub in die Heimat und veröffentlichte in Paris eine «Kritik der verschiedenen Mal-
schulen», die ihn als respektablen Kenner der europäischen Malerei ausweist. Sein Verfahren ist indessen
etwas kurios, indem er den großen Italienern und Nie-
derländern jeweils französische Künstler gegenüber-
stellt, die nach seiner Meinung unterbewertet wurden.
Er selbst war außerdem, für seine Zeit erstaunlich,
ein Verehrer der deutschen Malerei und besaß eine
offenbar ansehnliche Sammlung von Dürers Stichen.

Nach Potsdam zurückgekehrt, wurde er Zeuge der
unerfreulichen Streitereien zwischen Voltaire und
Maupertuis sowie der zunehmenden Entfremdung
zwischen Friedrich und seinem ehemals vergötterten
literarischen Meister, war aber so klug, sich aus allem
herauszuhalten. Voltaire hat es dem Bruder Isaak
nicht gedankt. Er hat sich von Frankreich aus nicht
nur über den König, sondern auch über seine Umgebung gallig und giftig geäußert.

Die Lösung des Bündnisses mit Frankreich und
der Ausbruch des Siebenjährigen Krieges versetzten
d'Argens als Franzose in eine schwierige Lage; als
Gegner der Politik des Versailler Hofes, die er, wie
viele seiner Landsleute, für falsch und schädlich hielt,

ergriff er jedoch eindeutig Partei für Friedrich, der in seinen Augen die Freiheit des Geistes in Europa verteidigte. Die Freundschaft zwischen ihnen wurde in den bitteren Kriegsjahren so eng wie nie zuvor und wie auch danach nicht mehr, wovon die Briefe Zeugnis ablegen. Der Marquis verfolgte die Ereignisse mit größter Anteilnahme, sorgfältig studierte er alle Nachrichten, die er aus dem Ausland erhielt, ja er verstieg sich sogar dazu, dem König Ratschläge für die Kriegführung zu erteilen, und hat ihn auch dreimal für mehrere Wochen in seinem Hauptquartier besucht. In Breslau, im Frühjahr 1758, lernte er den gerade in des Königs Dienst aufgenommenen Catt kennen, dem er folgende Ratschläge mitgab: «Reden Sie wenig; seien Sie unserem Philosphen gegenüber bedächtig und gesetzt, aber ohne Zwang und Ziererei; lassen Sie sich möglichst wenig auf Späßchen ein; bekunden Sie nur geringes Verlangen nach Vertraulichkeiten, mit denen er sich Ihnen nähern könnte und, nach der Art und Weise, wie er von Ihnen zu mir gesprochen hat, auch nähern wird, und lassen Sie dieses geringe Verlangen besonders dann sich zeigen, wenn er Ihnen etwas über seine Familie sagen sollte; bemängeln Sie um Gottes Willen weder seine Prosa noch seine Verse, bitten Sie um nichts, besonders nicht um Geld, und beachten Sie so wenig, wie die Höflichkeit es gestattet, alle diejenigen, die er für Narren, Schurken, Ränkeschmiede und Querköpfe hält.»

D'Argens nahm auch literarisch Partei für den König, indem er ihn bei der Verbreitung seiner Spottschriften gegen die Häupter der antipreußischen Koalition unterstützte. Außerdem hat er in diesen Jahren den Traktat des Ocellus Lucanus über «Die Natur des Weltalls», die Abhandlung des Timaeus von Locris über «Die Weltseele» und «Die Verteidigung des Heidentums» durch Kaiser Julian übersetzt und kommentiert. Die Arbeiten wurden in der Öffentlichkeit gut aufgenommen. Ferner machte er sich daran, die Werke des Plutarch zu übersetzen, konnte aber das Vorhaben nicht zu Ende führen. Nach dem Kriege krönte er sein umfangreiches schriftstellerisches Werk, das vierundzwanzig Bände umfaßt, mit einer «Geschichte des menschlichen Geistes», einer wahren Enzyklopädie, in die er meist früher erschienene Werke wieder aufnahm.

Nach Ende des Krieges begab sich d'Argens 1764 erneut in die Heimat, um Erbschaftsangelegenheiten im Kreise der Familie zu regeln. Briefe wechselten zwischen Potsdam und Eguilles, dem Wohnsitz seines Bruders, wo er sich aufhielt, und der Urlaub zog sich über zwei Jahre hin. D'Argens traf im Sommer 1766 wieder in Potsdam ein; aber die Verhältnisse waren nicht mehr die alten, auch das Verhältnis zum König nicht mehr, zumal dieser sich den Scherz erlaubt hatte, entlang der Reiseroute von Deutschland nach Frankreich auf den Poststationen und in den Wirtshäusern einen angeblichen Hirtenbrief des

Bischofs von Aix aushängen zu lassen; darin wurde
der arme Marquis als Gotteslästerer und Feind des
Menschengeschlechtes verdammt. D'Argens kam
erst einige Zeit später hinter die Geschichte, als er
sich erinnerte, daß es in Aix gar keinen Bischof,
sondern einen Erzbischof gab. Da ging ihm ein Licht
auf, und er brauchte nicht lange zu raten, wer ihm
diesen Streich gespielt hatte. Doch Friedrich konnte
seine Spottlust nicht zügeln. Als er 1767 anonym eine
Eloge auf die Faulheit erscheinen ließ und darin den
Marquis aufs Korn nahm, kühlten sich die Beziehungen noch weiter ab.

Hofluft wird auf die Dauer schwer erträglich. Es
erging d'Argens wie seinen französischen Kollegen
an der Akademie, Luftveränderung tat not, und so
drängte es ihn, der nun betagt und wirklich krank
war, endgültig, in die Heimat zurückzukehren. In
einem Brief vom 26. September 1768 an den König
schrieb er, daß er nicht glaube, es sei in irgendeinem
Lande der Wunsch eines alten, halbgelähmten Mannes ein Verbrechen, in einem warmen Klima die
Heilung seiner Leiden zu suchen. Auch meine er, daß
er um keine allzu große Gnade bitte, wenn er nach
einem Vierteljahrhundert ehrenvollen Dienstes sich
nun in eine friedliche Muße zurückziehen wolle. «Ich
bin Euer Majestät stets so aufrichtig ergeben gewesen und habe Ihre großen Eigenschaften so herzlich
anerkannt, daß ich unmöglich dem Gedanken Raum
geben kann, Majestät wollten mir deshalb Ihre Gna-

de versagen.» Der König aber, der ihn nicht entbeh-
ren mochte, war schockiert und wurde tatsächlich
böse. Noch am gleichen Tage antwortete er: «Ganz
gewiß hat mir heute nicht der Verfasser der ‹Philosophie des gesunden Menschenverstandes› geschrieben, sondern höchstens jemand, der leere Träume
ausheckt. Was ist Ihnen seit vorgestern zugestoßen?
Sie verlangen plötzlich Ihren Abschied. Ich gestehe,
daß Sie unbegreiflich sind. Ich habe Sie mit aller nur
denkbaren Freundschaft in meinem Hause behandelt
und mich gefreut, Sie hier zu haben. Ich erinnere Sie
daran, nicht um Ihnen Vorwürfe zu machen, sondern
um Sie nachdenken zu lassen über den Skandal, den
Ihre provençalische Phantasie Sie im Alter von 64
Jahren erregen läßt. Ja, ich bekenne, daß die Franzosen noch jede Narrheit, die ich ihnen zugetraut hätte,
übertreffen. Früher kamen sie mit dreißig Jahren zur
Vernunft, jetzt aber gibt es keine Altersgrenze mehr.
Schließlich mögen Sie, Herr Marquis, tun, was Ihnen
beliebt. Zu den Philosophen dürfen Sie sich aber
nicht mehr rechnen. Sie bestärken mich in der Überzeugung, daß die Fürsten nur dazu da sind, Undankbare zu machen.»

D'Argens reiste ab und hielt von Dijon aus, Dezember 1768, dem König in einem sehr würdigen, ernsten Schreiben die ihn kränkenden Späße vor und
zitierte mit Abwandlung aus Lafontaines Fabel von
der Stadt- und Feldmaus:

Ich scheide von hier ohne Ungemach
und suche für mich das Beste;
ich liebe mehr mein ländliches Dach
als des Königs schönste Paläste.

Störung wird künftig mich meiden,
ich esse und schlafe wie's gefällt
und verachte alle Vergnügen der Welt,
die die Furcht mir kann verleiden.

Die zweifellos tiefgehende Verstimmung hielt jedoch nicht lange an, Versöhnung zeichnete sich ab, wie einem Brief des Königs vom 7. Juli 1769 zu entnehmen ist. Darin heißt es, bezugnehmend auf einen nicht mehr vorhandenen Brief von d'Argens, daß seiner Bitte um Verlängerung des Urlaubs entsprochen werde. Doch zu einer abermaligen Rückkehr nach Preußen kam es nicht mehr. Der Marquis erkrankte während eines Besuches bei seiner Schwester auf Schloß La Garde schwer und starb am 12. Januar 1771. Er wurde in der Marienkirche zu Toulon beigesetzt. Er starb «en grand philosophe» wie seine Frau dem König berichtete. Friedrich war bewegt und nahm herzlichen Anteil am Heimgang des Mannes, dem er so lange freundschaftlich verbunden gewesen war. Er bot der Witwe seine volle Unterstützung an, wo immer sie benötigt werde, und erkundigte sich, ob man dem Verstorbenen einen Epitaph errichten dürfe. Friedrich war dankbar, diesen Freundesdienst leisten zu können. Das Grabmal wurde wegen des Einspruchs der Geistlichkeit von Toulon nicht über der Grabstätte, sondern in der Minoritenkirche zu Aix errichtet. Nach dem Willen des Königs sollte es die Inschrift tragen:

«Erroris Inimicus, Veritatis Amicus.»

Diesem königlichen Wunsch wurde aber nicht entsprochen, und so erhielt es eine etwas prosaischere Widmung in Latein und Französisch, in der auf den königlichen Stifter dieses «ewigen Monumentes der Verehrung und der Achtung» hingewiesen wurde. Es hat die Zerstörungswut der Französischen Revolution nicht überlebt.

Von allen Korrespondenzen, die Friedrich geführt hat, sind die mit der geliebten Schwester Wilhelmine, mit dem Bruder Heinrich, mit Voltaire, d'Alembert und d'Argens die umfangreichsten. Wollten wir ihren jeweiligen Grundcharakter auf eine, wenn auch sehr verkürzte Formel bringen, so könnte man vielleicht sagen, daß die Briefe an Heinrich den Staatsmann und Feldherrn, an die Schwester den brüderlich liebenden, an Voltaire und d'Alembert den schriftstellernden und philosophierenden und an d'Argens den leidenden König zeigen. Insofern bringen ihn die letzteren menschlich besonders nahe, ohne deshalb darin den Feldherrn, den Schriftsteller oder den Philosophen zu verleugnen, und vermutlich hat Körner sie deswegen als die ihm liebsten bezeichnet.

Allein die d'Argens gewidmeten Oden geben uns beispielhaft eine Vorstellung von der Art und Weise, wie der König ein Thema, das ihn beschäftigte, gerne in poetische Form einkleidete. Er hat viele solcher Gedichte, meist über metaphysische und ethische Fragen, verfaßt, ehrgeizig darum bemüht, diese Erzeugnisse so zu feilen, daß sie die Anerkennung der von ihm bewunderten Franzosen, vor allem Voltaires, fanden. Ihn hat er oft gebeten, seine Verse kritisch zu lesen und zu verbessern, und Voltaire hat sich über solche Hausaufgaben bissig geäußert. Im Grunde aber war sich Friedrich darüber im klaren, daß seine dichterischen Produktionen, auch wenn sie gelegentlich sehr schöne Stellen aufweisen, nur Spielerei waren. «Ich liebe die Dichtkunst leidenschaftlich», schrieb er 1738 an Voltaire, «aber ich muß, wenn ich nur etwas Erträgliches machen will, zu viele Schwierigkeiten überwinden. Die Sprache ist mir fremd, meine Phantasie nicht lebhaft genug, und alles Gute haben schon andere vor mir gesagt.» In einem Brief vom 22. Oktober 1762 an d'Argens heißt es: «Wer nicht wie Racine schreibt, sollte auf die Poesie verzichten. Aber man sagt, die Poeten seien Narren, und das ist meine Entschuldigung. Und Sie werden zugeben, daß diese Narrheit für die Öffentlichkeit ungefährlich ist, besonders wenn der Poet die Welt nicht zwingt, seine Werke zu lesen, wenn er

Verse macht, nur um sich selbst zu unterhalten, und wenn er der erste ist, sein schwaches Talent einzugestehen.» Anders verhält es sich allerdings mit seinen Prosaschriften, mit den historischen Werken, den Gedenkreden und Testamenten, mit den politischen und militärischen Abhandlungen und mit seinen Briefen. Da hat er, wie Voltaire bezeugt, «die Genauigkeit und Feinheit unserer Sprache mit seinem Genie vermählt.» Von den Briefen sagt Wilhelm Dilthey, sie seien der vollkommenste Spiegel seiner unbeschreiblichen Lebendigkeit und Beweglichkeit. «Sie sind in dem Wechsel von ausgelassenstem Scherz, innigstem Gefühl, tiefstem Weltverstand und dann wieder härtester Behauptung seiner moralischen Willensstellung vollendete Kunstwerke.»

Philosophisch gesehen, gehört Friedrich zu den führenden Köpfen der deutschen Aufklärung. «Rings von Zweifeln umlagert», rang er zeitlebens um eine Antwort auf die großen Fragen nach Gott, der Seele, nach Freiheit und Notwendigkeit. Den Atheisten trat er unter anderem in einer Schrift gegen Holbachs «System der Natur», das Grundwerk des radikalen Materialismus, entgegen und hielt an der Überzeugung von einem göttlichen Schöpfer im Sinne des Deismus fest. Aber er glaubte nicht, daß dieser im einzelnen in die Händel der Welt eingreife. «Ich denke, daß die Vorsehung keine Wunder tun würde, damit sich Schlesien lieber in der Hand der Preußen als in der Österreichs, der Araber oder der

Sarmaten befinde.» Daß die Seele unsterblich sei,
hielt er für unbeweisbar, und für die menschliche
Willensfreiheit sah er in einer nach den Gesetzen von
Ursache und Wirkung verfaßten Welt kaum einen
Raum. Letztlich verhielt er sich gegen alle metaphy-
sischen Spekulationen skeptisch und bevorzugte die
praktische Philosphie als Leitlinie für vernünftiges
und moralisch begründetes Handeln. Er war Stoiker
und Marc Aurel, auch er ein Philosoph auf dem
Thron, sein Vorbild. Er war ein Mann der Pflicht.
Von diesen Überzeugungen sind natürlich auch die
Briefe an d'Argens durchtränkt, selbst wenn sie
philosophische Probleme nur streifen. Ihrer einge-
henden Erörterung wie in den Briefen an Voltaire
und d'Alembert begegnen wir hier nicht. Denn das
Eigentliche dieses Briefwechsels liegt darin, daß
Friedrich den Marquis teilnehmen ließ an seiner
meist tief pessimistischen Lagebeurteilung, an seinem «Martyrium und Fegefeuer» angesichts der
Überzahl der Feinde und an seinen Selbstmordge-
danken; es liegt darin, daß er ihm sein Herz ausschüt-
tete, wie er es in solcher Vertraulichkeit kaum gegen
einen anderen getan hat. Dabei blitzen immer wieder
Funken von Spott auf, sein entschlossener Durchhal-
tewillen ist nicht zu brechen, und die Überlegenheit
seines Geistes zeigt sich nicht zuletzt in den Gedanken, Themen und Formulierungen, die diese in zierli-
cher Handschrift rasch hingeworfenen Mitteilungen
zu einer faszinierenden Lektüre machen.

Da konnte der gute Marquis nicht ganz mithalten – wer hat es außer Voltaire schon gekonnt –, aber es ist anrührend zu sehen, wie er alles tat, den Hofmann nicht verleugnend und doch aus ehrlichem Herzen, um den König immer wieder aufzurichten und seiner Schwarzseherei eine optimistische Beurteilung der Verhältnisse entgegenzusetzen, unerschütterlich von Friedrichs Unbesiegbarkeit überzeugt. Dem König haben diese Briefe gut getan. Er seinerseits gab dem Marquis, wie Nicolai ausführt, «das größte Merkmal seines Vertrauens, indem er während des Siebenjährigen Krieges fast posttäglich und zuweilen sehr lange Briefe an ihn schrieb. Wenn man recht die Lage kennt, was dabei auf dem Spiel stand, welch große Pläne durch seinen Kopf gehen mußten, da sich halb Europa wider ihn verband, wieviel Unglücksfälle er erlitt, welche außerordentlichen Rettungsmittel er anwenden mußte, und daß fast seine einzige Erholung und Trost war, die Gedanken, die ihn drückten, in den Schoß seines treuen d'Argens auszuschütten und dessen Antworten zu lesen, so kann man auf die Wichtigkeit der Briefe und auf die Größe des Vertrauens gegen diesen rechtschaffenen Mann schließen.»

Nach der Lektüre des ersten Bandes der Hinterlassenen Werke Friedrichs schreibt Goethe: «Es ist doch etwas Einziges um diesen Menschen.» Auch der Briefwechsel mit d'Argens bestätigt dieses Wort.

Zur Vorgeschichte
des Siebenjährigen Krieges

Das 18. Jahrhundert, Gipfel der abendländischen Kultur im Geiste der Aufklärung, in den steinernen Zeugen des Barocks und des Rokoko sowie in unsterblichen Werken der Musik, brachte das System der fünf Großmächte hervor, das die europäische Politik, die zugleich auch Weltpolitik war, bis zu seinem Zusammenbruch in unserem Jahrhundert beherrschte.

Die beiden ersten Jahrzehnte standen im Zeichen langer und schwerer kriegerischer Auseinandersetzungen. Sie entzündeten sich im Westen nach dem Tode König Karls II. von Spanien im Jahr 1700 am Streit zwischen den Häusern Habsburg und Bourbon um die Erbfolge in der Alten und Neuen Welt. Österreich, zugleich Träger der Kaiserkrone des dahindämmernden Heiligen Römischen Reiches Deutscher Nation, das den letzten Ansturm der Türken auf Wien 1683 im Bündnis mit Polen, Bayern und Sachsen heldenhaft abgewehrt und den Feind der Christenheit endgültig zum Rückzug gezwungen hatte, schien noch einmal die Herrschaft Kaiser Karls V. heraufführen zu wollen, in dessen Reich die Sonne nicht unterging. Eine Schreckensvision für Frankreich, das denn auch dem Bündnis von Wien und London in blutigen Schlachten und Niederlagen auf deutschem und belgischem Boden entgegentrat, bis schließlich England im Sinne der Erhaltung des europäischen Gleichgewichts dem Spanischen Erbfolgekrieg im Frieden von Utrecht 1713 ein Ende setzte. Frankreich war stark geschwächt, doch wurde Spanien mit seinen Kolonien dem Enkel Ludwigs XIV. zugesprochen; Österreich gewann im darauffolgenden Frieden zu Rastatt 1714 die Lombardei, Neapel, Sardinien und die bisher spanischen Niederlande.

Im Osten oder im Norden, wie man damals sagte, setzte Schweden unter Karl XII. zur gleichen Zeit seine Stellung im Kampf gegen Rußland aufs Spiel und verlor sie nach spektakulären Anfangserfolgen durch den Sieg Peters des Großen in der Schlacht von Poltawa 1709. Bereits 1703 hatte der Zar St. Petersburg gegründet und damit nach Puschkins bekanntem Wort das Fenster nach Europa aufgestoßen. Rußland, bis dahin wenig bekannt, erschien nach der siegreichen Beendigung des Nordischen Krieges durch den Frieden von Nystad 1721, der ihm den Zugang zur Ostsee sicherte, als ein nicht mehr zu übersehender, immer mächtiger und bedrohlicher werdender vierter Partner und Gegenspieler neben England, Frankreich und Österreich im europäischen Mächtekonzert.

Es folgten zwanzig Jahre einer verhältnismäßig ruhigen Entwicklung mit diplomatischen Schachzügen und Positionswechseln, mit einem kurzen Türkenkrieg und, wegen der polnischen Thronfolge, mit

einem zweijährigen Stellungskrieg am Rhein, auf
österreichischer Seite aber im wesentlichen ausge-
füllt mit den Bemühungen Kaiser Karls VI. um
internationale Anerkennung der sogenannten Prag-
matischen Sanktion von 1713, wonach mangels
männlicher Erben seine Tochter Maria Theresia Erbin aller habsburgischen Länder werden sollte.

Karl VI. starb im Herbst 1740. Maria Theresia,
verheiratet mit Herzog Franz von Lothringen, der
1745 zum römisch-deutschen Kaiser gekrönt wurde,
folgte ihm als Erzherzogin von Österreich und Königin von Ungarn nach, nachdem wenige Monate zuvor Friedrich II., dem Mit- und Nachwelt den Beina-
men «der Große» gaben, die Thronfolge in Preußen
angetreten hatte. Vier Jahrzehnte beherrschten beide
die deutsche Politik und beeinflußten die europäische, beide gänzlich verschieden nach Charakter und
Lebensführung, beide jeweils die Gegensätze von
Wien und Berlin, von Mann und Frau in radikal
anmutender Weise verkörpernd.

Die Gunst der Stunde, die Neigung fast aller interessierten Staaten, die Pragmatische Sanktion beiseite zu schieben und sich an Teilen der österreichischen Erbmasse zu bereichern, ließen Friedrich, dür-
stend nach Ruhm und nach Kräftigung des noch allzu
schmalen preußischen Leibes durch die Erwerbung
Schlesiens, unerwartet losschlagen. Der Gewinn dieses Landes in zwei Kriegen – von 1740 bis 1742 und
1744 bis 1745 –, die den König als größten Feldherrn

seiner Zeit auswiesen, wurde im Frieden von Aachen 1748, der den Österreichischen Erbfolgekrieg beendete, international anerkannt. Preußen war, gestützt auf ein starkes Heer, fünfte europäische Großmacht geworden. Maria Theresia aber hat den Verlust Schlesiens nie verwunden, die Wiedergewinnung des Landes blieb ihr außenpolitisches Hauptziel. Bereits 1746 hatte sie sich in einem Bündnisvertrag mit Rußland die verlorene Provinz zusagen lassen, falls Friedrich Österreich oder Rußland angreifen sollte. Zunächst schien es, als sei der Friede für längere Zeit gesichert, doch außereuropäische Ereignisse von weltgeschichtlichem Gewicht beendeten ihn bereits nach wenigen Jahren. Im Wettlauf um die Herrschaft über Nordamerika und Indien stießen England und Frankreich erneut aufeinander, ein Kampf letztlich um die Weltherrschaft, der auf Europa übergriff und Deutschland von 1756 bis 1763 zum Schlachtfeld des Siebenjährigen Krieges machte.

In Ostindien bekämpften sich die französische und englische Handelskompanie, wobei letztere durch ihr Bündnis mit den indischen Fürsten im Vorteil war und die französische verdrängte. Im Osten von Nordamerika gerieten englische und französische Kolonisten, die sich jeweils indianischer Unterstützung versicherten, aneinander und wurden von ihren Regierungen in London und Paris immer entschlossener unterstützt. Frankreich wünschte, seine Besitzungen in Kanada mit denen in Louisiana zu vereinen und dem Vordringen der Engländer ins Landesinnere einen Riegel vorzuschieben. Diese aber wollten das durch einen Vorstoß über das Alleghany-Gebirge nach Westen zum Ohio und Mississippi verhindern. Noch bevor es zwischen beiden Großmächten zur Kriegserklärung kam, waren die Feindseligkeiten in vollem Gange. England führte, gestützt auf seine Überlegenheit zur See, einen weltweiten Kaperkrieg, der die französische Handelsmarine ruinierte. Um so größer wuchs damit die Gefahr, daß Frankreich sich durch die Besetzung Hannovers, dessen Kurfürst der englische König war, ein Faustpfand schaffen werde. England setzte dagegen das alte Bündnis mit Österreich, dem Gegner Frankreichs seit Jahrhunderten, und einen Subsidienvertrag mit Rußland, der 1755 geschlossen wurde und Rußland verpflichtete, zum Schutze Hannovers 50000 Soldaten zu stellen.

Österreich war jedoch nicht gewillt, für England in einem Krieg gegen Frankreich die Kastanien aus dem Feuer zu holen. Es war nur an einem Kampf gegen Preußen zur Rückgewinnung Schlesiens interessiert, wofür aber England nicht zu haben war, und suchte daher außer Rußland nach weiteren Bundesgenossen. Friedrich wiederum sah in der englischen Subvention an die Zarin Elisabeth, deren unversöhnliche Feindschaft ihm bewußt war, eine Gefahr für sein Land und war bemüht, Rußland aus den drohenden Entwicklungen in Europa, in Deutschland zumal, herauszuhalten. Dem König lag durchaus an der

Erhaltung des Friedens, denn von einem Krieg konnte er schwerlich Gutes erwarten. «Mein gegenwärtiges System», hatte er im politischen Testament von 1752 geschrieben, «ist, den Frieden zu erhalten, solange es mit der Ehre des Staates vereinbart werden kann.»

In dieser Situation sah Österreichs Staatskanzler Kaunitz eine Chance, seinen schon längere Zeit verfolgten kühnen Plan zu verwirklichen, das Steuer der österreichischen Politik herumzuwerfen und sich mit Frankreich auf Kosten Preußens zu arrangieren. Im August 1755 legte er in einem Gutachten unter anderem folgendes dar: «Wenn Österreich mit hunderttausend Mann und Rußland mit einer fast gleichen Truppenzahl den Krieg gegen Preußen begänne, dann würden wohl Schweden, Sachsen, Pfalz, ein Teil des fränkischen Kreises, ja vielleicht selbst Hannover sich nicht lange bitten lassen, an dem Kriege wider Preußen Anteil zu nehmen. Schweden wäre mit Stettin und Vorpommern, Sachsen mit Magdeburg, Pfalz mit Cleve und Mark, der fränkische Kreis durch Entfernung der Gefahr wegen Bayreuth, Hannover mit Halberstadt zu gewinnen.» Man sieht, Kaunitz ging aufs ganze. Preußen hatte aus dem Spiel der großen Mächte für immer auszuscheiden. Preußen, so schrieb er, müsse übern Haufen geworfen werden, wenn das durchlauchtigste Erzhaus aufrecht stehen solle.

Friedrich war, je eingehender er die Vorgänge in

Europa studierte, desto beunruhigter über die Verbindung Englands mit Rußland. Auch im englischen Parlament sah man darin eher die Gefahr eines sich auf den Kontinent ausweitenden Krieges; man befürchtete, dadurch das französisch-preußische Bündnis nur noch zu stärken. So wandte sich denn England Preußen zu, weil von ihm ein wirksamerer Schutz Hannovers zu erwarten war, und schloß mit Friedrich am 16. Januar 1756 die folgenreiche Konvention von Westminster des Inhalts, daß Hannover im bevorstehenden englisch-französischen Krieg für neutral erklärt wurde und der Friede in Deutschland zu bewahren sei; einer fremden Macht, die ihre Truppen in Deutschland einrücken lasse, werde man sich widersetzen. England hatte ein gutes Geschäft gemacht; falls Frankreich Hannover angriff, hatte es in Preußen einen Bundesgenossen. Aber auch Friedrich glaubte, einen vorteilhaften Vertrag abgeschlossen zu haben; England, so meinte er, werde verhindern, daß Rußland sich einmische, und was Frankreich betraf, so dachte er, müsse es in dessen wohlverstandenem Interesse liegen, sich auf den Krieg in den Kolonien zu konzentrieren und seine Kräfte nicht auf europäischen Kriegsschauplätzen zu verzetteln. Aber die von England herbeigeführte Kursänderung verstimmte Versailles und St. Petersburg gleichermaßen, nicht so sehr allerdings Wien. Kaunitz erkannte sogleich, daß das schwerste Stück seines großen Planes, Frankreich von Preußen zu trennen, nun durch Friedrich selbst erleichtert worden war. Verstärkt wurden die Verhandlungen mit Ludwig XV. und seiner Regierung weitergeführt. «Dadurch wurde der Weg zu einer Umwandlung gebahnt», schreibt Ranke, «welche die Welt mit Erstaunen erfüllte und als eine Begebenheit ersten Ranges erschien. Denn auf dem Gegensatz zwischen Bourbon und Österreich beruhten doch alle großen Ereignisse der letzten historischen Epoche, die Politik der beiden Kardinäle (Richelieu und Mazarin) König Ludwigs XIV., der Spanische Erbfolgekrieg und die Aufstellung des Hauses Bourbon in dem südlichen Europa; die vorwaltenden Verhältnisse der europäischen Staaten waren daraus entsprungen. Daß diesem weltumfassenden Gegensatz nun eine Allianz der beiden Häuser und Mächte folgen sollte, mußte alle Beziehungen verändern. Der Beschluß vom 19. April 1756 (Sitzung des französischen Ministerrats), in welchem der französische Staat die noch mit tiefem Geheimnis bedeckte Unterhandlung in ihrem Prinzip anerkannte und gut hieß, muß als einer der großen Wendepunkte der neuen Geschichte betrachtet werden.»

Am 1. Mai 1756 wurde zu Versailles zwischen Österreich und Frankreich ein Neutralitäts- und Verteidigungsvertrag abgeschlossen. Praktisch war damit der den Siebenjährigen Krieg auslösende Wechsel der Allianzen vollzogen, die Nord-Süd-Achse England-Österreich durch die West-Ost-Achse Frankreich-Österreich abgelöst, die Umwandlung der Verteidigungs- in Angriffsbündnisse nur noch eine Frage der Zeit.

Zwar machte England durch seinen Gesandten in Wien den Versuch, trotz seiner Hinwendung zu Preußen das Bündnis mit Österreich nicht fallen zu lassen. In einer denkwürdigen Audienz bei Maria Theresia an ihrem Geburtstag, dem 13. Mai 1756, gab diese aber deutlich zu erkennen, daß nichts sie dazu vermöge, an einer Allianz festzuhalten, an der Friedrich beteiligt sei. Auch der preußische König hatte nach dem Abschluß der Westminster-Konvention noch die Hoffnung gehegt, sein Bündnis mit Frankreich bewahren zu können. In diesem Sinne hatte er im Januar mit dem nach Berlin gekommenen französischen Sondergesandten verhandelt. Die Verhandlungen endeten aber ohne Ergebnis. Die Franzosen wollten sich die Möglichkeit, England in Hannover anzugreifen, nicht nehmen lassen.

Im April 1756 erklärten sich England und Frankreich den Krieg, an dessen Ende Frankreich im Frieden von Paris 1763 Nordamerika und praktisch auch Indien verlor und England, die See beherrschend, zur ersten Macht aufstieg. Mit Recht konnte William Pitt, der imperiale Begründer der britischen Weltmacht, sagen, daß man Kanada auf den Schlachtfeldern Europas erobert habe. Österreich drängte nun in Geheimverhandlungen in Versailles und St. Petersburg weiter auf die ersehnte Konstellation, die ihm die Führung eines Krieges gegen Preußen gestatten würde. Für den Wiedergewinn Schlesiens war Kaunitz bereit, dem Hause Bourbon die österreichischen Niederlande zu überlassen, Rußland sollte für seine Unterstützung mit polnischen Gebieten entschädigt werden und Polen dafür Ostpreußen erhalten. Schweden sollte durch die Wiederherstellung seiner Herrschaft über Pommern für das antipreußische Bündnis gewonnen werden.

Die politischen Horizonte verfinsterten sich für Friedrich zunehmend von allen Seiten. Informationen durch zwei bestochene sächsische Beamte und Berichte aus Den Haag ließen den König schlagartig die über ihm schwebende tödliche Gefahr erkennen. Hinzu kamen Nachrichten von russischen Truppenbewegungen in Livland auf die Grenze zu und von der Zusammenziehung österreichischer und ungarischer Verbände in Böhmen und Mähren. Vorsichtshalber verstärkte Friedrich seine Armee, die rund 150000 Mann betrug. Es entsprach seiner Natur, nach eingehender Überlegung nicht lange zu fackeln. Die Kaiserin-Königin, sagte er im Juli zum englischen Gesandten, wolle den Krieg, sie solle ihn haben. Seine Truppen seien bereit, er werde das Komplott seiner Feinde brechen, ehe es zu stark werde. Der Gesandte bemerkte dazu, daß es vielleicht gerade die Absicht Wiens sei, ihn zum Angriff zu verleiten, weil man erst dann mit Sicherheit auf die Hilfe Frankreichs und Rußlands rechnen könne, und er riet, bei der Kaiserin selbst nach den mit ihren Rüstungen verbundenen Absichten zu fragen. Der König nahm die Anregung auf. Der preußische Gesandte erhielt am 26. Juli Audienz in Schönbrunn und trug vor, was der König ihm aufgetragen hatte. Die Kaiserin las ihre Antwort von einem Blatt ab und sagte, in der Krisis der europäischen Angelegenheiten habe sie es für ihre Pflicht gehalten, Maßregeln zu ihrer und ihrer Verbündeten Sicherheit zu treffen, durch die niemand benachteiligt werden solle. Friedrich wollte sich mit dieser allgemein gehaltenen Antwort nicht begnügen; er beauftragte seinen Gesandten, in einer weiteren Audienz von der Kaiserin eine Erklärung dahingehend zu verlangen, daß sie ihn weder im laufenden noch im kommenden Jahr angreifen werde. Kaunitz übermittelte eine ausweichende Antwort, die Friedrich in seiner Besorgnis nur bestärken mußte.

In dieser äußerst gefahrvollen, eigentlich aussichtslosen Lage – denn der Krieg war politisch verloren, noch ehe er begann –, in einer Lage, in der alles auf dem Spiel stand, was Preußen durch die kraftvolle Regierung Friedrich Wilhelms I. und durch die beiden Schlesischen Kriege stark gemacht hatte, sah der König keinen anderen Ausweg, als seinen Feinden zuvorzukommen und nicht abzuwarten, bis sie alle im folgenden Jahr vereint über ihn herfielen. So war es geplant.

Mein lieber Marquis!

1756

Am 29. August überschritt Friedrich mit seinen Truppen die nahegelegene Grenze, um sich Sachsens als Operationsfeld gegen Böhmen zu bemächtigen. «Ein ungeheurer Schritt», wie Goethe in «Dichtung und Wahrheit» schreibt. Er trug dem König die Reichsexekution ein, die er freilich nicht ernstnahm. «Die Welt», fährt Goethe fort, «die sich nicht nur als Zuschauer, sondern auch als Richter aufgefordert fand, spaltete sich sogleich in zwei Parteien, und unsere Familie war das Bild des großen Ganzen. Und so war ich denn auch preußisch oder, um richtiger zu reden, fritzisch gesinnt: Denn was ging uns Preußen an? Es war die Persönlichkeit des großen Königs, der auf alle Gemüter wirkte.» Dresden wurde besetzt, die sächsische Armee bei Pirna eingeschlossen. Sie ergab sich, nachdem ein österreichisches Entsatzheer am 1. Oktober bei Lobositz in Böhmen aufgehalten worden war. Noch beurteilte Friedrich seine Aussichten zuversichtlich, wenn auch keineswegs so sehr wie der enthusiastische Marquis.

Potsdam, den 4. Oktober 1756

Sire, ich weiß nicht, ob der Brief, den ich Eurer Majestät zu schreiben die Ehre habe, Ihnen zu Wien eingehändigt werden wird. Denn wahrlich, nach der Art, wie Sie zu Werke gehen, muß man immer voraussetzen, daß Sie alle vierzehn Tage eine Provinz erobern. Erst vor einem Monat sind Sie von Potsdam abgegangen, und schon sind Sie Herr von Sachsen, und Ihr glorreicher Sieg über die Österreicher[1] bringt die Hälfte des Königreichs Böhmen unter Ihre Herrschaft. Ganz Europa hallt wider von dem Rufe Ihrer glänzenden Taten, und die Zeitungen haben es schon darüber belehrt, daß man die Fortschritte und die Siege Ihrer Armeen vornehmlich Ihrer Geschwindigkeit, Ihrem Mut und der Überlegenheit Ihres Geistes verdankt. Eins indessen, Sire, bekümmert mich. Man sagt, Sie hätten sechsunddreißig Stunden zugebracht, ohne Nahrung zu sich zu nehmen; ja, Sie hätten am Abend vor der Schlacht sich nicht einmal so viel Zeit genommen, auch nur einen Bissen zu essen. Ich bitte Euer Majestät, an die schöne Stelle des «Palladion»[2] zu denken: Das Brot macht den Soldaten. Eine sehr wichtige Wahrheit! Der Ruhm nährt die Seele; aber der Magen verlangt etwas mehr, zumal wenn er schwach ist und wenn vom Wohlbefinden dieses Magens das Wohl eines großen Staats abhängt. Lassen Sie die Sachsen fasten, solange sie wollen, damit bin ich von Herzen einverstanden; aber geben Sie nicht das verderbliche Beispiel, ohne Essen bestehen zu können.

Apropos die Sachsen – wenn ich denke, wie Sie sie behandeln, so komme ich in Versuchung zu glauben, Sie wollten mit Ihrer Würde als Erzbischof von Magdeburg noch die eines Oberbußpriesters verbinden und halten es für notwendig, den König von Polen[3] und seine Soldaten so lange fasten zu lassen, bis die von Ihnen auferlegte Bußzeit vollendet ist. Inzwischen werden sie weder Rhabarber noch Abführmittel nötig haben. Verdauungsstörung ist eine Krankheit, an der sie nicht zu leiden haben werden, und der Herr Graf von Brühl wird aus dem Lager schlank wie ein Mädchen von fünfzehn Jahren herauskommen.

Oktober 1756

Meine Truppen, mein lieber *Marquis,* haben alle ihre Tapferkeit aufgeboten. Ich armer Philosoph habe nur so viel Anteil daran wie ein Mann gegen fünfundzwanzigtausend. Sie scherzen über das Aushungern der Sachsen; doch dergleichen Leute muß man auf irgendeine Art fassen, und um einen Lukull[4] zu zähmen, gibt es kein besseres Mittel als Enthaltsamkeit. Ich habe Ihren ersten Brief erhalten; ich habe

AUGUST III.
KÖNIG VON POLEN, KURFÜRST VON SACHSEN

HEINRICH GRAF VON BRÜHL

BRIEFWECHSEL 1756

nicht darauf geantwortet, weil ich über Berg und Tal war ... Die Franzosen sind unsinnig geworden; es gibt nichts Unanständigeres als ihre Äußerungen über mich. Man möchte sagen, das Heil Frankreichs hänge vom Hause Österreich ab, und die Tränen einer Dauphine[5] seien beredter gewesen als mein Manifest[6] gegen die Österreicher und die Sachsen. Schließlich, mein Lieber, beklage auch ich die Folgen des Erdbebens, das alle politischen Gehirne Europas verdreht hat, und ich wünsche Ihnen Ruhe, Gesundheit und Zufriedenheit. Leben Sie wohl!

Potsdam, den 17. Oktober 1756

Sire, nun ist denn also Alba[7] Rom einverleibt, und durch Ihre Klugheit werden die Feinde des Staates nun seine Bürger und Verteidiger. Welcher Mensch, so voreingenommen er auch sein mag, fände sich nach so glänzenden Taten nicht genötigt, die Überlegenheit Ihres Geistes zuzugeben? Die Franzosen verdammen sie; gerade wie einst die Athener gegen Philipp wetterten, als er der Schiedsrichter Griechenlands wurde. Sie werden der von Europa sein. Es ist natürlich, daß die modernen Athener, ebenso leichtfertig wie die alten, auch deren Betragen nachahmen. Aber die beleidigenden Reden der Franzosen sind Lobsprüche Ihres Ruhms. Ich wünsche, Sire, daß diese Unsinnigen, durch betrügerische Hoffnung getäuscht, bei Ihrer geringsten Unpäßlichkeit ein Freudenfeuer anzünden und verkünden, Sie wären gestorben; derartige unanständige Feuerwerke machen den schönsten Zug in der Geschichte Wilhelms III. aus.

Den Auftrag des Herrn Grafen von Finckenstein[8] habe ich mit aller Sorgfalt ausgeführt. Da ich aber kein Deutsch verstehe und man sich des vereidigten Druckers bedienen mußte, der diejenigen Manuskripte, die man bis zu ihrer Bekanntmachung geheimhalten will, auf dem Schlosse druckt, so war ich genötigt, Herrn von Francheville zum Korrektor des Drucks anzunehmen, der gleichfalls vereidigt ist, Deutsch versteht und der die Korrektur der Ausgabe der Werke Eurer Majestät besorgt hat. All das habe ich mit Zustimmung und auf Anraten des Herrn Grafen von Finckenstein getan. Was den Brief Eurer Majestät angeht, so ist er bezaubernd und mit aller nur möglichen Noblesse geschrieben. Nur ein einziges Wort hat man darin geändert. Graf von Finckenstein sagte mir, die Schweden seien seit einem Monat bemüht, viel guten Willen zu zeigen, und er befürchte daher, sie könnten durch das Beiwort «grausame und blutdürstige» Aristokratie sehr beleidigt werden; ich habe daher statt dessen «unruhevolle» Aristokratie gesetzt. Eure Majestät werden, wie ich hoffe, diese kleine Abschwächung nicht übelnehmen, zumal Ihr Minister deswegen wirklich in peinlicher Verlegenheit zu sein schien.

KARL WILHELM GRAF
FINCK VON FINCKENSTEIN

Herr Fredersdorf und ich haben hier, Sire, einen unsäglichen Schmerz erduldet, weil Briefe aus Berlin meldeten, Sie wären in einem Hinterhalt verwundet, und sogar versicherten, Sie wären gefangengenommen worden. Diese Nachrichten waren ausführlich genug, um uns in Verzweiflung zu stürzen. Wir schickten sogleich nach Berlin, um zur Quelle zu gelangen, und nach sieben Leidensstunden erfuhren wir denn, daß alles, was man uns erzählt, ja selbst geschrieben hatte, ein bloßes Gewebe von Lügen war.

Anmerkungen zu den Briefen des Jahres 1756

1 Schlacht bei Lobositz am 1. Oktober 1756.

2 «Le Palladion» ist ein von Friedrich 1749 in heiterer Laune verfaßtes, komisches Heldengedicht.

3 Friedrich August II., Kurfürst von Sachsen (1696–1763), war nach Abschluß des Polnischen Erbfolgekrieges 1734 zugleich als August III. auch König von Polen.

4 Lucius Licinius Lucullus (117–57 v. Chr.), römischer Feldherr, großer Gegner der Mithridates in zwei Kriegen, führte nach seiner Abberufung aus dem Osten in Rom ein üppiges und glanzvolles Leben. Sein Name wurde sprichwörtlich für ein lukullisches Mahl. Er soll den Kirschbaum nach Europa eingeführt haben.

5 Maria Josepha, Gattin des Dauphin Ludwig, des Thronfolgers König Ludwigs XV. von Frankreich, eine Tochter des Kurfürst-Königs August III.

6 Rechtfertigungsschrift Friedrichs unter «Darlegung der Gründe, die S. Majestät, den König von Preußen, gezwungen haben, den Anschlägen des Wiener Hofes zuvorzukommen», vom September 1756.

7 Mit Alba, einem befestigten Ort, den die Römer im Kampf gegen die Latiner im 7. Jahrhundert v. Chr. eroberten, vergleicht d'Argens Sachsen, das nach der Kapitulation des sächsischen Heeres unter preußischer Oberverwaltung stand. Die sächsischen Soldaten wurden in die preußische Armee eingegliedert, desertierten aber in Massen.

8 Es handelt sich um den Druck eines von Friedrich erdachten Briefes des Kardinals Richelieu aus den olympischen Gefilden an den König von Preußen.

1757

«Es wird das Jahr stark und scharf hergehen, aber man muß die Ohren steifhalten und jeder, der Ehre und Liebe vor das Vaterland hat, muß alles dransetzen; eine gute Husche, so wird alles klar werden», schrieb Friedrich am 5. März an den General Winterfeldt, seinen engsten Vertrauten. Anfang Februar wurde zwischen Österreich und Rußland ein Offensivbündnis geschlossen, Anfang Mai das österreichisch-französische Verteidigungsbündnis in ein Angriffsbündnis umgewandelt. Friedrichs Plan für den neuen Feldzug sah vor, Österreich durch einen vernichtenden Schlag auszuschalten und damit die Voraussetzungen für Friedensverhandlungen zu schaffen. Der schwer errungene Sieg vor Prag am 6. Mai, wo Schwerin, sein bester Heerführer, fiel, und die Einschließung des Feindes in der Stadt selbst schienen den großen Wurf gelingen zu lassen. Da machte die Niederlage bei Kolin am 18. Juni alle Hoffnungen auf ein baldiges Kriegsende zunichte. Friedrichs Nimbus der Unbesiegbarkeit war dahin, Böhmen mußte geräumt werden. Der mit dem Rückzug in die Lausitz beauftragte Thronfolger, sein Bruder August Wilhelm, war mit dieser Aufgabe überfordert. Die Verluste an Menschen durch Desertion und an Material waren sehr groß. Darüber kam es zwischen den Brüdern zu einem unheilbaren Bruch. Nun folgte eine Hiobsbotschaft nach der anderen. Es starb am 28. Juni die Mutter, Königin Sophie Dorothea, die der Sohn sehr geliebt hatte, die

SOPHIE DOROTHEA
KÖNIGIN IN PREUSSEN

FRIEDRICH WILHELM I.
KÖNIG IN PREUSSEN

Franzosen schlugen am 26. Juli bei Hastenbeck die eng-
lisch-deutschen Truppen unter dem Herzog von Cumberland, am 30. August besiegten die Russen die von Feldmarschall Lehwaldt geführten Preußen bei Großjägersdorf in
Ostpreußen, und am 7. September errangen die Österreicher bei Görlitz einen Sieg über General Winterfeldt, der
am nächsten Tage seinen Wunden erlag. Im gleichen
Monat besetzten schwedische Truppen Teile Pommerns.
Der König war verzweifelt. Aber dann endete das Jahr mit
den denkwürdigen Siegen bei Roßbach am 5. November
gegen die Franzosen und die Reichsarmee und bei Leuthen
am 5. Dezember gegen die Österreicher, deren Truppen
mehr als doppelt so stark waren. Diese Erfolge beseitigten
für kurze Zeit alle Gefahren und erregten die Bewunderung in der ganzen Welt, auch bei Friedrichs Feinden.

Leitmeritz, Juni 1757

Bedenken Sie, mein lieber *Marquis,* daß der Mensch
mehr dem Gefühl als der Vernunft folgt. Das dritte
Buch des Lukrez habe ich gelesen und wieder gelesen, aber nur die Notwendigkeit des Schlechten darin
gefunden sowie die Nutzlosigkeit, etwas dagegen zu
tun. Der Ausweg aus meinem Kummer liegt in der
täglichen, mir auferlegten Arbeit und in immerwäh-
renden Zerstreuungen, die mir die Zahl meiner
Feinde verschafft. Wäre ich bei Kolin gefallen, so
befände ich mich jetzt in einem Hafen, in dem ich
keine weiteren Stürme zu fürchten hätte. Aber ich
muß auf dem bewegten Meere weiterfahren, bis mir
ein kleiner Fleck Erde das Glück gewährt, das ich in
dieser Welt nicht habe finden können. Leben Sie
wohl, mein Lieber; ich wünsche Ihnen Gesundheit
und alle Arten von Glück, die mir fehlen.

Leitmeritz, 19. Juli 1757

Mein lieber *Marquis,* sehen Sie in mir eine Mauer, in
die das Schicksal seit zwei Jahren Bresche geschlagen
hat. Von allen Seiten bin ich erschüttert. Häusliches
Unglück, geheimer Kummer, öffentliches Mißge-

schick, bevorstehende Nöte – das ist meine Nahrung. Glauben Sie aber nicht, daß ich nachgebe. Und wenn Himmel und Erde zusammenstürzen, ich lasse mich unter ihren Trümmern mit derselben Kaltblütigkeit begraben, mit der ich Ihnen diese Zeilen schreibe. In diesen fatalen Zeiten muß man sich mit einem eisernen Sinn und ehernen Herzen wappnen, um jedes Gefühl zu verlieren. Jetzt hat der Stoizismus seine Zeit. Die armen Jünger Epikurs könnten zu dieser Stunde keine Phrase ihrer Philosophie zum besten geben. Der nächste Monat wird furchtbar werden und die endgültige Entscheidung für mein armes Land bringen. Ich für mein Teil gedenke es zu retten oder mit ihm unterzugehen und habe mir eine der Zeit und den Umständen entsprechende Denkweise zurechtgelegt. Wir können unsere Lage nur mit jener zur Zeit des Marius und Sulla und des Triumvirats[1] vergleichen, kurz, mit aller Wut und Erbitterung, welche die römischen Bürgerkriege entfesselt haben. Sie sind zu weit entfernt von mir, um sich eine Vorstellung von der Krise zu machen, in der wir uns befinden, und von den Schrecknissen, die uns umgeben. Denken Sie bitte an den Verlust meiner Liebsten, die mir Schlag auf Schlag entrissen wurden, und an all das Unglück, das ich voraussehe und das mit Riesenschritten auf mich zueilt. Was unterscheidet meine Lage noch von der des armen Hiob? Wie meine schwache Gesundheit all diesen Stürmen widersteht, weiß ich nicht, und ich wundere mich selbst, daß ich mich in Lagen aufrecht halte, bei deren Anblick ich noch vor drei Jahren geschaudert hätte. Das ist ein wenig erfreulicher und tröstlicher Brief, aber ich schütte mein Herz aus und schreibe Ihnen mehr, um es zu erleichtern, als um Sie zu unterhalten. Schreiben Sie mir bisweilen und seien Sie meiner Freundschaft versichert. Leben Sie wohl!

Die Philosophie, mein Lieber, ist recht gut zur Linderung vergangener und künftiger Leiden, aber den gegenwärtigen hält sie nicht stand.

Torgau, 15. November 1757

Dieses Jahr, mein lieber *Marquis,* ist für mich schrecklich gewesen. Ich versuche und unternehme das Unmögliche, um den Staat zu retten; aber tatsächlich brauche ich mehr denn je die Hilfe der unberechenbaren Ursachen, um Erfolg zu haben. Die Affäre vom 5. November[2] war sehr glücklich; wir haben acht französische Generäle, zweihundertundsechzig Offiziere und an die sechstausend Mann gefangengenommen. Wir selbst verloren einen Oberst, zwei weitere Offiziere und siebenundsechzig Soldaten, dazu zweihundertdreiundzwanzig Verwundete. Das ist mehr, als ich erwarten konnte; man muß sehen, was die Zukunft bringt... Ich habe eine ungeheure Menge Verse gemacht. Wenn ich am Leben bleibe, werde ich sie Ihnen im Winterquartier zeigen; wenn ich sterbe, vermache ich sie Ihnen, und ich habe schon befohlen, sie Ihnen auszuhändigen. Im Augenblick haben unsere guten Berliner nichts von einem Besuch der Österreicher oder der Schweden zu befürchten. Doch von einer gewonnenen Schlacht habe ich nur den Vorteil, mich mit Sicherheit anderen Feinden entgegenzuwerfen. Diese entsetzlichen Zeiten und dieser Krieg werden gewiß in der Geschichte Epoche machen.

Ihre Franzosen haben Grausamkeiten verübt, die der Panduren würdig waren; es sind nichtswürdige Räuber. Die Erbitterung, die sie gegen mich äußern, ist in der Tat schändlich; ihr Vorgehen läuft bloß darauf hinaus, daß sie sich aus einem Freunde, der ihnen sechzehn Jahre lang ergeben war, einen unversöhnlichen Feind machen.

Leben Sie wohl, mein lieber Marquis! Vermutlich liegen Sie zu Bett; wachsen Sie nicht darin an und erinnern Sie sich Ihres Versprechens, mich im Winterquartier zu besuchen. Noch haben Sie Zeit, sich auszuruhen, denn bis jetzt weiß ich nicht, wo wir uns treffen werden. Es geht mir wie dem Mithridates[3], es fehlen mir nur zwei Söhne und eine Monima. Leben Sie wohl, liebenswürdiger Faulenzer!

Bei Breslau, 13. Dezember 1757

Mein göttlicher *Marquis,* Sie haben acht Monate lang das Bett gehütet und müssen jetzt recht ausgeruht sein. Könnten Sie sich wohl entschließen, den Winter mit mir in Schlesien zu verbringen, sobald alles hier ruhig ist? Freundschaft oder Trägheit – was wird den Sieg davontragen? Voller Ungeduld erwarte ich Ihre Antwort. Sie täten wahrlich ein gutes Werk, wenn Sie mich besuchen kämen. Ich bin ohne Gesellschaft und ohne Beistand. Wenn Sie diesen großen Entschluß fassen, der Ihrer schönen Seele würdig ist, dann will ich Ihnen Ihre Reiseroute schicken und Sie bis Januar in Glogau in Gewahrsam lassen, um Sie dann bei mir in Breslau einzuquartieren. Das wird für Sie so viel sein wie der ganze harte Feldzug, den ich geführt habe, und ich werde vor aller Welt erklären, daß diese Anstrengung größer ist, als wenn Sie sechs Schlachten gewonnen hätten. Sie wissen, was der hochgepriesene Judenkönig[4] gesagt hat, jener weise König, der tausend Kebsweiber hatte: «Wer sich selbst bezwingt, ist stärker denn der Städte gewinnt.» Zweifellos werden Sie dieser starke Mann sein und mir den Trost nicht mißgönnen, den ich in Ihrer Gesellschaft finde. Ich werde Ihnen jemand zur Begleitung schicken und für Pferde und alle Ausgaben aufkommen.

Nun also, lieber Marquis, frischen Mut! Wir werden jede Zugluft fernhalten; ich werde für Watte,

Pelze und Kapuzen sorgen, um Sie recht einzumummeln. Sie werden im Dom das schöne Mausoleum von Bernini sehen, wenn Sie Lust haben, und alle Bequemlichkeiten finden, die Sie sich wünschen. Es steht Ihnen frei, Ihre Gemahlin mitzunehmen. Leben Sie wohl, mein lieber Marquis! Ich erwarte Ihre Antwort wie ein Missetäter sein Urteil oder seinen Freispruch.

Striegau, 26. Dezember 1757

Wie Sie sich denken können, mein lieber *Marquis,* hat mich Ihr Brief hoch erfreut durch Ihren Freundschaftsbeweis und Ihr Versprechen, mich zu besuchen. Sie können gemächlich reisen. Ich habe Jäger nach Berlin geschickt, um Sie zu begleiten. Sie können kleine Tagereisen machen, die erste bis Frankfurt, die zweite bis Krossen, die dritte bis Grünberg, die vierte bis Glogau, die fünfte bis Parchwitz und die sechste bis Breslau. Ich habe angeordnet, daß Pferde bestellt und die Zimmer unterwegs geheizt werden, auch daß Ihnen überall gute Hühner zubereitet werden. Ihr Zimmer hier im Hause ist mit Wandteppichen ausgekleidet und luftdicht verschlossen. Sie werden von Zugluft und Lärm nicht belästigt werden. Liegnitz hat eben kapituliert; somit werden Sie unterwegs ungefährdet sein und in Breslau so gut aufgehoben wie in Berlin.

Könnte mir Eitelkeit den Kopf umnebeln, so wäre

es durch Ihre Briefe[5] geschehen. Allein, mein Lieber, wenn ich mich selbst prüfe, streiche ich drei Viertel von Ihrem Lobe. Alles, was Ihre Beredsamkeit so gefällig aufbauscht, ist nur etwas Festigkeit und viel Glück. Sie werden mich so wiederfinden, wie Sie mich verlassen haben, und Sie können überzeugt sein, daß all die Dinge, die von ferne so glänzend aussehen, in der Nähe oft sehr klein sind. Kurz, mein Lieber, was den Reiz meines Lebens bilden soll, ist das Vergnügen Ihrer Gesellschaft. Wie es scheint, werden wir einen allgemeinen Frieden bekommen; niemand wünscht es sehnlicher als ich. Inzwischen werde ich meine Mußestunden wie Sie zum Studieren benutzen; so wendet man seine Zeit zweifellos am besten an. Sie werden eine Sintflut von Versen zu sehen bekommen, die meinen Feldzug überschwemmt hat. Es sind welche an Sie darunter und Epigramme auf alle meine Feinde. Leben Sie wohl, mein lieber Marquis, ich umarme Sie!

Anmerkungen zu den Briefen des Jahres 1757

1 Gemeint ist wohl das sogenannte Zweite Triumvirat der römischen Geschichte zwischen Antonius, Octavian und Lepidus (triumviri rei publicae constituendae), das im Jahr 43 v. Chr. in Bologna «zur Wiederherstellung der staatlichen Ordnung» für die Dauer von fünf Jahren geschlossen wurde und danach nochmals verlängert wurde. Es stattete die Triumvirn mit unumschränkter diktatorischer Machtfülle aus.

2 Schlacht bei Roßbach vom 5. November 1757.

3 Anspielung auf die gleichnamige Tragödie von Racine, in dem des Königs beide Söhne und des einen Verlobte Monima eine Rolle spielen.

4 König Salomo. Das nachfolgende Zitat ist aus den Sprüchen Salomos, Kap. 16, Vers 32.

5 Die hier erwähnten Briefe sind nicht mehr vorhanden.

1758

Während nach Roßbach und Leuthen die Stimmung in Paris und Wien sehr gedrückt war, fühlte sich Friedrich den Winter über in Breslau recht wohl und lud die Offiziere und Bürger im Karneval zu Maskenfesten ein.

«Diese Schurken von Kaisern, Kaiserinnen und Königinnen», schrieb er am 8. Februar an die Schwester Wilhelmine, «zwingen mich, noch dieses Jahr auf dem Seil zu tanzen. Ich tröste mich darüber in der Hoffnung, den einen oder den anderen kräftige Schläge auf die Nase mit der Balancierstange zu geben; aber wenn dies geschehen ist, muß man wirklich zum Frieden kommen.»

Auch diesmal plante der König einen entscheidenden Schlag gegen den Hauptfeind Österreich, fiel in Mähren ein und belagerte Olmütz, um nach der erhofften Einnahme Wien bedrohen zu können. Aber Olmütz kapitulierte nicht. Inzwischen hatten die Russen ganz Ostpreußen erobert und näherten sich der Neumark. Berlin war in Gefahr. Friedrich begegnete ihr, indem er die Russen in der Schlacht bei Zorndorf am 25. August, einer der blutigsten des Krieges, zum Rückzug zwang. Alsdann wandte er sich gegen den von ihm immer unterschätzten österreichischen Feldmarschall Daun, der in der Lausitz stand, und wurde infolge allzu leichtfertigen Verhaltens im Lager zu Hochkirch am 14. Oktober verlustreich überfallen. Unter den Toten war auch Friedrichs Freund, Feldmarschall James Keith. «Unser Feldzug ist zu Ende», schrieb der

König am 23. November aus Dresden an den Erbmarschall George Keith, «auf beiden Seiten ist kein anderer Erfolg zu verzeichnen als der Verlust vieler braver Männer, das Unglück vieler armer Soldaten, die für immer Krüppel geworden sind, der Ruin so mancher Provinzen und die Beraubung, Plünderung und Niederbrennung einiger blühender Städte.»

Münsterberg, 23. April 1758

Leben Sie wohl, mein lieber *Marquis;* ich denke, daß
Sie jetzt wieder in Berlin sind.[1] Gehen Sie nach
Charlottenburg, wann immer Sie wollen, und reisen
Sie, um erst Anfang Oktober zurückzukommen. Ich
bin entzückt, daß es Ihnen besser geht. Ich habe um
Sie gezittert, aber ich hoffe, daß die körperliche
Bewegung, die Reise in die Heimat und Ihre Rück-
kehr Sie völlig gesund werden lassen.

Was mich betrifft, so werde ich mich mit Windmühlen und mit Straußen[2] oder mit Russen und
Österreichern herumschlagen. Leben Sie wohl, mein
Lieber; ich bin in Geburtswehen. Ich wüßte Ihnen
nicht mehr darüber zu sagen, aber immer bin ich
aufrichtig an Ihrem Glück und an Ihrem Wohlergehen interessiert.

Berlin, 29. April 1758

Sire, in dem Brief, womit Eure Majestät mich beehrten, habe ich neue Zeichen Ihrer Güte gefunden. Sie
gleichen, Sire, jenen wohltätigen Genien der Alten,
die sich ihren Schützlingen dadurch zu erkennen
gaben, daß sie sie täglich mit neuen Wohltaten über-
häuften. Wann werde ich doch so glücklich sein,

Ihnen zu Sanssouci für all Ihre Gnade danken zu
können und Sie einen Frieden genießen zu sehen, den
Ihre glorreichen Taten Ihnen erworben haben. Sie
sagen mir, daß Sie sich vorbereiten, Ihre Feinde
anzugreifen; das heißt bei mir so viel, daß Sie sie
besiegen werden. Aber dennoch bin ich darum nicht
weniger beunruhigt. Ich fürchte unaufhörlich, so wie
alle Ihre treuen Untertanen, deren Vater Sie sind, daß
Ihnen ein Unglück zustoßen könnte. Auf Ihnen allein
beruht doch der Ruhm und das Glück aller Ihrer
Staaten.

Ich weiß nicht, Sire, ob ich von dem Urlaub
Gebrauch machen kann, den Sie mir gnädigst bewilligen, denn noch immer fühle ich mich außerordentlich schwach. Um mir diese Reise, die für mich so
notwendig ist, zu erleichtern, könnten Eure Majestät
mir den größten Gefallen erweisen, wenn Sie zu allen
Gnadenbezeigungen noch eine letzte hinzufügen
wollten; denn nach dieser Sie noch ferner zu belästi-
gen, hieße die Güte Eurer Majestät mißbrauchen. Ich
habe in Berlin einen meiner Vettern gefunden, Herrn
de Mons, Hauptmann im Regiment Piemont. Es ist
ein junger Mann von 33 Jahren, dessen tadellose
Führung zu Berlin und zu Magdeburg ihm die
öffentliche Hochachtung und die Freundschaft des
Herrn von Seydlitz erworben hat, der Eurer Majestät
über seinen Charakter Aufschluß geben kann. Wenn
Sie ihm die Erlaubnis erteilen wollten, auf sein
Ehrenwort nach Aix zu reisen, so könnte er mich bis

Chambéry begleiten, von wo ich meinen Weg durch
Savoyen nach Nizza, er aber den seinigen nach Aix
durch die Dauphiné fortsetzen würde. Es wäre für
mich sehr vorteilhaft, in Gesellschaft eines französischen Offiziers, zumal eines Verwandten und Freundes, bis in die Schweiz zu reisen. Diesen Gründen
wage ich noch hinzuzufügen, daß meine ganze Familie, besonders aber meine Mutter, von der ich den
größten Teil dessen erwarte, was ich einmal bekommen soll, mir wegen dieses Urlaubes außerordentlich
dankbar sein wird. Wenn Sie mir also diese Gnade
bewilligen, Sire, nachdem Sie mich bereits mit Wohltaten überhäuft haben, werden Sie mir noch weitere
Güter in meinem Vaterlande verschaffen und mir
behilflich sein, die Streitigkeiten, die mir vielleicht
bevorstehen, beizulegen. Verzeihen Sie, Sire, wenn
ich Ihnen so weitläufig schreibe zu einer Zeit, da Sie
mit ernsthafteren Dingen beschäftigt sind; aber ich
kenne das Übermaß Ihrer Güte, und Sie werden nicht
glauben, was Sie mir Gutes antun, wenn Sie mir
gnädig gewähren, worum ich mir die Freiheit nehme, Sie zu bitten.

Littau, 7. Mai 1758

Sie kennen meine Schwäche für Sie, mein lieber
Marquis, und Sie wissen, daß ich Ihnen nichts abschlagen kann. Nehmen Sie also als Ihren Führer
diesen Hauptmann von Piemont, Ihren Verwandten;

LEOPOLD GRAF VON DAUN

ich lasse ihm den Paß ausstellen, und Sie können mit ihm abreisen, wann es Ihnen beliebt.

Wir bestehen hier die größten Abenteuer. Ich habe Daun aus Böhmen nach Mähren gejagt; kurz, wir werden uns solange herumschlagen, bis unsere verfluchten Feinde sich zum Frieden bequemen. Ihr Brief, mein Lieber, hatte einen Geruch von Kassia und Sennesblättern, der mich schon purgierte, als ich ihn öffnete. Großer Gott, machen Sie Ihren armen Körper doch nicht zur Apotheke. Was? Ein Brief, der sechzig deutsche Meilen zurückgelegt hat, behält durch Ihre bloße Berührung soviel medizinische Kraft, um nach achttägiger Reise noch auf mich zu wirken! Wie muß es erst in Ihrer Nähe sein! Das ist eine neue Entdeckung in der Medizin. Zweifellos wird man die Kranken künftig durch die mittelbare Gabe von Mitteln purgieren, die andere eingenommen haben, vielleicht gar durch Briefe. Dann werden die purgierenden Briefe von einem Ende Europas zum andern wandern und ihre Wirkung tun wie Wechsel, die an den Überbringer zahlbar sind. Fürwahr, lieber Marquis, Sie sind ein wunderlicher Mensch! Um Gottes willen, bringen Sie sich doch nicht aus übertriebener Sorge um Ihre Gesundheit ums Leben! Mögen die Arzneien die schönste Seele unter den Schöngeistern verschonen und Ihr reines und lauteres, Bayards würdiges Herz, das ich so hochschätze. Vale!

Lübben, 6. September 1758

Ihren Brief aus Hamburg, mein lieber *Marquis,* habe ich erhalten. Ich habe nicht daran gezweifelt, daß Sie an der Niederlage der Russen Anteil nehmen würden. Iwan, der große Iwan,[3] Generalleutnant der Barbaren, nebst vielen anderen, ist unser Gefangener. Aber, mein Lieber, die Menge meiner Feinde hindert mich, meine Erfolge gründlich auszunutzen. Ich sehe mich auf das Leben eines fahrenden Ritters beschränkt, ich ziehe hin und her und finde auf allen Straßen neue Feinde, die ich schlagen muß. Auf Einzelheiten gehe ich nicht ein; wenn Sie aber von einer neuen Schlacht hören, wundern Sie sich nicht. Schließlich gewöhnen wir uns an Schlachten, das wird ja unser tägliches Brot. Ich wünsche sehnlichst das Ende von all dem herbei, aber ein gutes Ende. Solange es dazu nicht kommt, müssen wir uns herumschlagen. Leben Sie wohl, mein Lieber. Meine Lage und das Leben, das ich führen muß, sind den Musen nicht hold. Ich sage mit Lukrez: «Mächtige Venus, Du, die Du in Deinen Armen den grausamen Kriegsgott hältst, der, in Deine Reize verliebt, sein furchtbares Haupt in Deinen Schoß bettet, geruhe ihn zu erweichen, auf daß die Schrecken des Krieges, die die Erde verheeren, endlich den Segnungen des Friedens Platz machen», auf daß das preußische Volk nach so viel Angst und Not wieder aufatmen und d'Argens ruhig wieder nach Berlin zurückkehren

JAMES (JACOB) KEITH

kann, um mit mir in den Armen der Philosophie die
Ruhe zu genießen, deren die Musen bedürfen, um
noch einige Lorbeerblätter zu pflücken, die Apollo
seinen Jüngern schenkt. Das, mein Lieber, ist meine
Gebetsformel. Beten Sie mit mir, damit unser Flehen
erhört werde, und zweifeln Sie nicht an meiner
Freundschaft. Vale!

Breslau, 22. Dezember 1758

Ich kenne Sie nun schon lange genug, mein lieber
Marquis, um vorherzusehen, daß Sie, einmal in Hamburg, nicht so bald von dort weggehen werden, und
ohne ein Prophet zu sein, sage ich mit Sicherheit
voraus, daß Sie noch im nächsten Sommer dort sein
werden, wofern nicht der Friede und die schöne
Jahreszeit Ihnen gestatten, auf dem Wasserwege nach
Berlin zu kommen. Für die Komplimente, die Sie
mir über diesen Feldzug machen, vielen Dank. Obwohl ich und die Truppen ungeheure Strapazen
ausgestanden haben, verdienen wir kein Lob. Es ist
alles so leidlich abgelaufen; noch ist nichts entschieden und alles aufs neue zur Entscheidung gestellt. Ich
habe dieses Leben herzlich satt; der ewige Jude war
nicht so lebensmüde wie ich. Alles habe ich verloren,
was ich auf Erden liebte und achtete; ich bin von
Unglücklichen umgeben, denen ich in der Not dieser
Zeiten nicht beistehen kann. Noch bin ich ganz
niedergeschmettert von der Verwüstung unserer

schönsten Provinzen und von den Greueltaten, die
eine Horde, mehr Tiere als Menschen, darin verübt
hat. Auf meine alten Tage bin ich fast zum Theater-
könig herabgesunken, und Sie werden mir zugeben,
daß diese Stellung nicht reizvoll genug ist, um die
Seele eines Philosophen ans Leben zu fesseln. Ich bin
mit Geschäften und mit Verdruß überbürdet und
führe das Leben eines Anachoreten.[4] Essen Sie Au-
stern und Hummern in Hamburg, schlucken Sie alle
Pillen aus den Apotheken, benutzen Sie alle Klistiere
der Bader und schließen Sie sich luftdicht in Ihr
Zimmer ein; aber während Sie diese Seligkeiten
genießen wie die Auserwählten im Paradiese, vergessen Sie einen armen, gottverfluchten Mann nicht, der
verdammt ist, sich bis ans Ende der Zeiten herumzuschlagen und unter der Bürde seiner Arbeit zu erlie-
gen. Leben Sie wohl!

Anmerkungen zu den Briefen des Jahres 1758

1 D'Argens hatte den Winter 1757/58 beim König im Hauptquartier zu Breslau verbracht.

2 Friedrich vergleicht sich hier mit Don Quixote, der bekanntlich gegen Windmühlen focht. Die «Strauße» bedeuten ein auf Österreich abzielendes Wortspiel; Österreich heißt auf französisch l'Autriche, der Strauß l'autruche.

3 Gemeint ist Iwan Saltykow, ein russischer General, der in der Schlacht bei Zorndorf gefangengenommen wurde.

4 Anachoret (griech. ‹Zurückgezogener›), ein in der Einsamkeit lebender christlicher Asket.

1759

Das Jahr 1759 war von allen Kriegsjahren wohl das für den König schlimmste. Im Briefwechsel mit dem Marquis kommt immer wieder zum Ausdruck, wie sehr er von Kummer und Sorgen erdrückt wurde. Zwar stand die Westfront gegen die Franzosen dank der tatkräftigen Truppenführung durch Prinz Ferdinand von Braunschweig, aber den König ereilte am 12. August die Katastrophe von Kunersdorf bei Frankfurt/Oder im Kampf gegen die vereinigten Russen und Österreicher. Noch am gleichen Tage schrieb er an den Minister von Finckenstein: «Das ist ein grausamer Umschlag, und ich werde es nicht überleben; die Folgen dieses Ereignisses werden noch schlimmer sein als dieses selbst, und, um nicht zu lügen, ich glaube, daß alles verloren ist. Ich werde den Untergang meines Vaterlandes nicht überleben. Adieu für immer!» Der König trug stets Gift bei sich und war nahe dran, es zu nehmen. Aber am 1. September berichtete er seinem Bruder Heinrich: «Ich verkündige Ihnen das Mirakel des Hauses Brandenburg. In der Zeit, da der Feind die Oder überschritten hatte und eine zweite Schlacht hätte wagen und den Krieg beenden können, ist er von Müllrose nach Lieberose marschiert.» Die Kapitulation des Generals Finck mit einem Armeekorps im Lager zu Maxen in Sachsen am 21. November war ein weiterer böser Schlag. Der Winter jedoch, in dem damals die Waffen schwiegen, rettete den König ins nächste Jahr hinüber.

Hamburg, 22. Februar 1759

Sire, nach tausend und abermal tausend Dank für
Eurer Majestät gütige Erlaubnis, meine Gesundheit
wiederherzustellen und mir Zeit nehmen zu können,
um mich von einer Krankheit zu erholen, die hundertmal gefährlicher und anhaltender war als meine
Krankheit in Breslau, wage ich doch, Eurer Majestät
zu sagen, daß ich weit mutiger bin, als Sie denken,
und daß ich in fünf Tagen nach Berlin reisen werde,
obgleich ich ein Bein fast gar nicht gebrauchen kann.
Wenn die Kräuterbäder und der Sommer nicht meine
Nerven stärken, so bin ich leider für den Rest meines
Lebens an eine Krücke gebunden. Wäre ich wenigstens noch in Eurer Majestät Dienst verstümmelt
worden, würde ich mich trösten können; aber im
Bett und auf einem Lehnstuhl zum Krüppel zu
werden, das ist sehr ärgerlich. Indessen tröstet mich
eins: Sie haben sich seit drei Jahren so daran gewöhnt,
Lahme, Einäugige, Einhändige und alle Arten von
Krüppeln zu sehen, daß Sie es nicht so schlimm
finden werden, wenn ich vor Ihnen erscheine, die
linke Hüfte höher als die rechte und ein Bein halb
verbogen. Aber möchte doch auch das andere im
gleich traurigen Zustande sein, wenn ich Sie endlich
einmal in Potsdam in Ruhe den unsterblichen Ruhm

genießen sehen könnte, den Sie sich erworben haben.
Ich hoffe, der Herbst wird Sie Ihren Völkern glücklich und in voller Gesundheit zurückgeben. Da sind
ja jetzt neue Bundesgenossen[1] aufgetaucht, die in
Italien zu Ihren Gunsten eine starke Diversion unternehmen werden; niemals konnte der König von
Spanien zu gelegenerer Zeit sterben. Noch eine letzte
Anstrengung, Sire, in diesem Feldzug, und alles ist
gewonnen. Dann können Sie wie David sagen: «Ich
sah die Völker toben und sich gegen mich erheben
und Pläne voller Eitelkeit entwerfen; sie wurden
zerstreut, wie der Wind die Wolken zerstreut, und
ihre Hoffnungen waren nichtig.» Da ich von dem
hebräischen Dichter spreche, nehme ich mir die
Freiheit, Eurer Majestät Verse auf den Kardinal
Cotin beizufügen, die von Fréron sein sollen; vielleicht haben Sie sie noch nicht gesehen, und ich
glaube, Sie werden sie nicht übel finden.

Breslau, 1. März 1759

Es muß Ihnen sehr schlecht ergangen sein, mein
lieber *Marquis,* da Sie mir die Psalmen so schön
aufsagen. Ich könnte mit einer Jeremiade antworten,
würde Sie damit aber nur langweilen und unterlasse
es also. Vermutlich sind Sie nicht in Berlin. Ich
adressiere daher meinen Brief nach Hamburg, wo er
Sie sicherlich antrifft. Der Feldzug wird dieses Jahr

früh eröffnet. Ich weiß nicht, welches Schicksal mich erwartet und welche Wendung die Dinge nehmen werden. Alles, was von mir abhängt, werde ich tun, um mich zu behaupten. Unterliege ich, so soll der Feind es teuer bezahlen. Der Tod des Königs von Spanien könnte mich von dreißig- bis vierzigtausend Mann befreien, aber das genügt noch nicht, um meine Lage zu bessern. Bedenken Sie, daß ich dreihunderttausend Mann auf dem Halse habe und ihnen nur hundertfünfzigtausend entgegenstellen kann. Dieser Krieg ist furchtbar; er wird von Tag zu Tag unmenschlicher und barbarischer. Unser gebildetes Jahrhundert ist noch sehr roh, oder besser gesagt, der Mensch ist eine unbezähmbare Bestie, sobald er sich der Wut seiner zügellosen Leidenschaften überläßt. Ich lebe in meinem Winterquartier wie ein Kartäuser. Ich esse allein zu Mittag, verbringe meine Zeit mit Lesen und Schreiben und speise nicht zu Abend. Wenn man traurig ist, fällt es auf die Dauer schwer, seinen Gram immerfort zu verbergen; es ist besser, mit seinen Gedanken allein zu sein, als seinen Kummer unter die Leute zu tragen. Nichts bringt mehr Linderung außer der Anspannung, wie sie steter Fleiß und Aufmerksamkeit erfordern. Diese Ablenkung zwingt uns, solange sie währt, die trüben Gedanken zu verscheuchen; aber ach, sobald die Arbeit getan ist, kehren die schlimmen Vorstellungen zurück, und zwar ebenso lebhaft wie zuvor. Maupertuis hatte recht: Auch ich bin überzeugt, daß die Summe des Leids die des Glücks überwiegt. Aber mir ist es gleich, ich habe fast nichts mehr zu verlieren, und die kurze Frist, die mir noch bleibt, gilt mir zu wenig, um mich noch ernstlich darum zu bekümmern. Leben Sie wohl, mein lieber Marquis. Seien Sie nicht so schreibfaul; seit einem halben Jahr habe ich nur zwei Briefe von Ihnen bekommen. Hätten Sie Ihre «Kabbalistischen Briefe» in dem Tempo geschrieben, so wären Sie darüber gestorben. Aber Sie betrachten mich als sicheren Freund und vernachlässigen mich, weil Sie ja wissen, daß ich Ihnen doch treu bleibe. Zwar haben Sie im Grunde recht, aber ich bitte Sie trotzdem, mich wie einen zu behandeln, den Sie sich warmhalten müssen, und mir öfter zu schreiben. Ich überlasse Sie Ihrem Bett, Ihrem Apotheker und der Obhut des Schicksals, das hier unter dem Monde alles bestimmt und lenkt und Sie und mich, die Staatsmänner und die Heerführer, die Weisen und die Narren gleichermaßen zum besten hält. Vale!

Berlin, 26. März 1759

Sire, gerade in dem Augenblick, als ich von Hamburg abreiste, erhielt ich den Brief, den mir zu schreiben Eure Majestät die Gnade hatten. Ich wollte erst in Berlin sein, um mir die Ehre zu geben, darauf zu antworten. Denn bevor ich hier ankam, war ich wegen meiner Schwäche keinen Augenblick sicher,

BRIEFWECHSEL 1759

ob ich so glücklich sein würde, Sie wiederzusehen. Schließlich nach einer vierzehntägigen Reise habe ich glorreich dreißig Meilen zurückgelegt. Meine Gesundheit stellt sich aber wieder her, und wenn Sie mir erlauben wollen, einen Feldzug von sechs Wochen oder zwei Monaten zu machen, so rechne ich damit, daß ich im Juli oder August so weit bin, Ihnen bis nach Wien zu folgen. Das wird weder mir noch Eurer Majestät Kosten verursachen, denn ich habe mir Pferde kaufen müssen, weil mein Bein weder im Frieden noch im Kriege mir auch nur eine volle Stunde hintereinander dienen kann; ich habe mir daher auch einen Wagen zugelegt.

Was mir auch Euer Majestät von der überlegenen Anzahl Ihrer Feinde sagen, ich bin immerfort überzeugt, Sie werden es dahin bringen, daß man Ihnen einen ruhmvollen Frieden bewilligt. Frankreich ist hinsichtlich seiner Finanzen in einem ganz erbärmlichen Zustand; es hat keinen Kredit im Ausland mehr, und sein Handel ist gänzlich zugrunde gerichtet. Die Engländer machen es richtig, um Frankreich dahin zu bringen, in alle Bedingungen einzuwilligen. Wenn sie sich Quebecs bemächtigen, können sie, wenn sie wollen, die Franzosen zwingen, der Königin von Ungarn den Krieg zu erklären. Zuletzt hat die Einnahme von Guadeloupe die Kaufleute des Königreichs vollends in Bestürzung versetzt, kurz, Frankreich hat weder Finanzen noch Seewesen noch Handel mehr; wie will es ferner noch die Subsidien bezahlen? Es bedarf noch einer großen Anstrengung in diesem Sommer, und dann kann es nicht anders sein, als daß der Friede im Herbst geschlossen wird. Kürzlich sprach ich mit mehreren Großkaufleuten in Hamburg, unter anderen mit zwei, die vor vierzehn Tagen aus Frankreich kamen, der eine aus Marseille und der andere aus Bordeaux. Der erstere versicherte mir, daß statt vierhundertundsechzig Schiffen, welche die Marseiller früher alle Jahre in die Levante schickten, seit zwei Jahren nur siebzehn dahin abgegangen seien; alle übrigen wären entweder weggenommen oder verbrannt oder versenkt worden. Der Kaufmann von Bordeaux sagte, daß seit elf Monaten von dort nur drei Schiffe nach den Westindischen Inseln und nach Norden ausgelaufen seien, während sonst fünf- bis sechshundert nach verschiedenen Gegenden gingen. Schließlich, Sire, ist es ganz zuverlässig, daß die Franzosen seit anderthalb Jahren nicht ein Pfund Zucker aus ihren Pflanzungen erhalten haben. Die Dänen kaufen den Zucker in den Raffinerien von Hamburg und verkaufen ihn an Frankreich und ziehen vollends alles Geld heraus. Nie sah es mit den Finanzen der Franzosen so schlecht aus, selbst bei den größten Unglücksfällen Ludwigs XIV. nicht. Nehmen Sie noch hinzu, Sire, ein allgemeines Mißvergnügen der Nation, die den Frieden verlangt, einen Schwindelgeist im Staatsrat, Minister, die sich hassen und sich zu stürzen versuchen und die fast täglich durch neue ersetzt werden, wenn Sie das alles nehmen, dann, Sire, sehen Sie, daß Frankreich ernstlich an den Frieden denken muß. Wenn es erschöpft ist, wer wird dann noch den Barbaren und den Tataren Subsidien zahlen, wer wird diese Schweden entlohnen, wer wird den Haufen zusammengelesener Tröpfe bezahlen, die man die Reichsarmee nennt? Ich gebe zu, daß die Österreicher tapfere Leute und nicht zu verachtende Gegner sind; aber Sie haben sie so oft geschlagen, daß Sie sie immer aufs neue schlagen werden, wenn Sie sich der Überlegenheit des Geistes bedienen, die die Natur Ihnen geschenkt hat. Ganz Europa ist überzeugt von dem, was ich Eurer Majestät sage. Und selbst Ihre Feinde, Sire, scheinen, ungeachtet ihrer Zahl, nichts weniger als ihres Glücks gewiß zu sein. Ich weiß, was sie reden, denn ich komme aus einem Lande, wo sie sehr großen Anhang haben. Das einzige, was Ihren Feinden den Sieg verschaffen könnte, wäre Ihr Tod. Darum müssen Sie, Sire, auf Ihre Erhaltung bedacht sein, nicht nur Ihretwegen, sondern auch Ihres ganzen Volkes wegen. Was mich betrifft, Sire, so bin ich mehr als jeder andere in der Welt verpflichtet, Eurer Majestät alles erdenklich Gute zu wünschen. Denn wäre ich so unglücklich, Sie zu verlieren, dann ginge ich lieber in irgendeine englische Kolonie in Amerika, als daß ich nach Frankreich zurückkehrte.

Ich kann Eurer Majestät nicht beschreiben, welche Ungerechtigkeiten ich von Frankreich seit einigen Monaten erleiden muß. Ich war ganz glücklich, gleich anfangs in Hamburg 32 000 Livres zu erhalten; jetzt will man mir die 15 000, die mir Anfang Februar hätten bezahlt werden sollen, nicht zukommen lassen. Mein Bruder schreibt mir, alles, was er tun könne, sei die Auszahlung der Zinsen dieser Summe. Die Summe selbst wolle er zurückhalten, bis die Verhältnisse beim Friedensschluß sich geändert hätten. Um mich noch mehr zu kränken, haben die Leute des Königs meine «Philosophie des gesunden Menschenverstandes» bei dem Parlament von Paris als ein gottloses Buch angezeigt; es ist durch die Hand des Henkers verbrannt worden. Das Urteil, durch das es geächtet wurde, hat man nachher in allen auswärtigen Zeitungen veröffentlicht. Ich bitte Euer Majestät, sich daran zu erinnern, daß dieses Buch bereits vor dreiundzwanzig Jahren gedruckt und daß es in Holland publiziert wurde, d. h. in einem Lande, wo die Franzosen gar keine Gerichtsbarkeit besitzen, und daß bis jetzt niemand in Frankreich darin etwas fand, was gegen die guten Sitten und gegen die Gottheit verstößt. Kann man wohl mehr Haß und Wut zeigen? Diese Leute bemühen sich nicht einmal, sich zu verbergen; denn durch den selben Urteilsspruch haben sie auch Voltaires Gedicht über die natürliche Religion verbrennen lassen, und sie hatten noch die Unverschämtheit, in das Urteil zu schreiben: «Gedicht des Herrn von Voltaire, dem König von Preußen zugeeignet.» Am meisten kränkt mich, daß ich, ungeachtet so vieler Ursachen, mich zu beklagen, dennoch schweigen, mich verstellen und den Frieden abwarten muß, um zu erhalten, was mir zukommt, besonders das Vermögen meiner Mutter, die schon über achtzig Jahre alt ist. Doch ich kann Eurer Majestät versichern, daß, sollte ich das Unglück haben, Sie zu verlieren, ich lieber alles, was ich in der Welt besitze, dahingebe, als in einem Lande zu leben, wo eine dergleichen unwürdige Behandlung erlaubt ist. Wäre ich zwanzig Jahre jünger, würde ich Eure Majestät um die Genehmigung bitten, bei der Armee des Prinzen Ferdinand den Feldzug mitmachen zu dürfen.

Rohnstock, 27. März 1759

Unglück und Mißgeschick eines anderen schmerzen wenig, mein lieber *Marquis.* Hunderttausend Mann nehmen auf dem Papier nicht viel Platz ein; aber wenn man sie bekämpfen muß, wenn ihre Zahl einen von allen Seiten bedrängt, wenn es zehn gleichermaßen gefährliche Vorhaben gibt, denen man sich entgegenstellen muß, ohne es zu können, wenn man mit der Armee von einem Ende der Welt zum andern laufen und schließlich zu allen möglichen Kniffen seine Zuflucht nehmen muß und zu allen erdenklichen Kunststücken, um sich zu behaupten, dann, sage ich, fühlt man die ganze Last, die man zu tragen hat, und man wird zugeben, daß es ohne einen glücklichen Zufall kein Mittel gibt, sich aus dem Schlamassel zu ziehen. Die Franzosen mögen Dummheiten begehen, und es mag ihnen an Geld fehlen, so muß man dennoch die Zufälle dieses Feldzuges ertragen, der unheilvoll sein kann.

Acht Monate liegen vor mir, eine grausame Arbeit, wobei das Kapitel unerwarteter Zwischenfälle oft eine größere Rolle spielt als die Geschicklichkeit der Menschen. Ich danke Ihnen für das Anerbieten, das Sie mir machen. Wie sehr ich mich auch freuen würde, Sie wiederzusehen, ich muß darauf verzichten, denn das unglückliche Leben, das ich führe, ist nichts für Sie, und ich möchte Sie dem nicht aussetzen.

Die französische Regierung haßt mich sehr und verfolgt mich auch in denen, die sich meinem Schicksal verbunden haben; aber verbrannt oder nicht, immer noch besser das Buch als der Autor. Überlassen Sie also, mein Lieber, Ihre philosophischen Gedanken den Flammen, ohne daß das Ihre Philosophie stören soll. Ich erfahre noch mehr Beleidigungen durch all die Unverschämtheiten, die man in Massen von Schriften gegen mich veröffentlicht. Ich lasse es treiben und denke nur daran, den Staat zu retten, und ohne mich von dem Ärger und von den Beleidigungen, die man mir zufügen möchte, überwältigen zu lassen, gehe ich unbekümmert meinen Weg.

Machen Sie es ebenso, und möge Ihnen kein anderes Unglück zustoßen; damit müssen Sie sich trösten. Maupertuis hat recht; in diesem Hundeleben

PIERRE LOUIS MOREAU
DE MAUPERTUIS

übersteigt die Summe der Übel die der Wohltaten. Das Glück sprüht nur flüchtige Funken über unsere Tage, der Kummer aber tiefe und dauerhafte Schatten.

Voltaire hat eine Ode auf meine Schwester[2] geschrieben, die sehr schöne Stellen enthält. Er ist gegenüber seinen Landsleuten sehr gereizt. Wenn ich Ihnen im einzelnen meine Gedanken vortragen sollte, dann, mein Lieber, würde ich Ihnen eigentlich nur Albernheiten sagen. Schreiben Sie mir oft und vergessen Sie mich nicht. Leben Sie wohl, lieber Marquis, leben Sie wohl!

Bolkenhayn, 4. April 1759

Noël, der eben ankommt, bringt mir die traurige Kunde von Ihrer Krankheit, mein lieber *Marquis*. Da es eine Ausschwitzung des Blutes ist und die schlechten Säfte nun aus dem Körper heraus sind, werden Sie den Winter über wohl und gesund sein. Sie müssen bis zu Ihrer völligen Wiederherstellung in Frankfurt bleiben und dann nach Berlin zurückkehren. Obwohl ich sehr schwach bin, muß ich am 7. des Monats nach Sachsen aufbrechen. So bleibt die Frage offen, Marquis, wo wir uns wiedersehen werden. Ich bin strenger gegen meinen Körper als Sie gegen den Ihren; wenn marschiert werden muß, hat er eben mitzumachen. Freilich habe ich dringendere Gründe als Sie. Der Feldzug muß glücklich enden, damit wir einen guten Frieden bekommen, und es verlohnt sich schon, daß ich dafür meine Gesundheit dem Staate opfere. Der Feldzug wird bis Mitte Dezember dauern, dann finde ich hoffentlich etwas Ruhe. Kurz, mein lieber Marquis, ich überlasse mich ganz dem Zufall, der mit den Sterblichen sein Spiel treibt und sich einen Spaß daraus macht, die Ereignisse immer anders zu wenden, als man es erwartet hatte. Ich wünsche Ihnen Ruhe und Gesundheit und bete zum Himmel, daß Sie nach Berlin zurückkehren, ohne daß die kleine Reise Ihnen schadet. Leben Sie wohl, lieber Marquis, ich umarme Sie!

Berlin, 20. April 1759

Sire, Sie haben mir erlaubt, Ihnen zuweilen schreiben zu dürfen; doch wage ich es nicht so oft, wie ich es wünschte, aus Furcht, Eure Majestät von den wichtigen Dingen, womit Sie unaufhörlich beschäftigt sind, abzuhalten. Aber die Erfolge Ihrer Waffen in Böhmen und der glückliche Anfang dieses Feldzugs erfüllen mich mit zu großer Freude, als daß ich mich enthalten könnte, Eure Majestät dazu zu beglückwünschen. Ich werde täglich sicherer, daß das Ende dieses Feldzuges Sie glücklich und zufrieden Ihren Völkern wiedergeben wird und daß Sie alsdann, mit Ruhm bekrönt, zu Potsdam und zu Sanssouci inmitten der prächtigen Sachen, die Sie selbst verfertigen lassen und die Sie sammeln, glückliche Tage verleben werden. Zwar weiß ich, daß Sie Schwierigkeiten zu überwinden haben, die jeden anderen Fürsten verwirren und niederwerfen würden; aber dieselbe Entschlossenheit und Bedachtsamkeit, die Sie bis jetzt aus allen Gefahren geführt haben, werden Ihnen einen dauerhaften und ehrenvollen Frieden bescheren. Ich betrachte Sie als den Herkules der neueren Zeit; Sie sind gezwungen, Wunder zu verrichten, Sie kämpfen gegen eine Hydra und werden ihr alle Köpfe abschlagen. Ich schließe nicht die Augen, Sire, vor der gegenwärtigen Lage der Dinge, ich weiß, daß sie sehr kritisch ist; aber, Sire, ich schließe vom Vergangenen auf die Zukunft und zweifle nicht, daß glückliche Stille auf so viele Stürme folgen wird. Ich betrachte die Liga von heute wie die von Cambrai[3]; wie diese wird sie keinerlei Erfolge haben und ebenso in Rauch aufgehen...

Ich habe einen Brief von Voltaire erhalten. Er hat mir seit vier Jahren nicht geschrieben; aber jetzt konnte er der Neugier nicht widerstehen, zu erfahren, was ich von dem ehrwürdigen Pater Malagrida und den andern portugiesischen Jesuiten denke. Was sagen Euer Majestät zu diesen Ehrenmännern? Der Vorfall mit dem König von Portugal[4] ist für alle Könige, besonders für die protestantischen, eine Warnung. Es ist schrecklich, daß der Papst es wagt, schändliche Meuchelmörder zu beschützen, und daß ein Fürst, den man so grausam ermorden wollte, es nicht wagen kann, die Rädelsführer des Anschlags aus dem Lande zu jagen. Wahrlich ein schönes Thema, um unter dem Namen eines Quäkers eine Predigt gegen alle Religionen, die Priester haben, zu verfassen. Wenn mein Bein mich nicht immer beunruhigte und mir Schmerzen machte, so würde ich schon Stoff zu einer neuen Broschüre gesammelt haben.

Berlin, 5. Mai 1759

Sire, ich habe die Verse erhalten, welche Eure Majestät mir gnädigst geschickt haben. Wie kann man nur mit dem Befehl über eine Armee von hunderttausend Mann beschäftigt sein und doch noch die Zeit finden, Verse zu schmieden, ebenso geistreich und unendlich korrekter als die von La Fare und von Chaulieu? Wahrlich, Sie können alles, was Sie wollen, und ich glaube, wenn es Ihnen einfiele, dann würden Sie zu gleicher Zeit einen bewundernswürdigen Schlachtplan entwerfen und eine Predigt, ebenso schön wie die von Saurin.

In allen Zeitungen hatte ich bereits von dem Barett und dem Degen[5] gelesen, die der Papst dem Feldmarschall Daun geschickt hat. Ich wollte den Zeitungsschreiber von Berlin bereden, in seine Zeitung aufzunehmen, daß der Prinz Ferdinand von London einen vom Erzbischof von Canterbury geweihten Hut und

Degen erwartet und daß unter den Protestanten kein
Zweifel darüber bestehe, daß der Segen von Canterbury noch weit wirkungsvoller sei als der von Rom.
Man sollte die Österreicher und Franzosen mit Witz
und Spott niederzwingen; diese Leute veröffentli-
chen hundert Absurditäten, die aber doch Eindruck
machen, und man läßt sie gewähren. Statt so vieler
Predigten, die unsere Geistlichen halten, sollten sie
lieber die Gelegenheit nutzen, einen Pastoralbrief zu
schreiben, in dem sie den Untergang des Protestantismus vor Augen führen, wenn die Feinde Eurer
Majestät unglücklicherweise ihre Ziele erreichten.
Gern würde ich eine Broschüre dieses Inhalts schreiben; aber sie müßte in deutscher Sprache abgefaßt
werden, damit sie unter das Volk kommt und von
allen gelesen werden kann. Ich habe nur ein einziges
Schriftstück zugunsten der guten Sache gelesen, das
mit Witz geschrieben ist; es handelt sich um einen
Brief über die Schmähschriften.[6] Ich erkannte Sie
sogleich, Sire, und Sie können versichert sein, daß ich
bei der fünften Zeile dessen so gewiß war, daß Sie der
Autor dieser Arbeit sind, wie wenn Sie es mir selbst
gesagt hätten. Diese Schrift ist ins Deutsche übersetzt
und daher um so nützlicher geworden.

Ich habe Lust, eine Monatsschrift mit dem Titel
«Harburger Merkur» herauszubringen, worin ich
alle Unverschämtheiten, die unsere Feinde veröffent-
lichen, ohne Bitterkeit und ohne Schmähungen lächerlich machen werde. Ich möchte dieses Werk in

BRIEFWECHSEL 1759

Französisch und in Deutsch drucken lassen, und niemand, ausgenommen der Übersetzer, soll wissen, daß ich der Verfasser bin. Der Übersetzer ist dabei so notwendig wie der Autor, weil ja das Volk unterrichtet werden soll und weil die Zahl derer, die in Deutschland französisch verstehen, gering ist. Wenn Eure Majestät meine Idee nicht mißbilligen, werde ich anfangen, sobald ich Ihre Meinung kenne. Vielleicht ist dieses Vorhaben auch insofern nützlich, als man einige Schriften bekanntmachen könnte, mit deren Abfassung Eure Majestät sich vergnügen. Ich kann sie im «Harburger Merkur» als die Arbeiten der Verfasser bringen, unter deren Namen Eure Majestät sie schreiben wollen.

Die Ungezogenheiten und Unverschämtheiten verschiedener französischer Offiziere setzen mich keineswegs in Erstaunen; ich hatte sie vorhergesehen, und Eure Majestät werden sich erinnern, daß ich Sie zu Breslau fragte, warum Sie so nachsichtsvoll gewesen waren, eine Schar unbesonnener junger Leute in Ihrer Hauptstadt unterzubringen. Gott sei Dank habe ich keinen von ihnen gesehen während ihres Aufenthaltes in Berlin. Der Himmel möge ihnen jetzt in Spandau eine fröhliche Zeit gewähren. Alles, was ich Eurer Majestät sagen kann, ist, daß wir jetzt nicht mehr alle Augenblicke irgendeine Nachricht ohne realen Hintergrund hören werden, die aber doch alle rechtschaffenen Bürger von Berlin einige Tage beunruhigen mußte.

Landeshut, 12. Mai 1759

Bravo, bravo, mein lieber *Marquis,* Sie fechten groß-
artig, Sie haben die orientalische Beredsamkeit der
Hebräer, Sie überzeugen durch gute Gründe und
verurteilen diejenigen, die mir Frechheiten sagen.
Wie bin ich Ihnen doch verbunden! Ihre Feder ist ein
schneidendes Schwert, das meine Feinde schlägt und
durchbohrt. Diese Feinde machen mir viel Mühe,
aber ich versichere Ihnen, daß ich mit höchster
Vorsicht und Wachsamkeit zu Werke gehe. Ich lag die
ganze Nacht im Hinterhalt, habe aber nichts gefangen. Vielleicht ist mir Fortuna ein andermal gnädig. Daun steht zwischen Marklissa und Lauban. Sobald er ernsthaft in Schlesien einfallen will, werden wir handgemein, und dieser Tag wird viel entscheiden.

Brummen Sie nicht, wenn ich immer wieder auf
meine Hammel[7] zurückkomme. Das beschäftigt
mich verständlicherweise so sehr, daß der Eifer, mit
dem ich meine Truppen führe, das ganze Fassungs-
vermögen meines Geistes in Anspruch nimmt. Ich
lese nur noch Lukrez und Ihre Briefe. Meine Maschine beginnt, sehr stark in Unordnung zu geraten;
mein Körper ist verbraucht, mein Geist erlischt, und
die Kräfte schwinden. Nur noch die Ehre hat das
Wort, sie zwingt mich zu denken und zu handeln. Ich
führe einen defensiven Feldzug, der meinen Feinden
gar nicht gefällt. Ich warte auf den mir günstigen

Augenblick, und dann nutze ich das wenige Öl, das noch auf der Lampe ist.

Sie, dessen strahlende Glut alle anderen Lichter auslöscht, Sie, der Sie mehr als jeder andere Sterbliche vom Raube des Prometheus[8] profitiert haben, Sie können arbeiten und die Welt mit ihren Werken aufklären, sie unterhalten und unterrichten. Für mich, mein lieber Marquis, gibt es nur noch das Grab, um darin die verbrauchten Reste eines Mannes zu betten, der Sie geliebt hat und bis zum letzten Atemzuge lieben wird. Leben Sie wohl!

Landeshut, 13. Mai 1759

Sie haben befohlen, mein lieber *Marquis,* und ich gehorche sogleich. Sie erhalten hier zwei Beiträge für Ihren «Harburger Merkur»; der eine ist ein Breve des Papstes an Feldmarschall Daun, der diejenigen, die noch etwas zu Martin Luther neigen, schaudern lassen wird, der andere ist ein Brief des Prinzen von Soubise[9] an den Marschall über diesen Degen, der, wie mir scheint, ihn ziemlich lächerlich macht. Sie brauchen sie nur zurechtzustutzen, wie es Ihnen beliebt, und die Ideen Ihrer Phantasie anzupassen, wie Sie es für richtig halten. Nachdem ich mich dazu geäußert habe, verabschiede ich mich von dem geweihten Barett und dem päpstlichen Flamberg, es sei denn, daß ein großer günstiger Zufall, wie es manchmal im Kriege geschieht, diese Gegenstände in meine

Hände geraten läßt. Ich werde mich über diese infame Kanaille lustig machen, solange ich atme, und, wenn ich sie schon nicht schlagen kann, will ich sie wenigstens mit dem Schnabel zerreißen, um sie rasend zu machen, soweit das in meiner Macht steht. Diese Leute sind aus Lächerlichkeiten und Narrheiten gemacht. Man muß sie bloßstellen, und das geschieht am besten, indem man sie mit Lobsprüchen überhäuft und nichts Spöttisches über sie sagt. Der Vielgeliebte[10], das apostolische Rabenaas[11] und die griechisch-orthodoxe Hure[12] tun mir soviel Übles an, daß ich keine Rücksicht auf sie nehmen kann. Ich spare weder Feder noch Tinte, um einen Pfeil auf sie zu schießen, der sie zur Verzweiflung treiben soll, und so machen Sie es auch. Derart gestärkt bin ich wie Philoktet[13], als er an der Seite des Herkules kämpfte. Ich werde all diese Ungeheuer niederwerfen und diese Hydra ständig nachwachsender Feinde, die sich unaufhörlich auf mich stürzen. Leben Sie wohl, mein lieber Marquis, arbeiten Sie tüchtig gegen diese Helfershelfer der Verruchten![14] Lieben Sie mich ein wenig; ich umarme Sie von ganzem Herzen.

Berlin, 17. Mai 1759

Sire, niemals habe ich etwas Amüsanteres gelesen als Ihr päpstliches Breve und Ihren Brief des Prinzen von Soubise. Ich bin überzeugt, daß selbst die Feinde

KAISERIN MARIA THERESIA

ELISABETH PETROWNA
ZARIN VON RUSSLAND

Eurer Majestät zugeben müssen, daß man nichts
Witzigeres lesen kann.

Ich habe sowohl den Plan als auch den Titel meines
Werkes geändert und werde nun einen wählen, der
mir interessanter und meiner Idee noch angemesse-
ner erscheint, nämlich: «Verhandlungen der Akademie der Zeitungsfreunde im Café zu St. James.» Ich
gebe vor, daß einige Engländer eine Gesellschaft
gegründet haben, in der jeder verpflichtet ist, bei den
Sitzungen einige politische Aufsätze vorzulesen. Das
gibt mir die Möglichkeit, alle Satiren, die ich publi-
zieren will, bei jeder Versammlung der angeblichen
Akademie einzubringen. Der Titel meines Werkes
wird mir auch Gelegenheit geben, mancherlei Dinge
von der lächerlichen Seite vorzustellen; ich werde
mich bemühen, ein Buch zu liefern, das interessant
genug sein soll, um auch am Ende des Krieges und
wenn es den Reiz der Neuheit verloren hat, noch
gelesen zu werden. Wenn Sie, Sire, mich unterstützen
und meinem Projekt dadurch aufhelfen wollen, daß
Sie mir das schicken, was Sie in Augenblicken der
Muße verfertigen, so rechne ich damit, daß mein
Werk erfolgreich sein wird. Ich denke, in sieben bis
acht Tagen Eurer Majestät das erste gedruckte Heft
übersenden zu können.

Das päpstliche Breve erscheint mir so gelungen,
daß ich es ins Lateinische übersetzen und in zwei
Spalten, Latein und Französisch gegenübergestellt,
drucken lassen werde. Das wird ihm einen noch

größeren Anstrich von Wahrscheinlichkeit geben, weil alle Breve des Papstes, wenn sie an den Kaiserlichen Hof oder an seine Minister gerichtet sind, immer lateinisch abgefaßt werden.

Soeben, da ich die Ehre habe, Eurer Majestät dies zu schreiben, verbreitet sich in der Stadt das Gerücht, Prinz Heinrich sei in Nürnberg einmarschiert und Eure Majestät hätten ein starkes österreichisches Korps zurückgetrieben und geschlagen. Ich bin überzeugt, Sire, daß Sie in diesem Feldzuge alles daran setzen werden, um ihre Feinde von allen Seiten zu besiegen; und ich zweifle nicht, daß ich noch Ende dieses Jahres das Glück haben werde, Sie zu Potsdam ruhig, mit Ruhm gekrönt und bei vollkommener Gesundheit wiederzusehen. Letzteres ist meines Erachtens zum Glücke der Helden ebenso notwendig wie zur Ruhe von uns armen gewöhnlichen Sterblichen.

Reich-Hennersdorf, 28. Mai 1759

Ich bin hier, lieber *Marquis,* so beschäftigt mit unseren heroischen Torheiten, daß ich sehr fürchte, Sie in Ihrem löblichen Vorhaben nur schwach unterstützen zu können. Ich habe den Feind nicht geschlagen, da ich keine Gelegenheit dazu fand. Meine Aufgabe wird sich sehr schwer bewältigen lassen. Der Feind, der mir in Schlesien gegenübersteht, ist 90 000 Mann stark; ich habe ihm knapp 50 000 entgegenzustellen.

Die Verlegenheiten werden mit dem Augenblick beginnen, wenn die Heere ins Feld rücken. Wir werden sehr viel Geschicklichkeit, Kunst und Tapferkeit brauchen, um uns aus der drohenden Gefahr herauszuziehen. Mein Bruder hat keineswegs Truppen nach Nürnberg geschickt, denn das wäre unter den gegenwärtigen Umständen ein sehr großer Fehler gewesen. Im Gegenteil, er muß raschestens nach Sachsen zurückeilen, um Truppen gegen die Russen abzuzweigen. Noch ist kein Anlaß, Viktoria zu rufen oder die Zukunft vorauszusagen. Die Hauptarbeit, die Lösung des Knotens, steht uns erst bevor, und es muß abgewartet werden, wie das Schicksal die Ereignisse lenkt. Was aber auch geschieht, nichts soll meine Philosophie umstoßen. An meine Gesundheit und meine innere Zufriedenheit denke ich nicht; das sind Dinge, die mir höchst gleichgültig erscheinen. Ich sehe, mein lieber Marquis, Sie lassen sich irreführen wie die Öffentlichkeit. Meine Lage mag von ferne noch halbwegs glänzend aussehen, aber aus der Nähe betrachtet, ist es nichts als dicker Rauch. Ich weiß fast nicht mehr, ob es auf Erden noch ein Sanssouci gibt; wo der Ort auch liegen mag, für mich paßt der Name nicht mehr. Kurz, mein lieber Marquis, ich bin alt, traurig und grämlich. Hin und wieder leuchtet meine alte Fröhlichkeit wohl noch auf, aber es sind nur Funken, die mangels einer nährenden Kohlenglut verglimmen, es sind Blitze, die durch dunkle Wetterwolken flammen. Ich rede

die Wahrheit; wenn Sie mich sähen, fänden Sie die
Spuren dessen, was ich einst war, nicht mehr. Sie
sähen einen alt und grau gewordenen Mann, der die
Hälfte seiner Zähne verloren hat, einen Mann ohne
Heiterkeit, ohne Feuer und ohne Phantasie, mit
einem Wort, einen Schatten, der weniger darstellt als
die Spuren von Tusculum, von dem die Architekten
so viele phantastische Pläne entworfen haben, weil
die Ruinen fehlen, die ihnen den Grundriß von
Ciceros Wohnung angeben könnten. Das ist übrigens weniger das Werk der Jahre als des Kummers, es
ist der traurige Anfang der Hinfälligkeit, die der
Herbst unseres Lebens unweigerlich mit sich bringt.
Solche Betrachtungen machen mich höchst gleichgültig gegen das Leben und bringen mich in die
rechte Stimmung eines Mannes, dem es bestimmt ist,
auf Tod und Leben zu kämpfen. Ist man mit dem
Leben erst so weit fertig, dann schlägt man sich tapfer
und scheidet ohne Bedauern aus dieser Welt. Sie,
mein Lieber, haben sich kein so blutiges Handwerk
ausgesucht. Bewahren Sie sich daher Ihre gute Laune, bis Sie einen berechtigten Grund zur Betrübnis
haben, und züchtigen Sie Ihre Feinde mit Ihrer Feder,
während ich meine geringe Begabung dazu verwenden will, sie mit kräftigen Säbelhieben und Geschütz-
salven zu vernichten. Leben Sie wohl, lieber Marquis! Der Himmel gebe Ihnen Frieden und beschirme
Sie.

Madlitz, 16. August 1759

Wir haben Unglück gehabt,[15] mein lieber *Marquis,*
aber nicht durch meine Schuld. Der Sieg war unser;
er wäre sogar vollständig gewesen, aber da verlor
unsere Infanterie die Geduld und verließ zur Unzeit
das Schlachtfeld. Der Feind marschiert heute nach
Müllrose, um sich mit Hadik zu vereinigen. Die
russische Infanterie ist fast vollständig vernichtet.
Alles, was ich von meinen Trümmern zusammenraf-
fen konnte, beläuft sich auf 32 000 Mann. Mit ihnen
werde ich mich dem Feind in den Weg werfen und
mich abschlachten lassen oder die Hauptstadt retten.
An Standhaftigkeit, denke ich, fehlt es mir nicht. Nur
für den Ausgang kann ich nicht bürgen. Hätte ich
mehrere Leben, ich würde sie für mein Vaterland
opfern. Wenn mir aber dieser Schlag mißlingt, glaube ich, genug getan zu haben, und es wird mir dann
wohl erlaubt sein, an mich selbst zu denken. Alles hat
seine Grenzen. Ich ertrage mein Unglück, ohne mich
entmutigen zu lassen. Aber ich bin fest entschlossen,
wenn dieser Schlag fehlgeht, mit mir ein Ende zu
machen, um nicht ewig der Spielball irgendeines Zufalls zu sein. Ich weiß weder, wo Sie sind, noch was
aus Ihnen werden soll; wenn ich Ihnen aber raten darf,
warten Sie in Potsdam oder Brandenburg den Ausgang der Sache ab, und was auch geschehen mag, gedenken Sie eines Freundes, der Sie liebt und Sie hochschätzen wird bis zum letzten Seufzer. Leben Sie wohl.

Ich bin hier auf dem Gute des Generalmajors Finck, des Bruders des Ministers, das die Kosaken geplündert haben; aber der Schaden übersteigt nicht ein paar hundert Taler. Leben Sie wohl, mein Lieber, studieren Sie Zeno in diesen kritischen Zeiten und lassen Sie Epikur ruhen.

August 1759

Sire, was Ihnen zustieß, ist auch Cäsar, Turenne und mehrfach dem großen Condé zugestoßen. Wenn Sie Herr über sich selbst bleiben, für Ihre Gesundheit sorgen und von den Hilfsmitteln Gebrauch machen, die Ihr überragender Geist Ihnen verschaffen wird, wird alles bald wieder gutgemacht sein. Ich bin untröstlich, nicht bei Ihnen sein zu können, um Ihnen immer wieder zu sagen, was ich die Ehre habe, Ihnen zu schreiben. Im Namen Ihres Volkes, im Namen Ihres Ruhms, der trotz schlimmer Ereignisse, die Sie treffen können, unsterblich sein wird, liefern Sie sich nicht Erschütterungen aus, die Sie krank machen und noch schädlicher für Ihr Volk sind als der Verlust mehrerer Schlachten. Denken Sie daran, daß Ludwig XIV. die härtesten Schläge erlitt und daß er am größten war, als er sie aushielt, nicht, als er mehrere Provinzen eroberte. Was ist Ihr Ziel? Den Staat zu verteidigen. Wenn Sie aber diesem Staat fehlen, ist er für immer verloren, gibt es keine Rettung. Unter gewissen Umständen Frieden zu machen ist weder schändlich noch schädlich. Wo ist der Fürst, wo der Held, der nicht manchmal der Sturzflut der Ereignisse hätte weichen müssen? Sire, ich bete Sie an, das wissen Sie. Wenn Sie umkommen, dann wird Ihr Volk Sie wegen seines Unglücks in alle Ewigkeit anklagen, wenn Sie aber leben, wird es Sie, was auch immer kommt, anbeten, denn Sie allein können es aus dem Unglück erretten, in das es hinabstürzen würde, wenn es Sie verliert. Entschuldigen Sie, *Sire,* die Freiheit, die ich mir nehme; aber sie ist bei einem Manne verzeihlich, der, hätte er hundert Leben, sie freudig hingeben würde, um Sie glücklich zu sehen.

Berlin, 18. August 1759

Sire, ich habe Berlin keineswegs verlassen und denke nicht daran, es zu tun. Solange ich weiß, daß Sie sich wohl befinden, habe ich nicht die mindeste Furcht, weil ich ganz sicher bin, daß trotz der Schläge, die Sie treffen können, die Dinge früher oder später eine glückliche Wendung nehmen werden, wenn Sie nur Ihre kostbare Person dem Staate erhalten wollen. Bedenken Sie nur ganz ernstlich, wie es gehen würde, wenn Sie nicht mehr sein sollten. Ich wage nicht, Ihnen das schreckliche Bild auszumalen. Solange Sie aber leben, müssen die Umstände endlich eine ganz andere Gestalt gewinnen, als sie heute haben. Die Engländer halten gegenwärtig die Sicherheit der

Länder, die Ihre Feinde Ihnen entreißen wollen, in
ihren Händen, und der allgemeine Friede kann für Sie
nur günstig sein, so vorteilhaft die Lage für Ihre
Feinde auch zu sein scheint. Ich weiß wohl, wie sehr
es Sie trifft, die Feinde vorrücken und in Ihre Staaten
eindringen zu sehen; aber da ganz Europa weiß, daß
Ihr Ruhm dadurch keine Einbuße erfährt, müssen Sie
sich zufrieden geben und nur an Ihre Erhaltung
denken, was auch immer sich ereignen mag; denn
von Ihnen allein kann man die Rettung aus den
gegenwärtigen Übeln erwarten.

Wenn Euer Majestät mir erlauben wollten, zu
Ihnen zu kommen, so würde ich mich mit dem ersten
Geleit, das von Berlin abgeht (und es gehen fast
täglich welche ab), zu Ihnen begeben, um den Rest des
Feldzuges mitzumachen. Es geht mir einigermaßen
gut, ich bin imstande zu reiten und werde Euer
Majestät nicht beschwerlich fallen. Ich erwarte dazu
Ihre Antwort.

Erneut bitte ich Sie, für Ihre Erhaltung zu sorgen
und die Schläge, die auch die größten Helden oft
erfuhren, nicht zu schwer zu nehmen. Es gibt nichts
Größeres als Marius, der, verbannt und flüchtig, dem
Schicksal trotzte; oder Sertorius, der, in einen Winkel
Spaniens verdrängt, standhaft und fest die Launen
des Schicksals ertrug. Er scheint mir der Größte der
Römer zu sein. Cato in Utica hingegen ist nur
eine schwache Seele, unfähig, das Unglück zu ertragen.

Ich hoffe, Sire, daß alles besser gehen wird, als Sie denken, und daß Sie alsbald wieder den Vorteil erringen, den Sie so oft über Ihre Feinde hatten. Ich gründe meine Hoffnungen auf Eurer Majestät Geist und Fähigkeiten.

Fürstenwalde, 20. August 1759

So sehr es mich verlangt, Sie zu sehen, lieber *Marquis,* finde ich doch meine Lage so verzweifelt, daß ich niemand zum Gefährten haben möchte. Bleiben Sie also in Berlin oder besser, ziehen Sie sich nach Potsdam zurück. Binnen kurzem wird irgendeine Katastrophe eintreten, und Sie sollen nicht darunter leiden. Läuft alles gut ab, so sind Sie in vier Stunden wieder in Berlin. Verfolgt uns das Unglück, so gehen Sie nach Hannover oder Celle; von da können Sie für Ihre Sicherheit sorgen. Ich schwöre Ihnen, ich habe in der letzten Schlacht alles Menschenmögliche getan, um zu siegen, aber meine Leute haben mich im Stich gelassen, und es hat wenig daran gefehlt, daß ich den Barbaren in die Hände gefallen wäre.[16] Ich gehe nicht auf Einzelheiten ein, warum meine Lage so furchtbar ist, sondern will lieber davon schweigen; das Schlimme bleibt für mich und das Gute für die Öffentlichkeit. Glauben Sie mir, es gehört etwas mehr als Festigkeit und Beständigkeit dazu, um sich in meiner Lage zu behaupten. Aber ich sage Ihnen frei heraus: Stößt mir ein Unglück zu, so rechnen Sie nicht damit, daß ich den Untergang und die Vernichtung meines Vaterlandes überlebe. Ich habe meine eigene Denkweise und ahme weder Sertorius noch Cato nach. An den Staat denke ich, nicht an den Ruhm. Unterliegt er trotz aller meiner Fürsorge, nachdem ich ihm alles geopfert habe, so muß ich die Bürde des Lebens abwerfen, die mich schon so lange drückt und quält.

Verlor man alles, lischt der Hoffnung Licht,
so ist das Leben Schmach und Tod ist Pflicht.[17]

Leben Sie wohl, mein lieber Marquis. Warten Sie ab, was geschieht, und was sich auch ereignet, gedenken Sie eines Freundes, der Sie aufrichtig liebt.

Fürstenwalde, 21. August 1759

Der Feind verschanzt sich bei Frankfurt, mein lieber *Marquis,* ein Zeichen, daß er nichts unternehmen will. Wollen Sie mir das Vergnügen machen, hierher zu kommen, so können Sie es in aller Sicherheit tun. Nehmen Sie Ihr Bett mit, bringen Sie mir meinen Koch Noël, und ich lasse Ihnen ein Stübchen einrichten. Sie werden mein Trost und meine Hoffnung sein. Leben Sie wohl.

Fürstenwalde, 22. August 1759

Ich schrieb Ihnen gestern, mein lieber *Marquis,* Sie
sollten hierher kommen, aber heute verbiete ich es.
Daun ist in Kottbus. Er marschiert über Lübben und
Berlin. Fliehen Sie diese unglücklichen Gegenden.
Diese Nachricht zwingt mich, die Russen zwischen
hier und Frankfurt abermals anzugreifen. Sie können
mir glauben, es ist ein verzweifelter Entschluß, aber
das einzige, was mir bleibt, um nicht von der einen
oder anderen Seite von Berlin abgeschnitten zu werden. Ich werde den entmutigten Truppen Brannt-
wein geben lassen und ihre Tapferkeit damit anzu-
feuern versuchen; aber ich verspreche mir keinen
Erfolg. Mein einziger Trost ist, daß ich mit dem
Degen in der Faust untergehen werde. Leben Sie
wohl, mein Lieber! Nochmals, fliehen Sie und warten Sie ab, was geschieht, damit Sie im Fall eines
Unglücks für Ihre Sicherheit sorgen können. Ich
danke Ihnen für die Anhänglichkeit, die Sie mir
bezeigen. Sie dürfen mir glauben, daß ich Ihrer bis
zum letzten Atemzug dankbar gedenken werde.

Berlin, 21. August 1759

Sire, ich bin untröstlich, nicht bei Ihnen zu sein; aber
wie Sie befehlen, werde ich mich einige Meilen von
Berlin entfernen. Ich will in Tangermünde die Nach-

richt vom Siege abwarten, den Sie über Ihre Feinde erfechten werden. Ihrer Infanterie hat es weder an Tapferkeit noch an gutem Willen gefehlt, sondern die ungewöhnliche Hitze am Tage der Schlacht hatte ihre Kräfte erschöpft. Die Natur hat den Menschen nur ein gewisses Maß an Kräften verliehen; so mutig sie auch sein mögen, so können sie sich doch nicht über die Natur erheben. Ich bin gewiß, daß sie ihren Fehler bei nächster Gelegenheit wiedergutmachen und daß sie sich als wahre preußische Soldaten wieder erweisen werden. Hat das Glück Sie auch einmal verlassen, so hat es Ihnen doch keineswegs den Rücken gekehrt. Wenn Sie nur an die Erhaltung Ihrer Person denken wollen, dann werden die Dinge Ihnen alsbald wieder ein lachendes Gesicht zeigen. Ich wünschte jetzt um alles in der Welt, bei Ihnen zu sein. Tausenderlei hätte ich Ihnen zu sagen, und trotz Ihrem Schmerz wollte ich Ihnen beweisen, daß allein Ihr Verlust den des Staates nach sich ziehen kann. Leben Sie also und erhalten Sie sich, wie auch immer die Dinge aussehen; früher oder später werden sie sich zum Guten wenden. Selbst wenn, Sire, der Verlust der Schlacht uns die Feinde nach Berlin geführt hätte, was aber nicht geschehen ist, wäre denn alles zerstört gewesen, nur weil wir eine Kontribution gezahlt hätten? Denken Sie daran, Sire, daß Prinz Ferdinand, wenn er will, noch heute in Franken eindringen, diesen Teil des Reiches, der unser Gegner ist, verwüsten und einen Teil der Österreicher zwin-

PRINZ FERDINAND VON BRAUNSCHWEIG

gen könnte, nach Böhmen zu gehen. Sie haben
verloren, aber Ihre Feinde haben noch mehr verloren
als Sie. Ich kenne Ihre Verletzlichkeit, Sire, und
fürchte sie mehr als Ihre Feinde. Natürlich ist es
kränkend, daß ein König, der sich den Gefahren
mehr aussetzt als einfache Soldaten, von diesen verlassen wird. Aber, Sire, wenn sie bei erster Gelegenheit Wunder der Tapferkeit verrichten, wird alles
wieder in Ordnung kommen, und sie werden diese
Wunder tun, denn gewiß werden Eure Majestät sie
zur Pflicht zurückbringen durch die Hoffnung auf
Belohnung und durch das Versprechen, daß das
Vergangene vergessen sein soll.

Fürstenwalde, 22. August 1759

Sie singen das Lob einer Armee, mein lieber *Marquis,*
die es nicht verdient hat. Die Truppen hatten nur gute
Beine, um zu fliehen, nicht aber, um den Feind
anzugreifen. Ich werde mich gewiß schlagen, aber
machen Sie sich keine Hoffnung über den Ausgang!
Ich verspreche mir nichts Gutes davon. Meine un-
wandelbare Treue gegen mein Vaterland und die
Ehre heißen mich alles wagen; aber mit dieser Gesin-
nung geht die Hoffnung nicht Hand in Hand. Nur
ein glücklicher Zufall kann uns retten. Reisen Sie in
Gottes Hut nach Tangermünde, wo Sie gut aufgehoben sein werden, und warten Sie ab, was das Schick-

sal über uns beschließt. Morgen rücke ich dem Feind
entgegen. Wenn sich etwas machen läßt, dann soll es
übermorgen geschehen. Wenn sich aber der Feind in
den Weinbergen bei Frankfurt hält, werde ich keinen
Angriff wagen. Nein, die Qualen des Tantalus,[18] die
Marter des Prometheus[19] und die Strafe des Sisy-
phus[20] sind nichts, verglichen mit dem, was ich seit
zehn Tagen ausstehe. Der Tod ist gegen solch ein
Leben süß. Haben Sie Mitleid mit meinem Zustand
und glauben Sie mir, daß ich Ihnen noch eine Menge
schlimmer Dinge verschweige, mit denen ich niemand betrüben oder beunruhigen will. Hätte ich
noch einen Schimmer von Hoffnung, ich riete Ihnen
nicht, aus diesen unglücklichen Gegenden zu fliehen.
Leben Sie wohl, mein Lieber. Beklagen Sie mich und
gedenken Sie eines Freundes, der Sie hochschätzt und
Sie bis zum letzten Seufzer seines unseligen Daseins
lieben wird.

Waldow, 4. September 1759

Ich glaube, mein lieber *Marquis,* daß Berlin nun in
Sicherheit ist. Sie können also dorthin zurückkehren.
Die Barbaren sind in der Lausitz, und ich bleibe ihnen
zur Seite, so daß für die Hauptstadt nichts zu befürchten ist. Die unmittelbare Gefahr ist vorüber, aber es
bleiben noch so manche Schwierigkeiten zu überwinden, ehe wir den Feldzug beenden können. Da
diese Schwierigkeiten mich allein angehen, haben sie

wenig zu bedeuten. Mein Martyrium wird noch zwei Monate dauern, und erst Schnee und Eis werden es beenden. Ich schreibe Ihnen dies alles, weil Sie in Tangermünde meines Erachtens nicht so gut aufgehoben sind wie in Berlin oder Potsdam und weil der Abzug der Russen sowie die Einnahme von Wittenberg und Torgau[21] die Hauptstadt außer Gefahr setzen. Leben Sie wohl, mein Lieber, und vergessen Sie mich nicht.

Wolfenbüttel, 9. September 1759

Sire, ich eile nach Berlin zurück, um dort weitere Befehle Eurer Majestät zu erwarten; ich bin immer bereit, dorthin zu gehen, wohin Sie wünschen. Ich bitte Sie, Sire, auf meine Gesundheit keine Rücksicht zu nehmen. Und wäre sie noch viel schwächer, so wird sie in dem Augenblick wieder stark sein, sobald ich das Glück haben kann, Sie wiederzusehen.

Als ich in Tangermünde ankam, war alles so voll von Fremden, daß ich unmöglich unterkommen konnte. In den Dörfern wollte ich nicht bleiben wegen der kleinen Abteilungen der Reichsarmee, die in der Gegend von Magdeburg und Halberstadt herumstreiften. So habe ich denn meinen Weg bis nach Wolfenbüttel fortgesetzt, wo ich noch bin, aber von wo ich morgen abreise. Nie habe ich gezweifelt, Sire, daß Sie alsbald die Schlappe der letzten Schlacht wieder ausgleichen werden...

Euer Majestät haben sicherlich den Brief des Marschalls Belle-Isle gelesen, den man unter den Papieren des Marschalls von Contades in Detmold gefunden hat. Es gibt nichts Schändlicheres als den Plan, im Lande Hannover die Schrecken der Pfalz zu wiederholen und aus dem Kurfürstentum «eine Wüste noch vor dem Monat September» zu machen. Das sind des Herrn von Belle-Isle eigene Worte. Dieser Mensch verdient die Verachtung aller rechtschaffenen Leute, welcher Partei sie auch angehören mögen. Ich glaube, daß der König von England nun ernstlich auch an die deutschen Angelegenheiten denken muß; jetzt weiß er, was er von seinen Feinden zu erwarten hat. Was würde aus seinen Staaten in Deutschland werden, wenn Sie unglücklicherweise unterliegen sollten? Aus diesem Brief konnte man entnehmen, wie weit die Wut des französischen Ministeriums geht; andererseits konnte man daraus aber auch auf den miserablen Stand der französischen Finanzen schließen; denn der Marschall schreibt, daß wenn Fischer die Kontributionen nicht erhebe, es nicht möglich sei, die dringendsten Bedürfnisse der Armee zu bestreiten. Wie wird es nun werden, wenn die Engländer noch vor Jahresende einen glänzenden Überraschungsschlag führen?

Ich weiß, daß Sie vor Beendigung Ihres Feldzuges noch viel Mühe und Arbeit haben werden; aber, um alles zu einem guten Ende zu bringen, brauchen Sie nicht zu siegen, sondern nur die Zeit abzuwarten.

Der Defensivkrieg ist der Ruin Ihrer Feinde. Der Feldzug muß in sechs Wochen zu Ende sein. Schnee und Eis werden Ihnen wieder Ruhe geben. Wie können Ihre Feinde in einem Lande leben, wo sie weder Lebensmittel noch Magazine haben? Welch unermeßliches Geld benötigen im nächsten Jahr die Franzosen, um den Krieg fortzusetzen und um ihren Verbündeten Subsidien zu zahlen, ohne die sie handlungsunfähig sind.

Kottbus, 17. September 1759

Mein lieber *Marquis,* nun ist Berlin wirklich außer Gefahr. Die Russen sind in Guben und Forst, aber ich bin noch von grausamen Schwierigkeiten, von Fallstricken und Abgründen umringt. Es ist leicht zu sagen, wir sollten einen Defensivkrieg führen. Aber ich habe eine solche Menge von Feinden, daß ich notgedrungen die Offensive ergreifen muß. Ich stehe hier in einem Dreieck, wo ich zur Linken die Russen, zur Rechten Daun und im Rücken die Schweden habe. Führen Sie da doch mal einen Defensivkrieg! Ganz im Gegenteil, ich behaupte mich bisher nur dadurch, daß ich alles angreife, was ich kann, und kleine Erfolge erringe, die ich zu vervielfältigen suche, so gut es geht. Ich bin seit dem Kriege Zenos Schüler geworden. Wenn das so weitergeht, werde ich wohl noch gleichgültiger und fühlloser werden als Empedokles und Zeno selbst. Nein, mein lieber

CHARLES LOUIS FOUQUET
HERZOG VON BELLE-ISLE

Marquis, ich mute Ihnen nicht zu, mich zu besuchen. Bleibe ich am Leben, so gedenke ich Sie erst wiederzusehen, wenn der Winter uns einen guten sechsmonatigen Waffenstillstand gebracht hat. Inzwischen wird noch viel Blut fließen und manches Gute wie Schlimme geschehen, was Licht über unser Schicksal verbreiten wird. Leben Sie wohl, ich umarme Sie, mein lieber Marquis!

Berlin, 6. Oktober 1759

Sire, eine Frau, Madame Tagliazucchi, die ich nicht kenne, schrieb mir gestern, sie wende sich an mich, um Eurer Majestät mitzuteilen, sie hätte Ihnen Sachen von größter Wichtigkeit zu entdecken, die unmittelbar Ihre Person betreffen. Ich ließ die Frau sogleich kommen, und sie sagte mir, sie sei die Gattin des Operndichters. Ich fragte sie, ob das, was sie wüßte, etwa ein Attentat gegen die Person Eurer Majestät betreffe; sie verneinte, doch das, was sie übermitteln wolle, sei dennoch von äußerster Wichtigkeit, auch wenn es die geheiligte Person Eurer Majestät nicht betreffe. Ich fragte sie aus, aber sie wollte mir gegenüber ihr Geheimnis nicht lüften, sie könne es nur Eurer Majestät oder demjenigen anvertrauen, an den sie sich auf Befehl Eurer Majestät wenden sollte. Wenn auch diese Frau mir ihr Geheimnis verbergen wollte, so glaube ich doch, es durch Fangfragen herausbekommen zu haben. Nach meiner Meinung handelt es sich um folgendes: Sie ist als Untertanin der Königin von Ungarn geboren und hat hier viele fremde Offiziere, besonders Italiener, kennengelernt; einer dieser Offiziere hat wohl geglaubt, die Frau könne einen Briefwechsel mit dem Wiener Hof unterhalten und ihm Nachrichten geben. Sei es nun, daß die Frau zunächst dazu verführt wurde und daß sie jetzt aus Furcht, was daraus sich für sie ergeben könne, ihre Absichten geändert hat, sei es auch, daß sie auf das Angebot nur einging, um den Hof von Wien zu täuschen und sich daher bei uns verdient zu machen, soviel ist sicher, jedenfalls sagte sie das, daß sie sehr wichtige Papiere besitze. Ich glaube sogar, daß sie uns den Geheimcode liefern könnte, den der Hof von Wien ihr übergeben ließ, und daß dieser Code Eurer Majestät von Nutzen sein könnte, um andere Briefe zu entziffern... Wenn Eure Majestät jemand benennen wollten, an den die Frau sich wenden soll, dann werden Sie in kurzer Zeit von allem unterrichtet sein. Sollte es sich auch nur um eine etwas phantasievolle Italienerin handeln, die Schimären für Wahrheit nimmt, denn die Frau scheint mir wenig klug und ruhig zu sein, so glaube ich doch, es wäre der Mühe wert, zu erfahren, was sie denn zu sagen habe, und daß man nicht bedauern muß, wenn sich herausstellte, daß diese Frau nur eine Närrin ist.

Oktober 1759

Sie sehen, mein lieber *Marquis*, daß die Geheimnisse
der Madame Tagliazucchi Armseligkeiten waren,
wie ich es Ihnen vorausgesagt habe; ich habe aber
befohlen, den Erzbetrüger zu verhaften. Um hinter
meine Geheimnisse zu kommen, müßte man mich
selber bestechen, und das ist nicht leicht. Übrigens
kann dieser Mensch dem Feinde nur Nachrichten
übermitteln, die aus trüben Quellen fließen, geeignet, ihn eher hinters Licht zu führen, als ihm Aufklärung zu schaffen.

Ich bin hier ebenso weit wie vor acht Tagen; der
Feind aber wird in Kürze aufbrechen, schon macht er
alle Anstalten zum Abmarsch. Damit wird mein
diesjähriger Feldzug gegen die Russen zu Ende gehen. Doch wenn das erledigt ist, bleibt mir noch viel
zu tun übrig. Ich bin krank; doch das wird mich nicht
abhalten, meine Pflicht zu tun, solange mir die Kraft
dazu bleibt.

Ich bin immer noch an der Arbeit über Karl XII.[22]
Mein Werk ist nur eine Verkettung von Betrachtungen; dergleichen erfordert viel Sorgfalt und ruhige
Überlegung, weswegen denn auch die Arbeit so
langsam voranschreitet. Die Anregung dazu bekam
ich, da ich mich an dem nämlichen Orte befinde, der
durch Schulenburgs Rückzug berühmt geworden
ist. Da ich den Kopf immer voll militärischer Ideen
habe, beschäftigt sich mein Geist, wenn ich ihn

zerstreuen will, erst recht mit diesen Dingen, und ich kann ihn gegenwärtig auf keine anderen Themen bringen.

Wenn der Krieg beendet ist, werde ich um Aufnahme ins Invalidenhaus bitten, so weit ist es mit mir gekommen. Wenn Sie mich jemals wiedersehen, dann werden Sie mich recht gealtert finden. Mein Haar wird grau, die Zähne fallen mir aus, und bald werde ich gewiß dummes Zeug reden. Wir dürfen uns nicht zuviel zumuten, Überanstrengung nimmt uns die Spannkraft. Sie wissen, was man von Pascal sagt. Sie selbst sagten mir, die geistige Arbeit habe Sie in Holland dermaßen angestrengt, daß Sie einer langen Erholung bedurften. Ihrem Vorgänger Bayle ist es ebenso ergangen. Ich, der ich nicht wert bin, Ihnen den Schuhriemen zu lösen, obwohl es mit mir noch nicht so weit ist, ich fühle, wie meine Kräfte abnehmen und meine Gebrechen zunehmen, und ich verliere allmählich das nötige Feuer, um meinen Beruf gut wahrzunehmen.

Nun bleibt noch reichlich ein Monat zur Beendigung dieses Feldzuges. Man muß sehen, was der Winter bringen wird. Schicken Sie mir inzwischen Vertots «Römische» und «Schwedische Revolutionen». Gedenken Sie Ihrer Freunde, die im Fegefeuer schmachten, und seien Sie meiner Freundschaft und Hochachtung versichert. Leben Sie wohl, Marquis!

Sophiental, 26. Oktober 1759

Ich erhalte Ihren Brief, mein lieber *Marquis,* in den
Qualen der Gicht. Mir ist eingefallen, daß der Philosoph Poseidonios, als Pompejus durch Athen kam und
ihn fragen ließ, ob er ihn hören könne, ohne ihm zur
Last zu fallen, zur Antwort gab: «Man soll nicht
sagen, daß ein so großer Mann wie Pompejus mich
hören wollte und daß die Gicht es verhindert habe.»
So hielt er dem Pompejus einen schönen Vortrag
über die Verachtung des Schmerzes und rief dabei hin
und wieder aus: «Oh Schmerz! Was du auch tust, du
wirst mich nicht zu dem Geständnis bringen, daß du
ein Übel seist.» Ich ahme diesen Philosophen nach
und antworte Ihnen, dessen Charakter mehr wert ist
als der aller Pompejusse zusammengenommen. Sie
wollen wissen, was mir fehlt, mein Lieber: Lähmung
am linken Arm, an beiden Füßen und am rechten
Knie. Das einzige Glied, das ich noch gebrauchen
kann, ist meine rechte Hand. Ich benutze sie jetzt, um
Ihnen zu schreiben und Sie nochmals zu bitten, nach
Glogau zu kommen. Morgen lasse ich mich nach
Köben bringen, eine halbe Meile von hier. Nehmen
Sie all die verschiedenen Arten von Unglück zusammen, als da sind Mißgeschick, Krankheit, Verlust
von Freunden, Unfähigkeit zum Handeln, wo es so
notwendig wäre, und Sie werden zugeben, daß das
kein Spaß ist. Sie haben nichts zu befürchten; die
Russen marschieren nach Posen und von da nach

Thorn. Die Straße von Berlin über Frankfurt und Krossen bis hierher ist sicher. Somit können Sie reisen wie im tiefsten Frieden. Leben Sie wohl, mein Lieber; bei meiner großen Schwäche kann ich nicht weiterschreiben.

Berlin, 28. Oktober 1759

Sire, ich erhalte Sonntag früh, den 28. d. M. Eurer Majestät Brief. Ich werde übermorgen am 30. abreisen und zur gleichen Zeit wie Sie in Glogau ankommen. So schwach ich auch zur Winterzeit bin, ich würde zu Fuß bis ans Ende der Welt laufen, um das Vergnügen zu haben, Sie zu sehen. Ich fürchte, Sie lassen sich zu früh nach Glogau bringen; wenn Sie sich erkälten, wird das Ihre Krankheit verlängern. Ich verstehe gut, daß Sie ärgerlich sind, den Feldzug nicht vollends beendigen zu können. Doch Sie können ja anordnen, das zu tun, was Sie selbst getan hätten. Wenn Sie sich noch zwei Wochen schonen, dann werden Sie wohl imstande sein, das Fahren auszuhalten und sich dort hinbringen zu lassen, wohin Sie es für gut befinden. Es gibt nun einmal Dinge, die über die menschliche Kraft gehen; das beste Mittel dagegen ist der Gedanke, daß man sie weder vermeiden noch ihnen zuvorkommen kann.

Vor zwei oder drei Tagen haben Sie die Nachricht von der Einnahme von Quebec[23] erhalten. So ist denn nun ganz Nordamerika für die Franzosen verlo-

ren, und die Engländer können in diesem Winter an
die zehntausend Mann und mehr als dreißig Kriegsschiffe nach Europa zurückbringen; dann haben sie
immer noch genug, um im März die Insel Martinique
zu nehmen. Glauben Sie mir, Sire, noch in diesem
Winter werden die Franzosen alle ihre Verbündeten
verlassen, und folglich wird man im Frühjahr Frieden haben. Dann gehen wir nach Sanssouci und
betrachten die Galerie, die nach den Worten des
Galeriedirektors, der gestern in Potsdam ankam, die
schönste ist, die er je gesehen habe, obwohl er sechs
Jahre in Italien war . . .

Jenseits von Meißen, 15. November 1759

. . . Ich schicke Ihnen, mein lieber *Marquis,* meinen
«Karl XII.», den ich habe abschreiben lassen. Ich
bitte, ihn in Berlin in meiner Druckerei zu drucken
und die Fahnen sorgfältig korrigieren zu lassen,
damit alles genau ist und richtig interpunktiert und
in allem dem Original entspricht. Ich möchte nur
zwanzig Exemplare, von denen eines Ihnen gehört,
und ich bitte, mir die anderen zu schicken, sobald sie
gedruckt sind.

Dieses Werk enthält Betrachtungen und Überlegungen, die, wie ich glaube, unparteiisch, wahr und
gerecht sind. Ich habe das Ganze stark zusammenge-
drängt, um nicht langweilig zu werden, und habe,

was Stoff für ein Buch sein könnte, auf den Kern der Sache beschränkt, der ausreichend ist für die Fachleute und nicht zu weitschweifig, damit die Nichtkenner sich nicht langweilen. Aber alles, was ich von meiner Arbeit sagen kann, wiegt das Urteil nicht auf, das Sie abgeben werden. Ihr Beifall steht mir für den meiner Zeitgenossen und der Nachwelt. Ich hoffe, daß Ihre Verdauung gut ist und daß Fieber, Krämpfe und Ausschläge weg sind, und daß ich Sie alsbald in Dresden meiner Freundschaft versichern kann, mein lieber Marquis!

Berlin, 17. November 1759

Sire, mit unendlichem Vergnügen habe ich Ihre Betrachtungen über Karl XII. gelesen. Sie sind ausgezeichnet; der Stil ist bestimmt und gedankenreich und hat alle Vorzüge dessen, was an Tacitus gut ist, ohne seine Dunkelheiten zu haben. Was die Gedanken angeht, so beschränke ich mich darauf, Euer Majestät zu sagen, daß sie mich durch ihre Richtigkeit überzeugt haben; nur große Feldherren können über andere große Feldherren schreiben, und was bloße Schriftsteller, so gut sie sonst auch sein mögen, über solche seltenen Menschen schreiben, ist nur glattes Gefasel. Mein Gott, wie kommt mir die «Geschichte Karls XII.»[24] miserabel vor, nachdem ich Ihre Betrachtungen gelesen habe! Schuster, bleib bei Deinem Leisten! Ich finde nichts lächerlicher als einen Pfaffen, der, in seinem Kloster eingeschlossen, die Feldzüge des Herrn von Luxemburg und des Herrn von Turenne beschreibt. Aber wie viele Bücher der Militärgeschichte haben wir doch, die von Jesuiten, Benediktinern und Ordensgeistlichen geschrieben wurden.

Ich werde mir alle Mühe geben, Sire, Ihr Werk mit größter Aufmerksamkeit drucken zu lassen. Es soll nicht einen einzigen Druckfehler geben. Ich würde gern 50 Exemplare drucken lassen und davon 30 verpacken und sie im Raum der Druckerei deponieren; Sie finden sie dann bei Friedensschluß dort. Ihr Werk ist bewundernswürdig, und Sie werden einige Exemplare auch gern Ihren Generälen verehren wollen. Ich erwarte darüber Ihre Befehle. Morgen fängt man an, den ersten Bogen zu setzen. Ich werde der Arbeit Quartformat geben, damit es Ihren übrigen historischen Werken und Ihrem Gedicht über die Kriegskunst zugefügt werden kann.

Zweifeln Sie keinen Augenblick, Sire, daß ich nach Sachsen aufbreche, sobald Sie es anordnen. Und wenn ich auch krank bin, so wird diese Reise und das Vergnügen, Sie am Ende eines so schönen und ruhmvollen Feldzuges wiederzusehen, mich gesund machen. Um eine Gnade aber möchte ich Eure Majestät bitten, nämlich Madame d'Argens mitnehmen zu dürfen. Drei Jahre nacheinander habe ich schwere Krankheit aushalten müssen. Ich hoffe nicht, daß das dieses Jahr wieder passiert, denn ich halte strenge Diät. Aber wenn Eure Majestät nicht die Güte gehabt hätten, mir zu erlauben, daß meine Frau mich nach Breslau begleitete, und wäre ich da bloß der Fürsorge meiner Domestiken überlassen gewesen, so hätte ich gewiß schon dem himmlischen Vater meine Aufwartung gemacht. Seien Sie aber versichert, daß ich, ohne den Hofmann zu spielen, viel lieber bei Ihnen in Sanssouci als bei ihm im Paradiese bin. Oh Sanssouci! Warum kann ich nicht mein Friesel der Königin, meinen Durchfall der Zarin und meine Verdauungsstörungen Ludwig vermachen! Wenn das geschähe, dann würden diese drei Personen mehr an die Apotheke als an den Krieg denken.

Wilsdruf, 22. November 1759

Verfahren Sie mit meinem Werk, mein lieber *Marquis,* wie Sie es für gut finden. Ich bin so betäubt von dem Unglück,[25] das dem General Finck zugestoßen ist, daß ich mich noch gar nicht davon erholen kann. Das wirft alle meine Maßregeln um und trifft mich bis ins Mark. Das Unglück, das mich in meinem Alter verfolgt, hat mich aus der Mark nach Sachsen begleitet. Ich werde dagegen ankämpfen, so gut ich kann. Die kleine Hymne an das Glück, die ich Ihnen schickte, habe ich zu rasch geschrieben; man soll erst nach dem Siege Victoria rufen. Ich bin von all den Schicksalsschlägen und Katastrophen, die mir zu-

stoßen, so müde, daß ich mir tausendmal den Tod
wünsche. Ich habe es von Tag zu Tag mehr satt, einen
verbrauchten, zum Leiden verdammten Körper zu
bewohnen. Ich schreibe Ihnen im ersten Aufruhr
meines Schmerzes. Bestürzung, Kummer, Entrü-
stung, Verdruß, das alles zerreißt mir die Seele.
Warten wir also das Ende dieses verwünschten Feldzuges ab, dann schreibe ich Ihnen, was aus mir selber
wird, und das übrige wird sich finden. Haben Sie
Mitleid mit meinem Zustand und machen Sie kein
Aufhebens davon, denn die schlimmen Nachrichten
verbreiten sich von selbst schon zur Genüge. Leben
Sie wohl, mein lieber Marquis! Quando avrai fine il
mio tormento![26]

Berlin, 25. November 1759

Sire, wenn Fortuna Sie verfolgt, dann erheben Entschlossenheit und Ihr Geist Sie über ihre Launen. Das
Beispiel des Vergangenen macht mich wegen der
Zukunft sicher; daher zweifle ich keinen Augenblick,
daß Sie bereits teilweise ein Unglück, an dem Sie
nicht schuldig sind, schon wiedergutgemacht haben.
Wenn man nach den genauesten Regeln handelt,
braucht man nicht, in keiner Art von Gewerbe, für
den Zufall zu bürgen; und im Kriegsstande noch
weniger als in jedem andern. Ich begreife sehr wohl,
wie sehr Sie leiden, da man sich nicht über das
Menschliche erheben kann, so viel Mut und Genie

BRIEFWECHSEL 1759 167

man auch habe. Aber die großen Männer wie Sie haben immer durch ihre Standhaftigkeit überwunden, was gewöhnliche Seelen zu Boden gedrückt hätte. Dieser Feldzug muß nun zu Ende gehen; Schnee und Eis werden in einigen Monaten wieder Ruhe schaffen, und ich hoffe, daß das Frühjahr Europa den Frieden bringen wird. Wenn die Franzosen vollends ihre alten Löffel eingeschmolzen haben werden, die sie zur Münze senden, um Geld daraus zu machen, werden sie noch mit ihren Töpfen und Kasserollen Krieg führen und etwa mit Kupfermünzen den Russen und den Schweden weiter Subsidien zahlen? Wenn die Engländer im vergangenen Sommer eine Flotte von fünfzehn Kriegsschiffen in die Ostsee entsandt hätten, so hätten wir jetzt bereits Frieden, und wenn sie es zu Beginn des Frühjahrs tun, wird das Ende des Krieges bald da sein. Die Ausflucht im Blick auf ihren Handel mit Rußland ist lächerlich, denn die Russen hätten es nicht gewagt, mit ihnen zu brechen; woher hätten sie sonst Gold und Silber nehmen sollen, das die Engländer ihnen für ihre Münze liefern? Und wenn die Russen sich bösartig gezeigt hätten, nicht ein einziges Schiff hätte in Petersburg eintreffen können. Ich habe viel Respekt vor dem König von England; aber er müßte die einfachsten Begriffe verkennen, wenn er nicht einsieht, daß sein Kurfürstentum gänzlich ruiniert wäre, und zwar in weniger als sechs Wochen, wenn Sie unglücklicherweise Ihren Feinden unterliegen sollten.

Wilsdruf, 28. November 1759

...Die Hannoveraner haben Münster eingenommen, und es heißt, mein lieber *Marquis,* die Franzosen hätten Gießen am 25. d. M. verlassen, um auf Friedberg zu marschieren und den Rhein zu überschreiten. Wir hier kantonieren dem Feind gegenüber in den Dörfern. Das letzte Bund Stroh und das letzte Stück Brot werden den Ausschlag geben, wer von uns beiden in Sachsen bleibt. Da die Österreicher sehr eng zusammenliegen und aus Böhmen nichts beziehen können, hoffe ich, sie werden zuerst abziehen. Also Geduld bis zum Schluß! Warten wir das Ende dieses höllischen Feldzuges ab! Ich brauche dieses Jahr meine ganze Philosophie. Kein Tag vergeht, wo ich nicht Zuflucht zur Fühllosigkeit Zenos nehmen muß. Das ist wahrlich ein harter Beruf, wenn man ihn ununterbrochen ausüben muß. Epikur ist der Philosoph der Menschheit, Zeno der der Götter, und ich bin ein Mensch. Seit vier Jahren mache ich nun mein Fegefeuer durch; gibt es ein anderes Leben, so muß der ewige Vater mir anrechnen, was ich in diesem gelitten habe. Aber jeder Stand und Beruf bringt Verdrießlichkeiten und Unglück mit sich; also muß auch ich mein Päckchen tragen wie jeder, so schwer es ist, und mir sagen: Auch dies wird vorübergehen, so gut wie unsere Freuden und Neigungen, unsere Schmerzen und unsere glücklichen Schicksale. Leben Sie wohl, lieber Marquis! Meine

Briefe werden Ihnen recht düster vorkommen, aber ich schwöre Ihnen, ich könnte keine anderen schreiben. Wenn der Geist beunruhigt und bekümmert ist, sieht man nichts rosenrot. Ich umarme Sie und wünsche ein baldiges Wiedersehen.

Freiberg, 16. Dezember 1759

An dem gedruckten Exemplar,[27] das Sie mir geschickt haben, mein lieber *Marquis,* konnte ich wohl bemerken, daß Sie Fieber hatten. Es ist so voller Fehler, daß Sie es korrigiert zurückbekommen. Lassen Sie den Aufsatz noch einmal drucken und werfen Sie die zwanzig Exemplare ins Feuer. Diese Leute sind so ungeschickt, daß sie den Sinn meiner Gedanken durch gröbste Fehler völlig verändert haben. Der kleine Beausobre hätte wohl etwas mehr Aufmerksamkeit darauf verwenden können. Hätten die Hunnen und die Goten Buchdrucker gehabt, sie hätten es nicht schlechter machen können.

Sie sprechen viel von den Franzosen und von ihren Verlusten; das trifft zu, aber deswegen darf man noch nicht mit dem Frieden rechnen. Meine Umstände sind noch immer schlimm genug. Ich bekomme jetzt Verstärkung, aber wir haben so viel Schnee hier und es schneit so stark, daß es fast unmöglich ist, Truppen angesichts des Feindes in Bewegung zu halten. So viel zu meiner Lage; ich bin von allen Seiten von

Schwierigkeiten, Verlegenheiten und Gefahren umringt. Rechne ich zu allem noch die Treulosigkeit der
Glücksgöttin, von der ich in diesem Feldzuge so viele
Beweise erhalten habe, so wage ich nicht, mich auf
sie in meinen Unternehmungen zu verlassen und auf
meine Kräfte auch nicht. Es bleibt mir also nur der
Zufall, und ich kann nur auf die Verkettung unbere-
chenbarer Ursachen hoffen.

Wenn der Aufsatz gedruckt ist, dann seien Sie so
gut und schicken mir drei Exemplare. Graf Finck
wird sie für mich besorgen, seine Pakete werden die
Kuriere wohl annehmen. Leben Sie wohl, mein
lieber Marquis! Ich weiß nicht, wann meine Abenteuer enden, auch nicht, wann ich Sie wiedersehe;
aber zweifeln Sie nicht, daß ich Sie immer lieben
werde.

Berlin, 24. Dezember 1759

Sire, hier ist eine gewichtige Persönlichkeit[28] aufge-
treten, gegen die Daniel, Jeremias, Hosea und alle
großen und kleinen Propheten nichts sind. Diesen
Menschen hielt man anderthalb Jahre lang für einen
Narren, weil er vorausgesagt hatte, schon 58, daß Sie
im Jahre 59 viel Unglück erfahren würden. Vor zwei
Wochen suchte er diejenigen, denen er diese Prophezeiung gemacht hatte, auf und sagte ihnen ganz
ernsthaft: «Meine Herren, Sie haben mich für einen
Narr gehalten, weil ich Ihnen die Wahrheit verkün-

det hatte. Die Ereignisse haben bestätigt, was ich Ihnen sagte. Halten Sie mich ruhig auch weiterhin für einen Narr, aber ich sage Ihnen, daß der König alsbald über alle seine Feinde triumphieren und daß er bis zum Kriegsende stets Glück haben wird.» Da die Reden dieses sonderbaren Menschen das Stadtgespräch sind, so wollte ich mich doch näher darüber unterrichten. Herr Gotzkowski und andere verständige Leute, die den Menschen kennen, versichern, daß er 58 tatsächlich gesagt habe, daß die Preußen 59 große Rückschläge hinnehmen müßten; er habe aber hinzugefügt, was er auch jetzt noch behauptet, daß nämlich im kommenden Jahr die Preußen glücklicher und ruhmreicher sein würden, als sie es je gewesen...

Ich habe schon angeordnet, die «Enzyklopädie»[29] aus Holland kommen zu lassen, denn die Buchhandlungen liefern das Werk nur auf Bestellung aus und halten es bei dem teuren Preis nicht auf Lager. So werden Sie, Sire, in diesem Winter einen ungeheuren Ozean schlechter Sachen zu durchschiffen haben, in dem freilich auch einige ausgezeichnete Abhandlungen von d'Alembert und einige windgeblähte metaphysische Ballons herumschwimmen, die dadurch, daß sie die Verteidigung des Werkes veranlaßten, ihm einen Ruf einbrachten, den es in allen Ländern, wo es erscheinen kann, schon wieder verloren hat. Die letzten Artikel, die Voltaire beisteuerte, zeugen von seinem Alter und sind nicht besser als sein «Candi-

JEAN LE ROND D'ALEMBERT

de»; oft sehr witzig, aber wenig einsichtsvoll und ohne Tiefgang. Sie werden das alles selbst sehen und es besser beurteilen können als ich.

Pretzschendorf, 31. Dezember 1759

Vorweg wünsche ich Ihnen, mein lieber *Marquis,* ein glückliches neues Jahr. Glauben Sie mir, daß von allen guten Wünschen, die man Ihnen übermittelt, keine aufrichtiger sind als meine. Was mich angeht, so habe ich jedes Vertrauen in mein Glück verloren. Ich habe, soweit es von mir abhängt, alles Menschenmögliche getan, um den Feind aus Sachsen zu vertreiben, mit List, Ablenkungsmanövern und Drohgebärden, doch ohne den geringsten Erfolg. Es bleibt mir nur, Winterquartiere im Angesicht des Feindes zu beziehen, ohne mich zu rühren, und vor mir habe ich nur schauderhafte Aussichten für die Zukunft.

Ihr Prophet kann sagen, was ihm Spaß macht; seine Kunst taugt nichts, und man müßte leichtgläubiger sein als ich es bin, um darauf zu vertrauen. Man hilft den Prophezeiungen dieser Leute, indem man, so gut es geht, ihre mit gut Glück in den Tag hineingeredeten Worte mit den Ereignissen in Übereinstimmung bringt. Ich, der ich auf Grund von Tatsachen urteile, sehe nur schreckliche Dinge in der Zukunft, denen meine Standhaftigkeit nicht widersteht.

Verfahren Sie mit meinem Essay nach Belieben, es verdient kaum Aufmerksamkeit. Ich bin des Lebens überdrüssiger denn je. Sie mögen mir Hypochondrie und sonstwas vorwerfen, ich gebe es zu. Aber die vergangenen und gegenwärtigen Übel und vor allem die Aussichten, die sich mir bieten, lassen jeden, der eine derart harte Lage durchstehen muß, des Lebens überdrüssig werden. Ich stöhne schweigend, das ist alles, was ich tun kann. Aber ich will die Phantasie nicht noch dunkler einfärben, doch ich sehe schwarz und muß meinen Kummer ertragen und für mich behalten. Ich umarme Sie, mein lieber Marquis, und versichere Sie all meiner Freundschaft. Leben Sie wohl!

Ich verzichte auf das Vergnügen, Sie zu sehen. Das ist jetzt weniger möglich denn je.

CHARLES DE ROHAN
PRINZ DE SOUBISE

Anmerkungen zu den Briefen des Jahres 1759

1 D'Argens vermutete anscheinend, König Ferdinand VI.
von Spanien (1713–1759), der schwer erkrankt war, sei
gestorben. Er starb aber erst am 10.8.1759. Ihm folgte
Karl III. (1716–1788), sein Stiefbruder, seit 1734 König
beider Sizilien. Auf diesen Thron rückte sein Sohn
Ferdinand nach. Aus diesem Thronwechsel ergaben sich
für Friedrich jedoch keine Vorteile.

2 Ode Voltaires auf die 1758 verstorbene Markgräfin
Wilhelmine von Bayreuth.

3 Papst Julius II., Kaiser Maximilian I., Spanien und
Frankreich schlossen sich 1508 zur Liga von Cambrai
gegen Venedig zusammen.

4 In der Nacht vom 3.9.1758 war auf den König Joseph I.
von Portugal ein Attentat verübt worden. Der König
wurde schwer verwundet, die Sache lange geheimge-
halten. Hinter dem Anschlag stand eine Verschwörer-
gruppe des Hochadels, aber auch der Jesuitenorden, zu
dessen führenden Männern Pater Malagrida gehörte.
Die Verschwörer und Malagrida wurden hingerichtet,
die Jesuiten aus Portugal ausgewiesen.

5 Papst Clemens XIII. soll in Dankbarkeit für den Sieg der
Österreicher bei Hochkirch am 14. Oktober 1758 dem
Feldmarschall Daun ein geweihtes Barett und einen
geweihten Degen übersandt haben. So berichteten zuerst holländische Zeitungen. Für Friedrich war das ein
gefundenes Fressen. Unter seinen während des Krieges
verfaßten anonymen Flugschriften erregte das fingierte
Breve des Papstes an «Unsern Sohn in Christo den
Marschall Daun» besonderes Aufsehen. Es enthielt
grimmige Appelle zur Vernichtung der ketzerischen

Preußen. Friedrich verfaßte auch noch einen Glück-wunsch des französischen Marschalls Soubise an Daun: «Schade, daß der Heilige Vater so spät darauf kam, Ihnen das Geschenk zu machen. Ich hätte bei Roßbach einen geweihten Hut und Degen bitter nötig gehabt, und ich glaube, auch Ihnen wären sie bei Leuthen nicht schädlich gewesen.»

6 Diese Flugschrift verfaßte der König 1759. Er schildert darin einen eitlen Publizisten, der mit Verleumdungen und Kränkungen sein Brot verdient.

7 Die bekannte französische Redewendung ‹Revenons à nos moutons› geht auf Rabelais zurück.

8 Gestalt der griechischen Mythologie, ein Titan, der Zeus das Feuer raubte und den Menschen schenkte.

9 Vgl. Anmerkung 5 oben.

10 König Ludwig XV. von Frankreich.

11 Kaiserin Maria Theresia.

12 Kaiserin Elisabeth von Rußland.

13 Freund des Herakles, berühmter Bogenschütze der grie-chischen Sage.

14 ‹Ecrasez l'Infame!› (Vernichtet die Verruchte!) ein von Voltaire geprägtes Losungswort der französischen Auf-klärung. Gemeint war die Kirche.

15 Schlacht bei Kunersdorf am 12. August 1759.

16 Auf dem Schlachtfeld bei Kunersdorf retteten Zietenhu-saren unter Rittmeister von Prittwitz den König vor der Gefangennahme durch die Kosaken.

17 Zitat aus Voltaires Tragödie «Merope».

18 Sohn des Zeus, von den Göttern in die Unterwelt gestürzt. Dort stand er in einem See, der zurückwich, wenn er trinken wollte; über ihm hingen Zweige mit Früchten, die zurückschnellten, wenn er sie essen wollte.

ANMERKUNGEN 1759

19 Prometheus war zur Strafe für den Raub des Feuers an einen Felsen im Kaukasus geschmiedet worden. Dort zerfleischte ein Adler ihm täglich die Leber, die nachts wieder nachwuchs. Herakles befreite ihn.

20 Sohn des Königs von Korinth. Zur Strafe für seine Verschlagenheit mußte er in der Unterwelt ein Felsstück auf den Gipfel eines steilen Berges wälzen, von wo es immer wieder herabrollte.

21 Generalmajor von Wunsch hatte am 28. August Wittenberg und am 31. August Torgau den Österreichern entrissen.

22 Friedrich schrieb «Betrachtungen über die militärischen Talente und den Charakter Karls XII., Königs von Schweden.»

23 Am 13.9.1759 eroberten die Engländer unter General James Wolfe die Stadt im Kampf gegen die Franzosen.

24 D'Argens kann es sich nicht verkneifen, Voltaire, dem Verfasser der «Geschichte Karls XII.», eins auszuwischen, um zugleich dem König zu schmeicheln. Dabei hat das Werk alle Vorzüge, die seinen Verfasser auszeichnen.

25 General Finck hatte bei Maxen am 21.11.1759 mit seinem ganzen Korps kapituliert.

26 Wann nimmt meine Qual ein Ende!

27 Friedrichs Essay über Karl XII.

28 Es war ein Mann namens Pfannstiel, ein Weber von Beruf.

29 Von europäischer Bedeutung war die von Diderot und d'Alembert in der zweiten Hälfte des 18. Jhs. herausgegebene «Encyclopédie ou Dictionnaire raisonné des sciences, des arts et des métiers» in 35 Bänden, ein Meisterwerk der Lexikographie und wichtigste Publikation der französischen Aufklärung.

1760

Der englische Gesandte am Berliner Hof, Andrew Mitchell, schrieb am 25. Januar aus Freiberg in Sachsen an den Staatssekretär Lord Holderness: «Der König von Preußen wird alles Menschenmögliche tun. Aber sein Land ist erschöpft, die Kriegsmittel gehen aus; die besten Offiziere sind gefallen oder in Gefangenschaft, und ich muß im tiefsten Vertrauen gestehen, daß im ganzen preußischen Heer allgemeine Mutlosigkeit herrscht, von deren verhängnisvollem Einfluß vielleicht nur der König selbst nicht berührt wird.» Mit Hilfe des englischen Premiers Pitt, der fest zum Bündnis stand und ansehnliche Subventionen zahlte, versuchte der König, Friedensverhandlungen mit Frankreich aufzunehmen, die aber zu keinem Erfolg führten. Ebensowenig gelang es, die Türken und Tataren zum Kriege gegen Österreich zu bewegen, worauf Friedrich lange Zeit zu seiner Entlastung gehofft hatte. Auch der Versuch, Dänemark auf seine Seite zu ziehen, schlug fehl. Es blieb ihm nur übrig, sich weiterhin defensiv zu verhalten und sich durch den einen oder anderen Schlag Luft zu schaffen. Zunächst aber wurde General Fouqué nach tapferer Gegenwehr von den weit überlegenen Österreichern am 23. Juni bei Landeshut geschlagen, sodaß Schlesien dem feindlichen Zugriff offenlag. Dresden zurückzuerobern gelang dem König trotz starkem Artilleriebeschuß nicht. Friedrich verließ Sachsen, um die Lage in Schlesien zu stabilisieren, sah sich jedoch bei Liegnitz von einer Einkreisung durch die Österreicher in Stärke von etwa achtzigtausend Mann bedroht, denen er höchstens fünfunddreißigtausend entgegenstellen konnte. Durch einen kühnen nächtlichen Überfall schlug er aber am 15. August ein Drittel der noch nicht ganz vereinten gegnerischen Heeresgruppen und bezog danach eine feste Lagerstellung.

Darauf unternahmen starke österreichische und russische Kontingente im Oktober eine überraschende Diversion gegen Berlin, besetzten die Hauptstadt und erhoben von der Bürgerschaft eine Kontribution von 2 Millionen Talern. Auf die Kunde, der König nahe, zogen sie rasch wieder ab. Der Feldzug endete mit dem teuer erkauften Siege bei Torgau am 3. November, womit Sachsen ohne Dresden wieder gewonnen wurde.

Berlin, 8. Januar 1760

Sire, ich habe die Ehre, Eurer Majestät ein glückliches Jahr zu wünschen, das Sie ruhmreich, zufrieden und bei vollkommener Gesundheit Ihren Untertanen wiederschenke. Ich danke Ihnen unendlich für die Beweise der Güte, deren Sie mich würdigen, und ich bitte, überzeugt zu sein, daß ich bis an den Tod daran denken werde. Ich schicke Ihnen vier Exemplare der neuen Ausgabe «Karls XII.»; ich füge zugleich das Exemplar der ersten Ausgabe bei, das Eure Majestät mir verbessert zurückgeschickt haben, damit Sie daraus ersehen, daß die zweite Ausgabe nicht einen einzigen Fehler mehr enthält. Bitte glauben Sie mir, daß es nicht meine Schuld war, wenn die erste solche enthielt. Ich hatte Fieber und war gezwungen, mich bei den letzten Korrekturen auf den Buchdrucker zu verlassen; aber jetzt habe ich die neuen Fahnen viermal durchgesehen, und ich glaube nicht, daß selbst eine Elzevierische Ausgabe[1] korrekter sein könnte.

Ihre Verse über die Propheten[2] sind charmant. Aber Sie mögen sich noch so sehr über die Glücksgöttin beklagen, so bleibt sie Ihnen meiner Meinung nach doch immer zugetan, auch wenn sie Sie zuweilen zu verlassen schien. Die Affäre von Maxen ist ärgerlich, das gebe ich zu. Aber bedenken Sie, daß sie

sich am 20. jenes Monats ereignete, daß am 21.
Admiral Hawke die französische Flotte vernichtete,
am 22. die Verbündeten Münster genommen haben
und am 25. der Prinz, Ihr Neffe,[3] die Württemberger
geschlagen hat.

Ich habe Ihnen tausend und abertausend Dinge zu
sagen; aber ich schreibe in Eile, denn ich bin so
erkältet, daß ich seit zwei Wochen keinen Augenblick
Ruhe finde, und außerdem habe ich einen Husten,
daß ich manchmal Blut spucke. Man sagt, der Trost
und das Vergnügen der Verdammten sei es, Gefährten zu haben. Wenn ich ein Teufel wäre, würde ich
mich wegen meines Übels leicht trösten können,
denn es ist in Berlin epidemisch und tritt so oft auf
wie im Jahre des Keuchhustens vor etwa 22 Jahren.
Damals war ich Soldat; warum bin ich doch jetzt
nichts anderes als eine elende Erdenlast, der ich gern
hundert Leben hätte, um sie im Dienst Eurer Majestät zu opfern.

Freiberg, 15. Januar 1760

Ich danke Ihnen, mein lieber *Marquis,* für die Mühe,
die Sie sich mit der Drucklegung meines Geschreib-
sels[4] gegeben haben. Das war nicht so vieler Mühe
wert. Sie sind zu nachsichtig gegen die Verse, die ich
Ihnen geschickt habe. Wie sollten sie auch gut sein?
Meine Seele ist zu unruhig, zu erregt und niederge-
drückt, als daß ich etwas Leidliches hervorbringen
könnte. Dieser trübe Firnis überzieht alles, was ich

schreibe und tue. Der Friede ist alles andere als gesichert; man hofft, man macht sich Illusionen, das ist alles. Ich kann weiter nichts tun als standhaft gegen das Mißgeschick ankämpfen; aber ich kann das Glück nicht herbeizwingen, noch die Zahl meiner Feinde verringern. Und weil das so ist, bleibt meine Lage stets die gleiche. Noch ein Fehlschlag, und das wäre dann der Gnadenstoß. Wahrlich, das Leben wird völlig unerträglich, wenn man es in Kummer und tödlichem Verdruß hinschleppen muß. Dann hört es auf, eine Himmelsgabe zu sein; es wird zum Gegenstand des Entsetzens und gleicht den grausamsten Racheakten, die Tyrannen begehen können. Sie würden mich eher umbringen, lieber Marquis, als mich zu einer anderen Meinung bekehren. Ihre Betrachtungsweise besteht darin, die Dinge abzuschwächen und abzumildern. Aber wenn Sie nur eine Stunde hier wären, was würden Sie da sehen! Leben Sie wohl! Belasten Sie sich nicht mit unnötigen Sorgen, und wenn Sie auch nicht in die Zukunft blicken können, bewahren Sie sich Ihre Seelenruhe, so gut Sie können. Sie sind nicht König; Sie brauchen weder den Staat zu verteidigen, noch müssen Sie verhandeln, Sie brauchen auch keine Mittel und Wege für alles zu finden, noch für die Ereignisse einzustehen. Ich, der ich unter dieser Bürde erliege, ich allein habe ihre Mühsal zu ertragen. Lassen Sie sie mir, lieber Marquis, ungeteilt. Ich umarme Sie und versichere Sie meiner Hochschätzung. Vale!

Berlin, 24. Januar 1760

Sire, ich habe sogleich die Exemplare dem Prinzen Ferdinand und Herrn General von Seydlitz zugesandt. Wie sehr sich Seine Königliche Hoheit über das Geschenk Eurer Majestät gefreut hat, kann ich gar nicht sagen. Seine Gesundheit ist viel besser, und seine Krankheit besteht nur noch in einer kleinen Nervenschwäche, die sich aber verlieren wird, sobald die Jahreszeit angenehmer wird.

Mein Prophet, über den Sie sich lustig machen, sagt noch immer für dieses Jahr die größten Wunderdinge voraus. Ob er ein falscher Prophet ist, weiß ich nicht, aber ich weiß, daß es ihm nicht an Verstand fehlt. Eure Majestät können das aus zwei Antworten entnehmen, die er vor einigen Tagen einem Theologen und einem Fürsten gab. Bei dem Theologen handelt es sich um einen gewissen Herrn Süßmilch, einen Pastor und strengen Lutheraner. «Sie verstehen weder Griechisch noch Latein», sagte er meinem Propheten, «wie können Sie aus einer deutschen Übersetzung aus dem Griechischen darüber urteilen, was die Bibel aussagt?» «Mein Herr», antwortete der Daniel aus Berlin, «gibt denn die deutsche Übersetzung nicht den Sinn der Heiligen Schrift wieder? Wenn das nicht so wäre, wie können Sie es dann wagen, sie den Christen als das reine Wort Gottes zu empfehlen? Entweder müssen Sie zugeben, daß ich den wahren Sinn der Bibel aus einer Übersetzung

JOHANN PETER SÜSSMILCH

entnehmen kann, die von allen Synoden anerkannt wird, oder Sie müssen einräumen, daß alle lutherischen Prediger diejenigen betrügen, deren Hirten sie sich nennen.» Herr Süßmilch schwieg und tat gut daran, denn er hatte nichts darauf zu erwidern. Und nun zu der Antwort, die er dem Fürsten gab, dem Markgrafen von Schwedt. Dieser fragte ihn, ob er sich mit Prophezeiungen abgebe. «Ich war glücklich genug», antwortete er, «einige Wahrheiten vorauszusagen.» «Ach geht», sagte der Markgraf, «Sie sind ein Narr.» «Das sagt alle Tage auch meine Frau», antwortete der Prophet, «die nicht recht gescheit ist. Aber ich achte nicht darauf, weil ich ihren geringen Verstand kenne.» Ich weiß nicht, ob Daniel, Jeremias, Habakuk und alle großen und kleinen Propheten hätten feiner antworten können. Vielleicht werden mir Eure Majestät sagen, daß mein Prophet einige Stockschläge verdient hätte; dagegen möchte ich nichts sagen, wenn man Schläge verdient hat, weil man zwar witzig, aber beleidigend antwortete. Sie werden vielleicht denken, Sire, daß ich schon halb bekehrt bin und daß ich demnächst den großen Propheten glauben werde, weil ich schon den neuen glaube. Doch ich darf Eure Majestät versichern, daß ich noch immer ein guter und treuer Anhänger Epikurs bin. Aber ich kann mich nicht der Tatsache verschließen, daß wir es hier mit einem lutherischen Prediger zu tun haben, einem Mann von Geist und Mitglied unserer Akademie.

Einen Monat vor der Schlacht von Zorndorf kommt mein Prophet zu diesem Prediger und sagt ihm: «Mein Herr, ich möchte Ihnen verkünden, daß der König in dreißig Tagen eine blutige Schlacht gegen die Russen gewinnen wird; an die fünfzehntausend Mann werden fallen und lange Zeit auf dem Schlachtfelde liegen und den Vögeln zum Fraße dienen.» An dem Tage, den dieser Mensch vorhergesagt hatte, wurde die Schlacht geschlagen. Ich weiß wohl, daß der Zufall die Prophezeiung dieses Mannes wahrgemacht hat, aber es war doch ein sonderbarer Zufall. Wenn mir die Umstände ebenso günstig wären, würde ich gerne auch Prophet sein. Das würde Voltaire erzürnen, und er würde nicht mehr wagen, sich über Leute lustig zu machen, die ihre Seele über das Gewöhnliche erheben.

Berlin, 4. Februar 1760

Sire, fünfmal habe ich Ihre Ode auf den Prinzen,[5] Ihren Neffen, gelesen. Das Werk ist Ihrer und seiner würdig. Es ist die größte Eloge, die man schreiben kann und zugleich auch die wahrste. Nach strenger Kritik habe ich nur einen Vers gefunden, der mir ein wenig prosaisch vorkam, nämlich diesen:

Je puis au moins prévoir par mes heureux présages.[6]

Das scheint mir ein wenig hart fürs Ohr, denn die Worte puis, prévoir, présage in einem Verse bilden einen Klang, der nicht so harmonisch ist wie alles übrige dieser schönen Ode, woraus sich selbst Rousseau eine Ehre gemacht hätte und die, ich darf es noch einmal sagen, ebensosehr des Helden, der sie gedichtet hat, wie auch des Helden, dem sie gewidmet, würdig ist.

Sie amüsieren sich über meinen Propheten. Hier haben Sie noch etwas anderes als Prophezeiungen. Einer unserer Akademiker, Herr Gleditsch, behauptet, daß Herr von Maupertuis ihm im Akademiesaal neben der Wanduhr erschienen sei und daß er ihn fast eine Viertelstunde lang gesehen habe. Das macht hier ungeheures Aufsehen. Wollen Sie noch weiter ungläubig bleiben? Was mich angeht, so habe ich mich entschlossen, für die Seelenruhe des Präsidenten zwei Messen lesen zu lassen, damit er mich in Ruhe schlafen lasse, wenn ihn die Lust ankommen sollte, die Rolle eines Vampirs zu spielen; er sollte lieber nach Genf gehen, um dort Herrn Arouet de Voltaire auszusaugen und zu quälen...

Seine Durchlaucht, der Prinz von Bevern,[7] hat mir einen Brief zugunsten eines französischen Edelmanns geschrieben, der ihm empfohlen worden war und dessen ganze Familie ich kenne. Ich traf ihn selbst vor einigen Jahren, als ich in Frankreich war. Ein Ehrenhandel zwang ihn, das Königreich zu verlassen und nach Nizza zu gehen. Seine Familie schrieb mir und empfahl ihn mir, und er kam zu mir nach Menton. Da er nicht wieder nach Frankreich zurück-

BRIEFWECHSEL 1760 193

gehen konnte, begab er sich Anfang des Krieges nach Kanada, wo er mit Auszeichnung gedient hat. Als dort nichts mehr zu tun war, entschloß er sich, in anderen Ländern Dienst zu nehmen. In dreierlei Hinsicht kann ich mich für ihn verbürgen: Erstens ist er sehr tapfer, zweitens ein rechtschaffener Mann und drittens aus einem der besten Häuser, nicht nur seiner Provinz, sondern des ganzen Königreichs. Was den gesunden Menschenverstand angeht, so sage ich diesbezüglich niemals für einen Franzosen und schon gar nicht für einen Provenzalen gut. Er versteht sehr gut Italienisch und einigermaßen auch Deutsch, wenigstens kann er sich in dieser Sprache verständlich machen. Er würde gern in ein Freibataillon[8] eintreten. Er ist ungefähr 30 Jahre alt und wohlgestaltet. Als er Frankreich verließ, war er Leutnant im Regiment Champagne; in Kanada war er Hauptmann und hatte oft die Ehre, Menschen braten und von den Wilden gefressen zu sehen. Wenn Eure Majestät es für angebracht halten, ihm eine Leutnantsstelle zu geben, wäre er damit sehr zufrieden, und da es ihm an nichts fehlt, würde er sich sogleich die Equipierung anschaffen, deren ein Leutnant bei einem Freibataillon bedarf. Nochmals darf ich Eurer Majestät sagen, daß ich für seine Herkunft, Rechtschaffenheit und Tapferkeit bürge. Ich bitte Sie gnädigst um Antwort, damit der junge Mann sein Geld hier nicht umsonst ausgibt.

Freiberg, 19. Februar 1760

Sie können Ihren Schützling hierher schicken, mein lieber *Marquis,* und er wird sogleich eine Stelle bekommen, und da bis jetzt unsere Feinde noch nicht auf den Gedanken gekommen sind, uns zu braten und zu fressen, scheint es so, als sei das eine Gefahr, die er nicht zu befürchten hätte.

Ich schicke Ihnen eine Epistel[9], die ich an d'Alembert gerichtet habe. Sie ist kein Rosenwasser für die Herren Frömmler, aber der Schlag geht in die Luft: Der Fanatismus wird stets über die Vernunft siegen, denn die Mehrzahl der Menschen fürchtet sich vor dem Teufel und ist schwachsinnig. Ich gratuliere Ihnen zu Ihrer neuen Verkleidung. Ich war nicht darauf gefaßt, Sie mit einem presbyterianischen Schlapphut[10] zu sehen. Nur wird dieser Krieg leider nicht mit der Feder, sondern mit dem Säbel entschieden werden. Käme es bloß aufs Schreiben an, so hätten wir Österreicher, Russen, Reichsarmee und Schweden bald zur Strecke gebracht. Ich habe zu meinem Vergnügen eine Flugschrift[11] verfaßt, worin ich unsere Leute mit dem Triumvirat des Octavianus, Lepidus und Antonius vergleiche. Wie Sie sich denken können, habe ich die Proskriptionen[12] nicht dabei vergessen, ebensowenig das Ende vom Lied, wo der Schlaueste die anderen auffrißt. Aber was nützen all diese kläglichen Hilfsmittel nach den wirklichen Unglücksfällen, die wir erlitten haben? Das ist

wie die Brinvilliers, die noch am Tage vor ihrer
Hinrichtung Karten spielte.[13] Der Vergleich ist
schwarz, sehr schwarz, das gebe ich zu; aber meine
Lage weist manche Ähnlichkeit auf, was Sie nicht
abstreiten werden. Ich führe hier das Leben eines
Benediktiners. Sobald meine Geschäfte erledigt sind,
das ist soviel für mich wie das Messelesen, vergrabe
ich mich in meine Bücher, speise mit ihnen und gehe
mit ihnen zu Bett. Wie recht hatte doch Cicero, wenn
er sagte, die Wissenschaften seien die Zierde und der
Reiz des Lebens in jedem Stand und in jedem Alter.
Welch starken Rückhalt sie gewähren, das habe ich
erst jetzt gespürt. Sie helfen mir, mein gegenwärtiges
Unglück zu ertragen, und lenken mich von den
Gedanken an die Zukunft ab.

Sagen Sie mir bitte, ob meinen Versen das Studium
Racines anzumerken ist. Ich möchte es gerne wissen,
denn vielleicht gebe ich mich einer Selbsttäuschung
hin. Lobsprüche erwarte ich nicht von Ihnen, sondern Ihr wissenschaftliches Urteil. Leben Sie wohl,
mein lieber Marquis! Schreiben Sie mir alle Albernheiten, die Sie erfahren; ich bin wie Malebranche und
kann mich selbst mit Kinderklappern amüsieren.
Seien Sie der Freundschaft und Wertschätzung Ihres
alten Freundes versichert.

Freiberg, 1. März 1760

Wie folgsam ich bin, lieber *Marquis,* ersehen Sie aus den beifolgenden Verbesserungen.[14] Anstelle von «Messieurs les beaux esprits», das Ihnen mißfällt, setzen Sie: «Aux flammes tous les beaux esprits.» Ferner setzen Sie hinter «Von Richtern über das gesunde Denken»:

> «So tobte einst der grausen Ahnen Wut;
> Bartholomäusnacht sank auf die Zinnen
> und ganz Paris ertrank in Bürgerblut.»

Soviel habe ich tun können, um Ihnen zu Diensten zu sein. «Bartholomäusnacht» ist so lang, daß ich nicht weiß, wie man es in einem Verse unterbringen soll. Trotzdem bin ich froh, daß Sie damit zufrieden sind. Aber, mein lieber Marquis, ich vergleiche mich mit den Schwänen, die, folgt man den Dichtern, nie melodischer singen, als wenn ihr Ende naht. Sie wissen, wie meine Feinde mir auf den Hacken sind, und werden sich leicht sagen können, was bei Beginn des nächsten Feldzuges geschieht, wenn es zu großen Schlägen kommt. Man muß ein eisgepanzerter Philosoph sein, um all die Schicksalsschläge, die ich erleide, zu ertragen. Aber wenn eine Katastrophe eintritt, werde ich nicht das Opfer meines Mißschicks sein, sondern ich werde das Stück beenden.

Nicht so, wie man's im «Catilina» tat,
brauch' ich noch einen Akt hinzugeben:
wo die Geschicht' ein Ende hat, da eben
mach' ich ein Ende laut Apollos Rat.
So lach' ich meines Schicksals denn, des herben,
und da ich meine Handlung klug beschränke,
muß ich auch bei Gelegenheit, ich denke,
zu guter Letzt wie Mithridates sterben.

Da sehen Sie, mein lieber Marquis, wir Poeten sind
unleidlich und flicken überall unsere Verse ein.
Schließlich werde ich noch gar Pensionen in Versen
auszahlen und Verträge in Vierzeilern abfassen, wie
Pibrac unseligen Angedenkens. Ich greife nach allem,
was den Geist stark beschäftigt. Das sind gewonnene
Augenblicke, die mich von meinem Unglück ablen-
ken und meine Trübsal verscheuchen. Was macht
denn Ihr Prophet? Er ist offenbar stumm geworden
wie ein Karpfen. Aber gerade jetzt oder niemals wäre
es Zeit zu prophezeien. Beim Schreiben dieses elen-
den Wisches wurde ich zweiundzwanzigmal unterbrochen. Daraus können Sie ermessen, was für ein
angenehmes Leben ich führe und ob ich nicht Anlaß
habe, aus der Haut zu fahren. Manchmal reißt mir die
Geduld, aber was soll man tun? Man muß sich schon
wieder fassen und seinen Weg gehen. Der meine ist
rauh, schwierig und grausam. Aber das ist nun mal
das Los, das ich in der großen Lotterie gezogen habe;
nun muß ich es behalten und mich bescheiden. Ich

fürchte, ich mache Sie schwermütig und hypochondrisch, wenn ich in dieser Tonart fortfahre. So will ich lieber schließen, indem ich Ihnen versichere, daß ich Sie von Herzen liebe und Sie bis zum letzten Atemzuge hochschätzen werde. Leben Sie wohl und schreiben Sie mir öfter!

Berlin, 16. März 1760

Sire, wenn es wahr wäre, daß ich als Hofmann mit Ihnen spreche, so würde ich mich jetzt freuen, es getan zu haben, weil ich dadurch die schönen, wahrhaft sehr schönen Verse veranlaßt hätte, die Sie mir gnädigst geschickt haben. Sie sagen auch noch, daß ich Ihnen schmeicheln wolle. Darauf möchte ich Ihnen antworten, daß es mir lieber ist, von Ihnen der Schmeichelei beschuldigt zu werden, als daß mein Gewissen mir Lügen vorwürfe. Ich nehme mir die Freiheit, Eurer Majestät zu sagen, was ich denke; mein Mund ist der Dolmetscher meines Herzens. Sie glauben, Fehler begangen zu haben, und ich denke im Gegenteil, daß Sie die Fehler anderer wiedergutgemacht haben. Dafür habe ich den ganzen einsichtigen Teil des Publikums für mich, und die Nachwelt wird dereinst entscheiden, wer von uns beiden recht hat. Ich bin überzeugt, daß Eure Majestät von ihr bewundert werden und daß sie die Verteidigung gegen Sie selbst übernehmen wird. Aber wir werden, Sire, mit diesem Thema niemals fertig werden. Darüber wollen wir uns einmal in Sanssouci unterhalten, nach dem Frieden, der vielleicht früher da sein wird, als Sie selbst hoffen. Wieviel unvorhergesehene Ereignisse können eintreten, die Europa diesen Frieden schenken, der so notwendig ist und den es mit Ungeduld erwartet.

Eure Majestät haben mir befohlen, Ihnen Albernheiten zu schreiben. Hier ist eine. Ihr Koch Champion wird Ihnen künftig weder zu gesalzene noch zu gepfefferte Ragouts mehr machen. Man hat ihm das, was dem ersten Menschen dazu diente, die Erde zu bevölkern, glatt weggeschnitten, und daran ist er nach drei Tagen gestorben. Man erzählt sich in der ganzen Stadt, der Wundarzt, der die Operation verrichtete und der ziemlich verrückt ist (ein gewisser Coste), habe das Abgeschnittene zwischen zwei Teller getan und es einer Frau namens Le Gras geschickt, die Champion unterhielt. Dieser üble Spaß bringt hier alle Weiber und alle frommen Seelen in Aufruhr. Übrigens verlieren Eure Majestät durch Champions Tod sehr wenig. Jetzt, da er nicht mehr lebt, kann ich offen mit Eurer Majestät über ihn reden, ohne zu fürchten, daß ich ihm schaden könnte. Er war ein sehr schlechter Mensch, der sich während der Zeit, als französische und österreichische Offiziere in Berlin waren, sehr schlecht betrug; er hatte sie zu sich ins Haus genommen und führte täglich in ihrer Gegenwart Reden, die ihn der Karre würdig gemacht hätten. Man hinterbrachte es mir, und ich ließ ihm sagen, ich würde ihn beim Kommandanten verklagen. Er versprach, sich zu bessern, und ich glaubte, er würde Wort halten; aber dann erfuhr ich von denen, die mir seinen Tod meldeten, daß er immerfort bei seinem Betragen geblieben sei. Sie sehen, Sire, daß der Himmel ihn dafür weit härter bestraft hat, als es Ihre Richter getan hätten, denn gewiß hätten sie ihn nicht entmannen lassen. Nun leugnen Sie noch eine sublunarische Vorsehung! Das sind schlagende Beispiele und haben ebensoviel Wert wie alle diejenigen, auf die die Theologen ihre schlechten Beweise gründen. Wie trefflich schildern Sie doch, Sire, diese fanatischen Dummköpfe in den charmanten Versen, die Sie über das Wörterbuch der vorgeblichen Atheisten verfaßt haben.

Ich zweifle nicht mehr, Sire, daß die Ausgabe Ihrer Werke nach einer gestohlenen Kopie[15] von einem der Exemplare, die sich in Paris befanden, herausgebracht wurde, denn die holländische Ausgabe ist nur eine Kopie der von Paris. Es sind schon mehrere Exemplare der holländischen Ausgabe in Berlin; sie enthält nur, wie man mir sagt, einige Oden, mehrere Epistel und das Gedicht über den Krieg. Alles ist wunderschön, und offen gesagt, bin ich nur über die Tat des Räubers, nicht aber über den Raub selbst empört. Denn dieses Buch wird die Freude aller denkenden Köpfe sein und die Grundlage des gesunden Menschenverstandes für alle, die denken lernen wollen.

Freiberg, 20. März 1760

Ja, mein lieber *Marquis,* ich habe Fehler gemacht, und das Schlimmste ist, ich werde noch andere machen. Wer weise werden will, ist es noch nicht. Wir bleiben unser Leben lang ungefähr so, wie wir geboren wurden. Das Ärgerlichste in der gegenwärtigen Lage ist, daß alle Fehler Kapitalfehler werden; der bloße Gedanke daran läßt mich schaudern. Stellen Sie sich die Zahl unserer Feinde vor, die durch meinen Widerstand gereizt sind, die Verdoppelung ihrer verderblichen Anstrengungen und die Erbitterung, mit der sie mich erdrücken möchten; bedenken Sie, daß das Schicksal des Staates nur an einem Haar hängt; sind Sie von solchen Gedanken erfüllt, dann werden die schönen Hoffnungen, die Ihr Prophet bei Ihnen erweckt, wie Rauch verfliegen, den der Wind vor sich hertreibt und im Augenblick zerbläst.

Um mich von diesen trüben und düsteren Bildern abzulenken, die schließlich selbst einen Demokrit schwermütig und hypochondrisch machen könnten,[16] studiere ich oder mache schlechte Verse. Diese Tätigkeit beglückt mich, so lange sie währt, und verschafft mir, was die Ärzte lichte Augenblicke nennen. Aber sobald der Zauber verflogen ist, sinke ich wieder in mein düsteres Grübeln, und das zurückgedrängte Leid gewinnt neue Kraft und Gewalt.

Apropos Ihr Irokese[17] steht in vollem Dienst und kann ab heute, ohne deswegen für einen Mörder

gehalten zu werden, so viele Österreicher töten, wie
er Lust hat. Sie machen mir Komplimente über
meine Verse, die sie gewiß nicht verdienen. Ich bin
nicht ruhig genug, mir fehlt die Zeit, sie zu verbessern. Es sind Entwürfe oder vielmehr Frühgeburten,
die mich ein Dämon der Poesie mit Gewalt zur Welt
bringen läßt. Ihre Nachsicht bereitet ihnen eine
freundliche Aufnahme, und sie erscheinen Ihnen
weniger schlecht, wenn Sie sie mit meiner schrecklichen Lage in Verbindung bringen. Schreiben Sie mir,
wenn Sie nichts Besseres zu tun haben, und vergessen
Sie einen armen Philosophen nicht, der, vielleicht um
seinen Unglauben zu büßen, verurteilt ist, sein Fegefeuer schon auf Erden durchzumachen. Leben Sie
wohl, mein lieber Marquis! Ich wünsche Ihnen Frieden, Gesundheit und Zufriedenheit und umarme Sie
von ganzem Herzen.

März 1760

Ich habe Ihnen einen kleinen Auftrag zu geben, mein
lieber *Marquis*. Sie wissen, daß Gotzkowski noch
schöne Gemälde hat, die für mich bestimmt sind.
Bitte prüfen Sie den Preis und erkundigen Sie sich bei
ihm, ob er den Correggio bekommen wird, den er
mir versprochen hat. Darauf bin ich gerade neu-
gierig.

Noch weiß ich nicht, was aus mir werden wird,
und ebensowenig, wie es mit dem Feldzug geht, der

mir sehr riskant zu sein scheint; und unvernünftig, wie ich bin, kümmere ich mich um Gemälde! Aber so sind die Menschen; sie haben Zeiten der Vernunft und wieder andere der Torheit. Sie sind die Nachsicht selbst und verstehen daher meine Schwächen. Was Sie mir schreiben, amüsiert mich wenigstens und wird für ein paar Stunden meinen Geist mit Sanssouci und meiner Galerie beschäftigen. Gewiß sind solche Gedanken angenehmer, als sich mit Blut, Mord und all den Unglücksfällen, die man voraussehen muß, zu befassen und die selbst Herkules erzittern ließen. Die Viertelstunde des Rabelais[18] wird bald schlagen; dann wird es nur noch darum gehen, uns gegenseitig umzubringen und von einem Ende Deutschlands bis zum anderen zu laufen, um dort vielleicht wieder neues Unglück zu erleiden.

Ich habe eine kleine Broschüre verfaßt, die in Berlin erscheint; es handelt sich um den Reisebericht eines chinesischen Gesandten an seinen Kaiser.[19] Das Werk hat den Zweck, dem Papst eins auszuwischen, der die Degen meiner Feinde segnet und mörderischen Mönchen[20] Asyl gewährt. Ich denke, daß das Stück Ihnen gefallen wird. Ich bin der einzige, der es gewagt hat, seine Stimme zu erheben und den Aufschrei der beleidigten Vernunft gegen das skandalöse Betragen dieses Baal-Priesters hören zu lassen. Das Werk ist weder lang noch langweilig und wird Sie zum Lachen bringen. In diesem Jahrhundert hat man keine andere Möglichkeit, seinen Feinden zu schaden, als sie dem Gespött auszusetzen; Sie werden beurteilen, ob mir das gelungen ist.

Leben Sie wohl, mein lieber Marquis! Ihre Briefe sind mir ein ähnlicher Trost wie dem Elias[21] die Erscheinung der Raben, die ihm in der Wüste Nahrung brachten, oder wie dem Hirsch,[22] der vor Durst schreit, eine Quelle, oder wie dem Aeneas[23] der Anblick des Anchises in der Unterwelt. Berauben Sie mich also nicht meiner einzigen Freude in diesen ständigen Mißhelligkeiten und seien Sie meiner Freundschaft versichert, die ich mein ganzes Leben für Sie bewahren werde. Leben Sie wohl!

Berlin, 9. April 1760

Sire, ich habe die Ehre, Eurer Majestät die neue Ausgabe[24] zu übersenden. Ich versprach Ihnen, sie sollte am 12. d. M. fertig sein, und nun ist sie es schon am 9. Nur dem Eifer von Herrn v. Beausobre verdanken wir die rasche und sorgfältige Abfassung dieser Ausgabe. Ich habe seine Sorgfalt und die Mühe, die er mit den Druckern hatte, bewundert, die er dazu brachte, auch während des Osterfestes zu arbeiten.

Hätten wir es mit La Néaulme zu tun gehabt, dann wäre die Ausgabe noch gar nicht in Angriff genommen worden, und Gott weiß, wann sie herausgekommen wäre. Außerdem wird diese Ausgabe si-

cherlich wenigstens zweieinhalbtausend Taler bringen. Warum sollte man sie nicht lieber einem Berliner als einem Fremden zukommen lassen? Ihre Berliner, Sire, sind so gute Leute! Ich sah sie in den
mißlichsten Zeiten hundertmal mehr mit dem beschäftigt, was Eure Majestät betraf, als mit ihren
eigenen Angelegenheiten. Die Taten machen die
Menschen berühmt, wo immer das Schicksal Ihnen
den Platz anweist. Ich sah hier nach der Schlacht bei
Frankfurt[25] zwanzig, ja vielleicht hundert Bürger, die
weit über jenen römischen Bürgern standen, deren
Standhaftigkeit und Vaterlandsliebe Livius verewigt
hat.

Ich habe, Sire, den Auftrag wegen der Gemälde des
Herrn Gotzkowski ausgeführt. Er hat seit drei Jahren
eine prächtige Sammlung von Gemälden von Charles Maratti, Ciro Ferri, Tizian und so weiter zusam-
mengetragen; er besitzt einen Correggio und einen
bewundernswürdigen Tizian. Aber all das ist nichts
gegen einen Raffael, den er in Rom kaufte und als
Contrebande mit Schmiergeldern herauszuschmug-
geln verstand. Da es zweifellos das schönste Gemälde[26] ist, das Raffael jemals gemalt hat, hätte man es
niemals aus Rom herausgehen lassen. Der Gegenstand ist sehr reizvoll: Lot[27], den seine Töchter
betrunken machen. Sie sind halbnackt und schöner in
der Farbe, als wenn sie Correggio gemalt hätte, und
in der besten Raffaelschen Weise komponiert. Nie
habe ich etwas Schöneres gesehen. Ich würde es noch

über die heilige Familie von Raffael stellen, die das
vorzüglichste Gemälde des Königs von Frankreich
ist. Sie werden sehen, Sire, ob ich unrecht habe,
dieses Bild so sehr zu loben, wenn das Glück Ihrer
Völker Sie zufrieden und glücklich in Ihre Hauptstadt zurückführen wird. Ich vergaß, Eurer Majestät
zu sagen, daß das Gemälde fast die Größe der Leda
des Correggio hat. Was den Preis angeht, so kann ich
Eurer Majestät dazu noch nichts schreiben, weil mir
Herr Gotzkowski sagte, Sie müßten erst die Gemälde
sehen; ich glaube, er hat recht, weil manches Gemälde Ihnen wohlfeil erschiene, das doch teuer wäre,
wenn es Ihnen nicht gefiele; und weil manches andere
Ihnen zunächst zu teuer vorkäme, was aber nicht der
Fall wäre, wenn Sie es gesehen hätten. Übrigens habe
ich aus den Preisen mehrerer Gemälde, nach denen
ich mich erkundigte, erkannt, daß das, was man
fordert, nicht übertrieben ist. Wenn Sie sie sehen,
können Sie den Preis ja noch nach Gutdünken etwas
herabsetzen. Herr Gotzkowski wird die Gemälde
zurückstellen und keines verkaufen, bevor sie Eure
Majestät gesehen und diejenigen ausgewählt haben,
die Ihnen gefallen. Ich bin sehr mit der Art zufrieden,
mit der er darüber mit mir gesprochen hat; er ist ein
braver Mann, Eurer Majestät wahrhaft ergeben und
einer unserer guten Bürger von Berlin. Wenn Eure
Majestät es wünschen, dann reise ich für einen Tag
nach Sanssouci, um Ihnen genauen und ausführlichen Bericht über die Galerie und den Garten zu

erstatten. Trotz all Ihrer Feinde sehe ich bald die Zeit kommen, da Ihre Qualen und Sorgen ein Ende haben. Je mehr ich die Lage der Franzosen überdenke, desto überzeugter bin ich, daß sie Frieden machen, noch bevor zwei Monate vorüber sind. Wenn Eure Majestät es mir erlauben, so wette ich mit Ihnen um meine sechs schönsten Kupferstiche gegen sechs andere, daß die Franzosen noch vor Johannis Frieden schließen. Eure Majestät werden vielleicht sagen, daß ich meiner Wette selbst nicht sehr traue, wenn ich nur sechs Stück Papier riskiere. Darauf aber darf ich antworten, daß nach meiner Meinung ein Kupferstich keine Kleinigkeit ist und daß ich alle Franzosen zum Teufel wünsche, wenn sie mich meine Wette verlieren lassen. Wenn sie mir diesen Streich spielen, dann wollte ich, daß sie noch größere Narren wären, als sie schon sind, noch ärmere Bettler, als sie täglich werden, und noch tüchtigere Schläge bekommen, als sie bei Roßbach und Minden[28] bekamen.

1. Mai 1760 im Porzellanlager
(Schlettau bei Meißen)

Damit Sie mir nicht vorwerfen, mein lieber *Marquis,* meine poetische Ader sei versiegt, schicke ich Ihnen hier eine Epistel. Sie werden daraus entnehmen, daß wir uns sehr ernstlich auf Kämpfe vorbereiten und daß wir sie um jeden Preis wagen wollen. Die

Franzosen werden nicht Frieden schließen. Um das Selbstvertrauen herabzumindern, das Sie fassen könnten, wenn Ihre Seele sich begeistert, haben die Götter zu ihrer Beschämung beschlossen, daß Ihre Landsleute noch weiter Krieg führen. Aber schon tut sich eine andere Pforte des Heils[29] auf, von der Sie hoffentlich bald hören werden, und für den Augenblick sieht es so aus, als hätten die Götter unseren Untergang noch nicht beschlossen. Ich schöpfe wieder Mut und hoffe noch, aus diesem Labyrinth herauszufinden und mich an meinen Verfolgern zu rächen.

Die Liste der Gemälde erwarte ich geduldig; wenn ich sie bekomme, wird sie mich sicherlich ein Weilchen zerstreuen. Offen gesagt, bedarf ich noch einer erfreulichen Episode, bevor der Augenblick meiner Erlösung naht. Wünschen Sie etwas Porzellan? Schreiben Sie es mir. Ich bin Ihnen schon so viele Jahre die Pension schuldig, daß es wenigstens für die Zinsen angerechnet werden könnte...

Geben Sie es nur zu, im Grunde bin ich doch ein guter Kerl und verdiene die Verfolgungen nicht, die ich von den kaiserlichen und königlichen Räubern und von den schurkischen Kaiserinnen zu erleiden habe. Ich bin ein Philosoph am falschen Fleck. Ich hätte dazu getaugt, das Leben eines Weisen zu führen. Ein Dämon, der mir meine Ruhe nicht gönnte, hat mich auf die große Bühne der politischen Wechselfälle versetzt. Wider Willen muß ich mich mit diesen großen Geschäften befassen und gegen die Vorschriften unseres heiligen Epikur verstoßen, der seinem Weisen rät, sich nicht in die Regierung zu mischen. Er wußte nicht oder dachte nicht daran, daß einer seiner Jünger, aus königlichem Stamm entsprossen, keine freie Wahl haben konnte, daß Zeitumstände und Notwendigkeit stärker sind als der Menschen Wille und daß jeder vom Strom der unberechenbaren Ursachen fortgerissen wird, die ihn zur Erfüllung der von ihnen gestellten Aufgaben zwingen.

Sie sind der größte aller Faulpelze. Ich schreibe Ihnen bald in Versen, bald in Prosa, aber trotz allen Bemühungen gelingt es mir nur von Zeit zu Zeit, Ihnen eine Antwort zu entlocken. Unterhalten Sie mich doch öfter mit Allotria und allem, was Ihnen Spaß macht; denn ich entbehre Ihre Briefe, die zu erhalten und zu lesen mir Freude macht, und Sie kostet es so wenig, daß Sie mir dieses Vergnügen doch wohl bereiten können. Ich habe heute meinen guten Tag, wo ich alles rosig sehe; so etwas kommt bei mir selten vor. Sie haben von mir viele Briefe erhalten, die an trüben Tagen geschrieben wurden. Leben Sie wohl, mein lieber Marquis! Ich umarme Sie und wünsche Ihnen Leben und Zufriedenheit.

Schlettau bei Meißen, 14. Mai 1760

Das nenne ich einen Brief![30] Darauf läßt sich antworten. Ich danke es Ihrer Gicht, mein lieber *Marquis,* die ihn mir beschert hat. Wie Sie sehen, sind alle Friedenshoffnungen zerronnen, und unsere Feinde treffen die größten Zurüstungen. In drei Wochen habe ich 220 000 Mann auf dem Halse, ich selbst verfüge aber nur etwa über die Hälfte. Es ist also leicht einzusehen, daß ich da, wo ich am schwächsten bin und der erdrückenden Übermacht nichts entgegensetzen kann, notwendig zugrunde gehen muß. Mir bleibt nur noch ein Hilfsmittel,[31] und dessen bin ich nicht sicher. Wenn es damit aber nichts wird, so muß ich mich auf das gefaßt machen, was die Ereignisse mir ankündigen und was eine einfache Überlegung mir beweist. Mir dreht sich regelmäßig drei-, viermal täglich der Kopf, und ich quäle mich zu Tode, um Auswege zu finden, und komme doch nicht zum Ziel . . .

Ich habe die Liste der Bilder durchgelesen und mich ein Weilchen damit unterhalten. Zur Vervollständigung meiner Sammlung fehlt mir noch ein schöner Correggio, ein Giulio Romano und ein Luca Giordano. Aber wohin verirren sich meine Gedanken? Ich weiß nicht, welches Unglück in kurzem meiner harrt, und rede von Gemälden und Galerien. Wahrhaftig, lieber Marquis, in diesen Zeitläuften wird man selbst der schönsten Spielsachen überdrüssig, und die Dinge haben sich so zugespitzt, daß man gar nicht daran denken darf, wenn nicht ein günstiges Ereignis die Finsternis, in der wir tappen, mit milden Strahlen durchleuchtet. Fürchten Sie nichts für Ihr Service; es trägt einen Spruch nach Aristoteles: «Der Zweifel ist der erste Schritt zur Weisheit.» Ich schmeichle mir, daß Sie ihn nicht mißbilligen werden. In zwei Wochen wird es, denke ich, fertig sein und Ihnen dann sofort zugeschickt werden. Leben Sie wohl, mein lieber Marquis! Wenn es soweit ist, lassen Sie Seelenmessen für mich lesen. Wirklich, ich glaube, bei lebendigem Leibe im Fegefeuer zu sein. Ich umarme Sie.

Meißen, Mai 1760

Es besteht, mein lieber *Marquis,* ein großer Unterschied zwischen der echten und einer nur auf Vermutungen beruhenden Dialektik. Die Schlüsse der Mathematiker sind streng und genau, denn sie beziehen sich auf mögliche oder handgreifliche Gegenstände; wenn man aber Kombinationen erraten soll, dann zerreißt schon die kleinste Unkenntnis von Tatsachen, die ungewiß oder unbekannt sind, die Kette der Beweise, und man täuscht sich jeden Augenblick. Daran ist nicht Mangel an Verstand schuld, sondern Mangel an Begriffen, die der Wahrheit gemäß sind. Dazu kommt noch der Wankelmut der Menschen und die Unmöglichkeit, alle Gedankensprünge zu erraten, die ihnen durch den Kopf gehen.

Deswegen, mein lieber Marquis, haben Sie sich in Ihrem Urteil über die Franzosen getäuscht; sie werden nicht eher Frieden machen, als bis sie den Gipfel ihrer Selbstzerstörung erreicht haben. Ebenso irren Sie sich über eine andere Nation, weil Sie kein Wahrsager sind und weil es Ihnen daher unmöglich ist, sich die Dinge so vorzustellen, wie sie sich wirklich verhalten. Und schließlich irren Sie sich auch über meine Armee. An all den Irrtümern, die ich Ihnen vorrechne, hat Ihr Verstand keine Schuld; aber Ihre Überlegungen, die an sich folgerichtig sind, beruhen auf falschen Gründen.

Ja, ich habe gesagt, ein General, der sein Handwerk versteht, könne mit fünfzigtausend Mann einer Armee von achtzigtausend die Spitze bieten; ich habe aber nicht gesagt, man könne sich mit fünfzigtausend Mann gegen hundertzwanzigtausend behaupten; denn, wenn der General, der eine solch große Armee kommandiert, kein Dummkopf ist, wird er seinen Feind durch seine Detachements überwinden und in Kürze vernichten.

Ich meinerseits, mein lieber Marquis, bin von meinem Unstern dazu verdammt, über künftige zufällige Ereignisse und Wahrscheinlichkeiten zu philosophieren, und wende alle Aufmerksamkeit darauf, den Grundsatz genau zu prüfen, von dem man bei seinen Schlüssen ausgehen muß, und versu-

che, mir über diesen Punkt alle möglichen Erkennt-
nisse zu verschaffen. Ohne diese Vorsicht würde das
ganze Gebäude meiner Schlüsse vom Fundament her
zerstört werden und wie ein Kartenhaus zusammen-
fallen. Es ist mir lieb, daß Sie, ein Philosoph, der in
diesen Dingen nur über geringe Erfahrung verfügt,
gut verstehen, wie schwer es ist, in solchen Finster-
nissen den Weg zu finden, wenn man keine Leuchte,
ja nicht einmal Irrlichter hat. Daher muß man auch
den Politiker und den Soldaten mit Nachsicht beurteilen. So kann ein General durch eine falsche Nachricht oder durch eine Bewegung des Feindes, die ihm
unbekannt bleibt, zu vielen Fehlern verleitet werden;
und es gibt Fälle, wo er unmöglich aus seiner Unkenntnis herausfinden kann. Den Politikern geht es
nicht anders; die Laune eines Herrschers, irgendeine
Hofintrige, der Tod einer teuer erkauften Kreatur
können ihr ganzes politisches System über den Haufen werfen, und trotz all ihrer Voraussicht können sie
nicht verhindern, daß das Schicksal über sie seine
Macht ausübt. Lassen Sie mir diese Betrachtungen,
sie dienen zu meiner Verteidigung und können
Sie wenigstens davon überzeugen, daß ich nicht
immer die unmittelbare Ursache all der Torheiten
bin, die ich begangen habe. Wenn ich Ihnen ein ge-
naues Bild von meiner Lage geben wollte, dann
würden Sie schon auf den ersten Blick die Ursachen
der großen Verlegenheiten erkennen, in denen ich
mich befinde, und würden verstehen, daß mensch-

liche Klugheit nicht zureicht, um sich daraus zu befreien.

Nun zum Kupferstecher. Man muß dem Buchhändler nur die Platten geben, die zu den «Vermischten Gedichten»[32] gehören, die anderen soll Schmidt behalten...

Leben Sie wohl, mein lieber Marquis! Philosophieren Sie in Berlin in aller Ruhe und danken Sie Ihrem guten Stern, daß Sie nicht gezwungen sind, über zukünftige Zufälligkeiten und über die Launen der Menschen zu philosophieren. Ich bin Ihr treuer Freund. Vale!

Berlin, 27. Mai 1760

Sire, Ihr Brief ist voll Geist und Weisheit. Wie folgerichtig Ihre Ausführungen auch sind, so haben sie mich doch nicht überzeugt, und nach wie vor glaube ich, daß das Ende dieser Ereignisse viel besser sein wird, als Sie denken.

«Er, der bei Roßbach jüngst die Franzosen
bezwang,
bei Lissa den Sieg über den stolzesten Feind
errang,
gewiß wird er auch mit Daun noch fertig
werden;
den Zugwind fürchte ich, sonst nichts auf
Erden.»[33]

BRIEFWECHSEL 1760

Ich habe den Brief der Pompadour[34] an die Königin gelesen; das ist zugleich die witzigste und beißendste Satire. Nun wundere ich mich nicht mehr, daß Sie damit eine so stolze Frau zur Verzweiflung gebracht haben. Auch überrascht es mich keineswegs, daß die Franzosen unter dem Einfluß der Pompadour den Krieg fortsetzen, so sehr sie es auch nötig hätten, Frieden zu machen. Denn diese Frau ohne Gefühl und ohne Vaterlandsliebe wird sich wenig darum kümmern, ob Frankreich Ost- und Westindien verliert, wenn sie sich nur rächen kann.

Die Briefe Ihres Chinesen[35] erregen ungemein viel Aufsehen. Die frommen Seelen aller Religionen haben sich vereinigt, dagegen zu kläffen; die Leute von Geist hingegen lachen darüber und finden sie vortrefflich. Aber diese Leute haben wenig Einfluß auf das Volk, denn es sind die Narren, die es regieren. Die Österreicher haben in mehreren Zeitungen Auszüge aus diesem Werk veröffentlicht, als ob es hundertmal gefährlicher wäre als Spinoza und Collins. Die Verfasser dieser Auszüge nennen Sie zwar nicht, aber sie lassen wohl den Autor, gegen den sie etwas haben, erkennen. Ich habe die Ehre, Eurer Majestät zu sagen, daß es für Sie nicht mehr möglich ist, sich zu verbergen, wenn Sie etwas schreiben. Ihr Stil und besonders eine gewisse originelle Darstellungsgabe verraten Sie immer, so sorgfältig Sie sich auch verstellen mögen. Sie haben mir zum Beispiel nie etwas von einer Leichenpredigt gesagt; aber kaum hatte ich zwanzig Zeilen davon gelesen, da habe ich Sie schon erkannt. Wenn Eure Majestät mir nicht gesagt hätten, daß der Brief der Pompadour an die Königin von Ihnen wäre, glauben Sie nicht, daß ich beim Lesen folgender zwei Absätze Sie sogleich als Verfasser erkannt hätte? «Eure Majestät werden darum nicht weniger apostolisch sein; denn, um Ihnen nichts zu verheimlichen, hatten die Apostel, Ihre Vorgänger, Schwestern bei sich, und man müßte zu harmlos sein, wenn man glaubte, sie hätten nur mit ihnen beten wollen.» Ich weiß, daß Voltaire nicht gegen die Königin und gegen die Pompadour schreibt; welcher Schriftsteller aber hätte Phantasie und Kühnheit genug, so etwas zu sagen, wenn nicht der Philosoph von Sanssouci? Und hier noch eine andere charakteristische Stelle: «In Rom geht man noch weiter: Der Vater aller Gläubigen gestattet gegen Ablaß selbst die Stätten der Ausschweifung, und wenn man nur bezahlt, ist er zufrieden. Dieser gute Vater hat Mitleid mit den Schwächen seiner Kinder. Er wendet ihre kleinen Sünden zum Guten durch das Geld, das der Kirche zufließt. Die Welt war zu allen Zeiten die gleiche. Sie bedarf des Vergnügens und der Freiheit zu ihrem Vergnügen.» Nun, Sire, erlauben Sie mir, Ihnen hier die Überlegungen eines Autors darzulegen, der den Verfasser des Werks, das diese beiden Stellen enthält, herausfinden will. Er müßte sich sagen, daß ein protestantischer Schriftsteller die Apostel nicht verspotten und ein katholischer den

JEANNE ANTOINETTE
MARQUISE DE POMPADOUR

Papst nicht lächerlich machen würde; es muß also ein Schriftsteller ohne Religion sein. Dieser Brief ist voll Witz und Phantasie, wie die Schriften Voltaires und des Philosophen von Sanssouci; da wir wissen, daß es Voltaire nicht sein kann, kann es folglich nur der andere Autor sein. Unglaube, Witz, Stil und Kühnheit der Gedanken, alles das macht unsere Vermutung zur Gewißheit. Ich sage Ihnen das nur, Sire, um Ihnen die Notwendigkeit vor Augen zu führen, nicht mehr zu schreiben, wenn Sie Grund haben, unerkannt zu bleiben. Es gäbe zwei Möglichkeiten, die aber nicht in Frage kommen. Erstens, einen schwerfälligen Stil anzunehmen; das wäre aber schlimmer als das Übel selbst. Zweitens, nach Art der Frömmler zu schreiben, doch Ihre Phantasie würde Sie auch hier gegen Ihren Willen verraten. Sie müssen sich daher entschließen, entweder gar nicht zu schreiben, oder hinzunehmen, daß Sie von Lesern, die urteilen können, erkannt werden.

Ich danke Eurer Majestät für das Porzellan. Ich habe mir dafür einen schönen Schrank mit Türen von Spiegelglas machen lassen. Aber denken Sie nicht, ich wollte mir das Ansehen eines Stutzers oder eines großen Herrn geben. Wenn ich von Spiegelglas rede, dann meine ich Glasscheiben, das Stück zu acht Groschen, die weiß und einfach sind, wie es sich für einen Gelehrten schickt. Ein Philosoph muß den Prunk eines Seneca und die bäuerliche Einfachheit eines Krates und eines Diogenes vermeiden.[36] Epikur hatte Häuser in der Stadt und auf dem Lande; sie waren sauber und bescheiden. Unter den Gütern, die die Natur den Menschen verliehen hat, scheint mir das gute Mittelmaß eines der größten. Unter Mittelmaß verstehe ich etwas mehr als das schicklich Notwendige; das ist alles, was die Menschheit braucht, um glücklich zu sein.

Schlettau bei Meißen, 10. Juni 1760

Ihr Brief, mein lieber *Marquis,* traf mich in der Pein großer Unruhe und Verlegenheit. Unsere Sache nimmt eine fürchterliche Wendung; wir müssen uns wohl oder übel in große Abenteuer stürzen und alles aufs Spiel setzen. Bei solchen Mißlichkeiten helfen nur Gewaltmittel. Ich kann Ihnen nur wiederholen, was ich schon so oft gesagt habe: Dieser Feldzug wird für uns verhängnisvoll werden. Aber ich weiß nicht, was ich tun soll. Der Strom der Ereignisse wirft mich aus den Bahnen der gewöhnlichen Vorsicht und zwingt mich, zwischen zwei Übeln das kleinere zu wählen. Ich werde mit aller erdenklichen Kaltblütigkeit und Entschlossenheit handeln; aber die Arbeit ist zu schwer, und ich werde untergehen. Gebe der Himmel, daß ich mich täusche! Alle Berechnungen sind ungünstig für mich, und nach menschlichem Ermessen kann mich nur ein Wunder retten. Urteilen Sie also selbst, ob Statuen[37] und so wenig verdiente

Ehren mir etwas bedeuten können. Wenn wir sterben, bleibt an unseren Gräbern nur ein leerer Name. Unsere Titel und Würden gehen oft auf undankbare Erben über, und unser Andenken wird von unseren Neidern zerfetzt.

Feiertage haben die Handwerker an der Arbeit für Sie gehindert. Ich habe angeordnet, daß das Service gut verpackt und Ihnen geschickt wird, sobald es fertig ist. Ich weiß nicht, mein lieber Marquis, ob ich jemals Sanssouci wiedersehen werde. Meine Lage wird wieder so furchtbar und grausam wie im letzten Jahr. Wir sind erst beim Vorspiel; Sie können also selbst urteilen, wie es dann beim Stück werden wird. Erwarten Sie nichts Gutes, ich sage es Ihnen im voraus, und denken Sie lieber an meine Grabschrift als an Triumphe.

Leben Sie wohl, mein lieber Marquis! Ich prophezeie Ihnen wie Kassandra[38] den Trojanern ihren Untergang. Wie gerne wollte ich mich täuschen, aber wenn zur Lösung des Knotens nicht ein deus ex machina[39] erscheint, wird die Katastrophe bald eintreten. Leben Sie wohl, ich umarme Sie.

Berlin, 22. Juni 1760

Sire, soeben habe ich das wunderschöne Porzellanservice erhalten, womit Eure Majestät mich beehrt haben. Das Muster ist vortrefflich, die Malerei sehr schön und die Sinnbilder des Zweifels[40] mit Geschmack erfunden. Beim Anblick so vieler schöner Sachen, muß ich Eurer Majestät offen gestehen, war ich anfangs ganz voll Freude; doch bald darauf stellte sich Verlegenheit ein, wenn ich bedenke, wie wenig ich ein so schönes Geschenk verdient habe. Ja, Sire, je größer die Zeichen Ihrer Gnade sind, womit Sie mich beehren, um so mehr lassen sie mich fühlen, daß ich sie nur Ihrer Güte verdanke. Sie machen es wie der Künstler, der aus dem geringsten Ton bisweilen ein kostbares Gefäß bildet. Welcher Ruhm für mich, daß Sie mich Ihrer Güte würdigen, die während meines ganzen Lebens mir die Achtung aller denkenden Menschen erwirbt und mir bei der Nachwelt eine Unsterblichkeit sichert, auf die meine Eigenliebe nicht wagen konnte, wegen einiger geringer Schriften Anspruch zu machen.

Die Gunst, Sire, mit der Sie einen so mittelmäßigen Philosophen, wie ich es bin, beehren, wird in den Augen des Publikums ein Ersatz für die Beleidigung sein, die Fanatismus und Torheit in Frankreich der Philosophie und den großen Männern, die sich mit ihr beschäftigen, zufügen. Man hat sie in einer Komödie «Die Philosophen» öffentlich auf die Bühne gebracht. Vergebens haben sich alle anständigen Leute diesem ungeheuerlichen Mißbrauch widersetzt; Minister, Bischöfe, mehrere hohe Beamte haben die Feinde der Vernunft auch noch unterstützt, und man hat sechsundzwanzigmal hintereinander diese Komödie aufgeführt; in einer Szene tritt der Genfer Rousseau auf allen Vieren auf wie ein wildes Tier und verkündet dabei seine These von der Gleichheit der Stände. In Paris hat man innerhalb von acht Tagen zwanzigtausend Exemplare von diesem Stück verkauft. Ein Freund der Philosophie hat dazu eine sehr witzige, aber doch zu heftige Kritik geschrieben; sie scheint mehr vom Zorn als von Mäßigung diktiert zu sein, welche doch den Charakter der wahren Philosophie bestimmt. Ich schicke sie Eurer Majestät, vielleicht wird sie Sie ein wenig amüsieren.

Groß-Dobritz, 27. Juni 1760

Ihren Brief vom 22., mein lieber *Marquis,* erhalte ich in einem Augenblick, da ich, wie ich es voraussah, aufs neue die verheerenden Wirkungen meines Unsterns erfahre. Inzwischen haben Sie von dem Schlag gehört,[41] den ich in Schlesien erlitten habe, und Sie werden zugeben, daß ich nur zu wahr prophezeit habe. Gebe der Himmel, daß ich nicht bis ans Ende recht behalte.

Ihr Service habe ich bestellt und hoffe, daß es Ihnen gefallen wird. Es freut mich, daß Sie mir das selbst bestätigen. Ach, mein lieber Marquis, ich bin kaum geeignet, zur Verewigung beizutragen. Wäre ich selbst nur erst am Ende der Zeit, die ich in diesem Tal der Finsternis und der Trübsal zubringen muß. Das

Ende meiner Laufbahn ist hart, traurig und unheil-voll. Ich liebe die Philosophie, weil sie meine Leiden-schaften mäßigt und weil sie mich gleichgültig macht gegen meine Auflösung und gegen die Vernichtung meines Geistes.

Die Komödie gegen die Philosophen wollte ich gern einmal sehen. Man kann nicht leugnen, daß viele sich diesen Titel zu Unrecht anmaßen und uns Stoff zum Lachen geben; im allgemeinen aber ist es eine Schande für unser Jahrhundert, eine Wissen-schaft, die dem Menschengeschlecht am meisten Ehre macht, und die Schule, aus der die größten Männer hervorgegangen sind, herabwürdigen zu wollen.

Die Kritik, die Sie mir sandten, finde auch ich zu scharf. Sie enthält gewisse persönliche Anzüglichkei-ten, die einem nicht gefallen können und die von einem rachsüchtigen Geiste zeugen, was der Denkart eines wahren Philosophen nicht würdig ist. Mir scheint, man hätte es dabei bewenden lassen sollen, unser Jahrhundert mit dem Jahrhundert des Sokrates, die neue Pariser Komödie mit der zu Athen, wo ein Possenreißer den Sokrates inmitten eines Gewölks einführt, und seinen Schierlingstrank mit den Verfol-gungen unserer Zeit zu vergleichen; man hätte auch etwas Spaß einbringen können, aber keine Bosheit. Doch die Menschen bleiben Menschen; der kleinste Wurm braucht, wenn er sich verfolgt sieht, seinen Stachel, um sich zu wehren. Diese Kritik wurde in der ersten Aufwallung des Unwillens geschrieben; man hätte sie vorübergehen lassen sollen. Ach wie weise, mäßig, geduldig und sanftmütig macht doch die Schule der Widerwärtigkeiten! Sie ist eine fürchterliche Prüfung, aber hat man sie überstanden, dann ist sie für den Rest des Lebens recht nützlich.

Leben Sie wohl, mein lieber Marquis! Haben Sie Nachsicht mit meiner Betrübnis, die wahrlich angebracht ist. Seit zwei Jahren leide ich und sehe noch kein Ende. Ich wünsche Ihnen mehr Glück, mehr Ruhe und weniger Sorgen. Leben Sie wohl!

Berlin, 2. Juli 1760

Sire, als ich den Brief erhielt, womit Eure Majestät mich beehrten, hatte ich noch keine Kenntnis von dem Unglück, das den General Fouqué betraf; man weiß das in Berlin erst seit drei Tagen. Aber aus all den Briefen, die hier aus Breslau eintreffen, scheint mir, daß, abgesehen von der Ehre, einige Fahnen und etwa dreißig Kanonen erbeutet zu haben, diese Aktion für die Feinde ebenso nachteilig gewesen ist wie für uns. Gestern kamen vier Deserteure in Berlin an, darunter drei Preußen, die bei Maxen in Gefangenschaft geraten waren und in die österreichische Armee eintraten in der Hoffnung, daß sie einmal Gelegenheit haben würden, wieder in ihr Vaterland zurückzukehren. Diese Leute versichern, die Österreicher hätten mehr als zwanzigtausend Tote und Verwundete gehabt. Unterstellt, wir hatten sechstausend Mann an Toten und Gefangenen, so heißt das doch wahrlich den Sieg teuer erkaufen, wenn man dreimal mehr verliert als der Besiegte. Übrigens besagen alle Briefe aus Breslau, daß täglich Hunderte von Soldaten eintreffen, die man zunächst für tot oder gefangen hielt, die sich aber nur verirrt hatten. Ich verstehe natürlich sehr gut, daß Eure Majestät gezwungen sein werden, ein Korps Ihrer Armee abzuzweigen und daß das sie schwächen wird; aber General Daun hat mit dem Detachieren zuerst angefangen. Was mich bei der unglücklichen Affäre tröstet, ist die Tapferkeit, die Ihre Truppen bewiesen haben; bis auf ein Regiment, das sich, wie man in Berlin hört, schlecht gehalten hat, hätten alle übrigen Wunder der Tapferkeit getan. Das versetzt selbst den Sieger in Angst und Schrecken, wenn er daran denken sollte, einen neuen Angriff zu wagen. Kostet die Eroberung von Glatz die Österreicher so viel wie die Einnahme von Landeshut, so werden sie schon vor der Mitte des Feldzugs eine beträchtliche Armee verloren haben; und wenn sie dann eine Niederlage erleiden, wird ihnen Landeshut und Glatz zu nichts verhelfen, um ihre großen Pläne in die Tat umzusetzen.

Erlauben Sie mir, Sire, die Frage, was denn Prinz Ferdinand macht. Er hat jetzt hunderttausend Mann wirklich ausgezeichnete Truppen und bleibt doch fast ganz untätig. Wären aber die Franzosen geschlagen, dann könnte er leicht ein Korps von fünfzehntausend Mann nach Sachsen schicken ...

Ich habe die Ehre, Eurer Majestät anbei das einzige hier befindliche Exemplar der Komödie «Die Philosophen» zu übersenden. Diderot und Rousseau hat man darin am übelsten behandelt. Allerdings ist es wahr, daß ersterer viel Unsinn sagt und letzterer durch seine merkwürdigen Paradoxien empört, die er bei jeder Gelegenheit von sich gibt. Eure Majestät werden sich erinnern, Diderots «Philosophische Gedanken» gelesen zu haben, worin er die banalsten Dinge mit lächerlichem Schwulst vorträgt. In Rousseaus Werk über die Gleichheit der Stände gibt es nicht nur seltsame Ideen, sondern auch Meinungen, die für die Regierungen aller Staaten gefährlich sind. Ich beklage d'Alembert, einen Mann von Verdiensten, daß er sich mit diesen Toren eingelassen hat. Aber es geht in den Wissenschaften wie in der Politik: man kann sich nicht immer diejenigen Freunde wählen, die man sich wünschte. Not und besondere Umstände bestimmen die Partei, die man ergreift.

Berlin, 25. Juli 1760

... Ich habe gehört, *Sire,* daß der junge Provenzale,[42] dem Eure Majestät eine Stelle in Ihrer Armee zu geben so gütig waren, beim Angriff auf die Vorstadt von Dresden gefallen ist. Ich beklage ihn, denn er war ein sehr rechtschaffener Mann. Aber ich finde Trost in dem Gedanken, daß er im Dienste Eurer Majestät und in Erfüllung seiner Pflicht gestorben ist. Ich wünschte mir sein Alter, um Eurer Majestät nützlich zu sein und mich täglich zehnmal dem Schicksal aussetzen zu können, das er gehabt hat. Fast sterbe ich vor Schmerz, bei diesen stürmischen Zeiten eine unnütze Erdenlast zu sein, weit weniger nützlich als der geringste Bauer, der eine Futterkarre schiebt oder der Zugpferde führt. Meine Hinfälligkeit schien mir bis jetzt nur ärgerlich; jetzt aber erscheint sie mir schimpflich und entehrend.

Dallwitz bei Grossenhain, 1. August 1760

Die Belagerung von Dresden, mein lieber *Marquis,* ist in Dunst aufgegangen. Jetzt sind wir in vollem Marsch nach Schlesien. Sicherlich werden wir uns an der Grenze schlagen, wohl zwischen dem 7. und 10. d. M. Glatz ist verloren, Neiße wird belagert, da ist keine Zeit mehr zu verlieren. Wenn wir Glück haben, schreibe ich Ihnen. Stößt uns ein Unglück zu, so nehme ich im voraus Abschied von Ihnen und der ganzen Gesellschaft...

Übermorgen marschieren wir. Ich sehe die ganze Schrecklichkeit der Lage voraus, die meiner wartet, und habe meinen festen Entschluß gefaßt. Leben Sie wohl, ich umarme Sie! Denken Sie bisweilen an mich und seien Sie meiner Hochachtung versichert.

Neumarkt, 17. August 1760

Gott ist stark in den Schwachen; das sagte der alte
Bülow jedesmal, wenn er uns anzeigte, daß seine
Kurprinzessin schwanger sei. Ich wende dieses
schöne Wort auf unsere Armee an. Die Österreicher,
achtzigtausend Mann stark, wollten fünfunddreißigtausend Preußen umzingeln. Wir haben Laudon geschlagen, und die übrigen haben uns nicht angegriffen. Das ist ein großer unverhoffter Erfolg. Aber
damit ist das letzte Wort noch nicht gesprochen. Wir
müssen noch klettern und die Höhe des steilen
Felsens erklimmen, um das Werk zu krönen. Mein
Rock ist durchlöchert, und meine Pferde sind verwundet. Aber bis jetzt bin ich unverletzlich. Niemals
haben wir größere Gefahren überstanden, niemals
gewaltigere Anstrengungen gehabt. Aber was wird
das Ende unserer Mühen sein? Ich komme immer
wieder auf den schönen Vers von Lukrez zurück:

«Glücklich, wer in dem Tempel der Weisen
geborgen» . . .[43]

Haben Sie Mitleid, mein lieber *Marquis,* mit einem
armen Philosophen, der seiner Sphäre gar wunderlich entrückt ist, und lieben Sie mich stets. Leben Sie
wohl!

Reußendorf, 18. September 1760

Ich habe Ihre beiden Briefe erhalten, mein lieber *Marquis*. Sicherlich bin ich einer sehr großen Gefahr entronnen und habe bei Liegnitz so viel Glück gehabt, als ich nach Lage der Dinge nur eben haben konnte. In einem gewöhnlichen Kriege wäre das viel. In dem jetzigen sinkt die Schlacht zum Scharmützel herab, und überhaupt ist meine Sache nicht vorwärts gekommen. Ich will Ihnen keine Jeremiaden schreiben und Sie nicht mit allen meinen Befürchtungen und Besorgnissen ängstigen, aber Sie dürfen mir glauben, daß sie groß sind. Die gegenwärtige Krise nimmt eine andere Gestalt an, aber entschieden ist nichts, und ein Ende ist nicht abzusehen. Ich brate bei gelindem Feuer; ich bin wie ein verstümmelter Körper, der jeden Tag ein paar Glieder verliert. Der Himmel sei mit uns, wir können's sehr brauchen. Sie reden immer von meiner Person. Sie müssen aber wissen, daß ich nicht leben muß, wohl aber, daß ich meine Pflicht tue und für mein Vaterland kämpfe, um es zu retten, wenn das noch möglich ist. Ich hatte viele kleine Erfolge und möchte mir beinah den Wahlspruch zulegen: Maximus in minimis et minimus in maximis.[44] Sie können sich gar nicht vorstellen, welche furchtbare Strapazen wir haben; dieser Feldzug übersteigt alle früheren, und ich weiß oft nicht, zu welchem Heiligen ich beten soll. Aber ich langweile Sie nur mit der Aufzählung meiner Sorgen und Kümmernisse. Mein Frohsinn und meine gute Laune sind begraben mit den geliebten und verehrten Menschen, an denen mein Herz hing. Mein Lebensende ist trüb und schmerzlich. Vergessen Sie Ihren alten Freund nicht, mein lieber Marquis. Kuriere, Briefsendungen, alles ist unterbrochen. Nur mit Hilfe vieler Kunstgriffe schmuggelt man die Briefe durch, und dabei überläßt man dem Zufall noch viel. Schreiben Sie mir auf gut Glück. Wenn die Awaren und die russischen Bären Ihre Briefe auffangen, was finden sie schon darin? Für mich sind sie allemal ein großer Trost. Leben Sie wohl, mein lieber Marquis, ich umarme Sie.

Berlin, 25. September 1760

Sire, ich hoffe, daß Sie die drei Briefe erhalten haben, die ich Ihnen seit der letzten gewonnenen Schlacht zu schreiben die Ehre hatte. Vor ungefähr einem Monat teilten Sie mir mit, daß der ganze Kram zum Teufel gehen werde. Seit dieser Zeit haben Sie Laudons Wechsel bezahlt, haben die von Beck beglichen, und Hülsen, Ihr Faktor in Sachsen, hat verschiedene Rimessen des Prinzen von Zweibrücken eingelöst. Wenn Sie vor dem Monat November noch eine einzige Schuld tilgen, dann scheinen Sie mir wie einer von den Kaufleuten, deren Kram und ganzer Handel in bester Ordnung sind.

Die Klasse für Physik und Chemie hat durch den

Tod von Herrn Eller ihren Direktor verloren. Die ganze Akademie, die Kuratoren und Direktoren, sind nach Eurer Majestät Instruktion und nach Artikel 9 der Geschäftsordnung sogleich wieder zur Wahl geschritten. Der Artikel lautet: «Wenn ein Direktor stirbt, wird seine Stelle nach Abstimmung aller Akademiker einem angestellten Mitglied der Klasse des verstorbenen Direktors übertragen.» Diesem Reglement zufolge hat die Akademie Herrn Marggraf ernannt, der zweifellos der fähigste Chemiker in Europa und ein großer Physiker ist, den die Akademien von Paris und London wie ein Orakel befragen. Die Akademie hat mich als Direktor einer Klasse beauftragt, Eure Majestät von der Wahl zu benachrichtigen und von der Genauigkeit, mit der sie die Statuten befolgt, die Sie ihr durch den verstorbenen Herrn von Maupertuis gegeben haben und die sie immer auf das gewissenhafteste befolgen wird, um durch ihren Eifer für die Ehre der Wissenschaften und durch die Befolgung Ihrer Vorschriften auch künftig Ihren erhabenen Schutz zu verdienen.

Finden Sie nicht, Sire, daß das hohe und edle Phrasen sind? Doch als Direktor, mit den Weisungen der Akademie beauftragt, schickt sich für mich nicht der Stil des Schlaubergers, unsteter als der Jude, dessen Stil und Maske[45] ich mir einst borgte. Haben Eure Majestät schon das kleine Gedicht von Voltaire «Der arme Teufel» gelesen? Es ist sehr amüsant, aber voll von satirischen Zügen gegen mehrere Schrift-

steller, die er nicht leiden kann; ich schicke es Eurer
Majestät mit der ersten Post... Ich erwarte Nachricht von Eurer Majestät Gesundheit mit eben der
Sehnsucht wie die Juden ihren Messias und die
Jansenisten[46] die wirksame Gnade. Wenn Sie keine
Zeit haben, mir ein Wort zu schreiben, dann lassen
Sie mich bitte durch einen anderen wissen, daß Sie
sich wohl befinden. Das ist alles, was mich interessiert; und gewiß sind die Worte «der König befindet
sich wohl» rasch geschrieben. Nur das möchte ich
gern wissen.

Berlin, 19. Oktober 1760

Sire, ich hätte die Ehre gehabt, Eurer Majestät sogleich zu schreiben, als Sie in Sachsen eingerückt und
der Briefverkehr mit Ihrer Armee wiederhergestellt
waren. Ich glaubte aber, Sie seien anfangs so mit
Geschäften überhäuft, daß es wenig Sinn hätte, einen
Brief von mir zu anderen weit wichtigeren hinzuzufügen. Jetzt entledige ich mich meiner Pflicht und
werde Eurer Majestät in wenigen Worten wahrheits-
gemäß und wie ein Augenzeuge alles Vorgefallene
berichten.

Gegen Ende des Monats September kam ein Ad-
vokat namens Sack aus Glogau nach Berlin, der vom
General Totleben geschickt war, um seine Geschäfte
mit dem Bankier Splitgerber zu erledigen. Nachdem
dieser Mann eine persönliche Unterredung mit unse-

rem Kommandanten gehabt hatte, war dieser wie ein
Blitz gerührt; zwei Tage lang schien es, als habe er die
schrecklichste Nachricht erhalten. Sein Schrecken
teilte sich ganz Berlin mit, und da man die Ursache
nicht wußte, verbreitete sich das Gerücht, Eure
Majestät wäre tödlich verwundet. Diese falsche
Nachricht versetzte die ganze Stadt in die größte
Bestürzung. Ich selbst bekam ein heftiges Fieber mit
Konvulsionen. Zwar hatte ich einen Brief von Eurer
Majestät vom 18. erhalten, man sagte aber, Sie seien
am 19. verwundet worden. Endlich erhielt, zu meinem und zum Glück der ganzen Stadt, Herr Köppen
einen Brief von Ihnen, datiert vom 21.; da legte sich
der Sturm. Am folgenden Tage versammelten sich
alle Generale, und man erfuhr, daß das, was den
Kommandanten so sehr erschreckt hatte, die Furcht
vor einem Einfall der Russen in die Mark gewesen
sei. Drei Tage später erschien General Totleben vor
unseren Toren und forderte die Stadt zur Übergabe
auf. Da er nur irreguläre Truppen bei sich hatte,
beschloß man, sich zu verteidigen. Er beschoß die
Stadt von fünf Uhr abends bis früh um drei Uhr mit
glühenden Kugeln und mit Bomben und ließ an zwei
Toren angreifen, wurde aber jedesmal von unseren
Garnisonsbataillonen mit Verlust abgewiesen. Ich
muß hier, Sire, dem General Seydlitz und dem
General Knobloch die Gerechtigkeit widerfahren
lassen, die alle Bürger von Berlin ihnen schuldig sind.
Diese Männer, obwohl beide verwundet, verbrach-

ten die ganze Nacht bei der Batterie der angegriffe-
nen Tore und retteten Ihre Hauptstadt. Auch der alte
Feldmarschall Lehwaldt tat alles, was sein hohes
Alter ihm zu tun erlaubte. Am Tage nach dem
Bombardement traf der Prinz von Württemberg[47]
mit seinem Korps ein; die Truppen waren aber so
ermüdet, daß man die Russen erst am folgenden Tage
angreifen konnte. Man trieb sie bis Köpenick und
beschloß, sie am folgenden Tage anzugreifen. Als
man aber hörte, daß die Feinde durch das Tscherny-
schewsche Korps und durch das Korps des Generals
Lacy verstärkt worden waren, beschloß man, sich
zurückzuziehen und die Stadt kapitulieren zu lassen,
die sonst gewiß von den Österreichern eingenommen und geplündert worden wäre, während unsere
Armee die Russen angriff. Das Korps des Prinzen
von Württemberg und des Generals Hülsen zogen
während der Nacht durch die Stadt, um sich nach
Spandau zu begeben. Die große Menge Bagage, die
über die Brücke ziehen mußte, eine Kanone, die
unterwegs zerbrach, und andere widrige Vorfälle
verursachten dem zweiten Bataillon von Wunsch
Verluste, so daß wir ungefähr hundertfünfzig Jäger
verloren. Als der Prinz in Spandau ankam, traf er
dort keine Vorbereitungen an. Der Hauptmann
Zechlin und einige andere Offiziere brachten die
Kanonen auf den Wällen in Ordnung und taten
Kanonierdienste.

Der Prinz von Württemberg setzte seinen Weg

FRIEDRICH WILHELM VON SEYDLITZ

nach Brandenburg fort und ließ den Hauptmann Zechlin mit einem Bataillon Verwundeter in Spandau; die Russen wagten aber nicht, die Festung anzugreifen. Wir rechneten damit, daß sie wie auch die Österreicher noch einige Zeit in Berlin bleiben würden; dann aber haben sie sich mit der größten Geschwindigkeit und Verwirrung davongemacht. Während sie in unserer Stadt waren, hat Graf Reuß, der einzige Ihrer Minister, der es wagte, in Berlin zu bleiben, der Stadt viele Dienste erwiesen, indem er gemeinsam, sooft es nötig war, mit den Generalen handelte, ohne zu fürchten, als Geisel abgeführt zu werden; er wollte sich bis zuletzt als guter Bürger zeigen. Wenn ich Eurer Majestät diejenigen nenne, die wahren Eifer für Ihren Dienst bewiesen haben, dann darf ich den holländischen Gesandten, Herrn von Verelst,[48] nicht vergessen. Wenn ich Eure Majestät wiedersehe, werde ich die Ehre haben, Ihnen alles zu berichten, was er tat. Sie dürfen mir glauben, Sire, daß, wenn er zweihundert Jahre lebte, Sie und Ihre königlichen Nachfolger ihm Ihre Erkenntlichkeit nicht genug bezeigen könnten. Sie werden es selbst sehen, Sire, wenn ich mit Ihnen frei davon reden kann.

Die Österreicher haben einen Brief aufgefangen, den Eure Majestät mir aus Hermannsdorf am 27. August schrieben. Sie haben das Original nach Wien geschickt und hier mehrere Abschriften angefertigt. Es gelang mir, eine zu erhalten, die ich Eurer Majestät übersende. Es steht nichts als Großes, Edles und Tugendhaftes in diesem Brief. Daraufhin wollten mehrere österreichische Generale mich kennenlernen, aber ich wollte keinen von ihnen sehen. Ich erkundigte mich bei denen, die sie trafen, nach ihren Gesprächen. Aus den Reden des Generals Brentano geht hervor, daß sie sehr viel von General Wunsch halten und sich daher freuen, daß er gefangen ist.

Sicherlich wissen Sie schon, Sire, daß man weder zu Potsdam noch zu Sanssouci den geringsten Schaden angerichtet hat. In Charlottenburg aber wurden Tapeten und Gemälde geplündert; doch dank einem sonderbaren Zufall hat man die drei schönsten zurückgelassen, zwei Gemälde von Watteau[49] und das Bildnis der Frau,[50] die Pesne zu Venedig gemalt hat. Die antiken Statuen[51] hat man bloß umgeworfen, die Köpfe und Arme von einigen sind zwar zerbrochen, aber da man sie neben den Figuren fand, wird es leicht sein, sie wieder zu restaurieren. An den Plafonds und Vergoldungen hat man sich nicht vergriffen. Da der Kastellan genötigt war, im Hemd und halbtot nach Berlin zu flüchten, schickte ich, sobald die Russen abgezogen waren, einen meiner Diener mit dem Galeriedirektor Eurer Majestät nach Charlottenburg. Alles wurde wieder in Ordnung gebracht. Der Kastellan ist heute zurückgekommen. So hat denn die Plünderung mehr Aufregung als wirklichen Schaden verursacht; und Möbel und Gemälde

ausgenommen, kann alles in einer Woche wiederhergestellt werden.

Ehe ich diesen Brief schließe, muß ich noch der
ganzen Stadt Berlin Anerkennung zollen. Während
der Belagerung und nach der Unterwerfung der
Stadt hörte ich von den Bürgern, von Volk und Adel:
«Was wird unser lieber guter König sagen!» Tatsächlich hörte ich nicht einen einzigen, der sich über sein
eigenes Schicksal beklagte, es ging immer um das
Wohl ihres lieben guten Königs. Erhalten Sie sich
daher, Sire, für so brave und gute Leute wie Ihre
Untertanen. Solange Sie an ihrer Spitze stehen, werden sie sich glücklich schätzen trotz der Schicksalsschläge, die nicht von Ihnen abhängen. Möge doch
ein ehrenhafter Friede all den Schrecken ein Ende
machen und unseren lieben guten König wieder nach
Berlin zurückbringen!

Berlin, 22. Oktober 1760

Sire, ich hoffe, Eure Majestät werden den langen
Brief erhalten haben, den ich Ihnen vor zwei Tagen
zu schreiben mir die Ehre gab und worin ich mir die
Freiheit nahm, Sie von allem zu unterrichten, was ich
während der kurzen Besetzung durch die Feinde in
Berlin selbst erlebt habe. Ihr böser Wille hat wenig
Schaden angerichtet, und man findet täglich alles
wieder, was sie verkauft oder zerstreut haben. Das
einzige, was jetzt die Stadt beschäftigt, ist die Un-

möglichkeit, die für die Hälfte der Bürger zutrifft, nämlich die Kontribution zu bezahlen. Herr Gotzkowski, Sire, der sich schon so sehr für die Interessen Eurer Majestät und für das allgemeine Wohl ausgezeichnet hat, will Eurer Majestät einen Plan vorlegen, wie man den Ruin vieler Familien verhüten könnte, ohne Ihnen und dem Staat zur Last zu fallen; ich zweifle nicht, daß Sie diesen Plan billigen werden. Es ist sicher, daß mehr als sechs- bis siebentausend Menschen Berlin verlassen müßten, wenn diese Kontribution so bezahlt werden soll, wie diejenige, die bereits an General Hadik bezahlt worden ist; denn man hat berechnet, daß ein Arbeiter, der monatlich sechs bis sieben Taler verdient, über 40 Taler zu bezahlen hätte. Und selbst wenn man es verhindern könnte, daß diese Leute Berlin verlassen, so müßten sie doch wenigstens einen Teil ihrer Sachen verkaufen, um ihre Abgaben zu entrichten. All das wird durch den Plan verhütet, den die vornehmsten Bürger und die Vertreter des Magistrats entworfen haben und der gewiß von einem König genehmigt werden wird, der seine Untertanen liebt und von ihnen angebetet wird. Sie werden gelesen haben, Sire, was ich Ihnen in meinem letzten Brief darüber sagte; und bei allem, was mir heilig ist, schwöre ich, daß Schmeichelei daran keinen Anteil hatte. Es ist die lauterste Wahrheit...

Kemberg, 28. Oktober 1760

Geben Sie meiner Denkweise welchen Namen Sie wollen, mein lieber *Marquis*. Ich sehe, wir begegnen uns in unseren Anschauungen nicht und gehen von ganz verschiedenen Voraussetzungen aus. Sie machen viel Aufhebens vom Sybaritenleben[52]; ich meinerseits sehe den Tod wie ein Stoiker an. Niemals werde ich den Augenblick erleben, der mich zum Abschluß eines unvorteilhaften Friedens zwingt. Kein Zureden, keine Beredsamkeit können mich dahin bringen, meine Schande zu unterzeichnen. Entweder lasse ich mich unter den Trümmern meines Vaterlandes begraben oder, wenn dieser Trost dem grausamen Schicksal noch zu milde erscheint, werde ich meinem Unglück ein Ziel setzen, wenn ich es nicht mehr ertragen kann. Ich habe gehandelt und handle auch weiterhin nach diesem inneren Beweggrund und nach dem Ehrgefühl, das alle meine Schritte leitet. Mein Verhalten wird allezeit diesen Grundsätzen entsprechen. Meine Jugend habe ich meinem Vater und meine reifen Jahre dem Staat geopfert; damit glaube ich das Recht erworben zu haben, über mein Alter selbst zu bestimmen. Ich habe es Ihnen gesagt und wiederhole es: Niemals werde ich mit eigener Hand einen demütigenden Frieden unterzeichnen. Diesen Feldzug werde ich zweifellos zu Ende führen, entschlossen, alles zu wagen und die verzweifeltsten Mittel zu versuchen,

BRIEFWECHSEL 1760

um Erfolg zu haben oder ein glorreiches Ende zu finden.

Ich habe zwar Betrachtungen über die militärischen Talente Karls XII. angestellt, aber nicht untersucht, ob er den Tod hätte suchen sollen oder nicht. Nach der Einnahme von Stralsund[53] hätte er, glaube ich, klug daran getan, sich aus der Welt zu schaffen; aber was er auch getan oder unterlassen hat, sein Beispiel ist für mich nicht maßgebend. Es gibt Menschen, die sich dem Schicksal fügen. Ich gehöre nicht zu ihnen, und wenn ich für die anderen gelebt habe, will ich wenigstens für mich sterben. Was die Welt darüber sagt, ist mir höchst gleichgültig; ich antworte Ihnen sogar, daß ich es nie erfahren werde. Heinrich IV. war ein jüngerer Sohn aus gutem Hause, der sein Glück gemacht hat; da war kein Grund, sich aufzuhängen. Ludwig XIV. war ein großer König mit großen Hilfsquellen; er hat sich aus der Verlegenheit gezogen. Was mich angeht, so habe ich nicht seine Kräfte, aber die Ehre liegt mir mehr am Herzen als ihm, und wie gesagt, ich richte mich nach niemandem.

Wir rechnen, soviel ich weiß, fünftausend Jahre seit Erschaffung der Welt; ich glaube allerdings, die Welt ist viel älter, als diese Berechnung angibt. Brandenburg hat in der ganzen Zeit vor meiner Geburt bestanden; es wird auch nach meinem Tode weiter bestehen. Die Staaten erhalten sich durch die Fortpflanzung der Art, und solange die Menschen an ihrer Vermehrung Vergnügen finden, wird die große

Masse durch Minister oder durch Monarchen be-
herrscht werden. Das kommt ungefähr auf das gleiche heraus. Etwas mehr Torheit oder Weisheit, das
sind so geringe Unterschiede, daß die Gesamtheit des
Volkes sie kaum verspürt. Kommen Sie mir also
nicht mit den alten Höflingsredensarten, mein lieber
Marquis, und glauben Sie nicht, daß die Vorurteile
der Eigenliebe und Eitelkeit mir imponieren oder
mich im geringsten von meiner Meinung abbringen
können; einem unglücklichen Leben ein Ende zu
machen ist keine Schwäche, sondern vernünftige
Politik, die uns zu Gemüte führt, daß der glücklichste
Zustand für uns der ist, wo niemand uns schaden
oder unsere Ruhe stören kann. Wie viele Gründe zur
Lebensverachtung hat man doch mit fünfzig Jahren!
Mir bleibt nur noch die Aussicht auf ein Alter voller
Krankheit und Schmerzen, voller Kummer, Reue,
Schande und Beleidigungen. Wahrhaftig, wenn Sie
sich recht in meine Lage versetzen, werden Sie mein
Vorhaben weniger verurteilen als jetzt. Ich habe alle
meine Freunde und meine teuersten Angehörigen
verloren, ich bin so unglücklich, wie ein Mensch nur
sein kann, und habe nichts mehr zu hoffen; ich sehe,
wie ich zum Gespött meiner Feinde werde und wie
sie sich in ihrem Dünkel anschicken, mich mit Füßen
zu treten. Ach, lieber Marquis,

«Verlor man alles, lischt der Hoffnung Licht,
So ist das Leben Schmach und Tod ist Pflicht!»[54]

Dem habe ich nichts hinzuzufügen. Um Ihre Neugier zu befriedigen, teile ich Ihnen mit, daß wir vorgestern die Elbe überschritten und daß wir morgen auf Leipzig zu marschieren, wo ich voraussichtlich am 31. eintreffen werde; ich hoffe, daß wir uns dort schlagen werden, und von dort werden Sie wieder von mir hören, was sich ereignet hat. Leben Sie wohl, mein lieber Marquis! Vergessen Sie mich nicht und seien Sie meiner Hochschätzung versichert.

Meißen, 10. November 1760

Durch meinen Brief aus Torgau[55] müssen Sie jetzt über alles, was uns angeht, Bescheid wissen. Sie werden daraus entnommen haben, mein lieber *Marquis,* daß mein Streifschuß nicht gefährlich war. Die Kugel war durch einen dicken Pelz und durch einen Samtrock gegangen, den ich anhatte; dadurch hatte sie einen Teil ihrer Kraft eingebüßt, so daß mein Brustkorb ihr zu widerstehen vermochte. Doch darum habe ich mich am wenigsten gekümmert, hatte ich doch keinen anderen Gedanken, als zu siegen oder zu sterben. Ich habe die Österreicher bis vor die Tore von Dresden getrieben; sie haben dort ihr vorjähriges Lager wieder bezogen, und alle meine Kunst scheitert daran, sie von da wegzubekommen. Die Stadt soll angeblich ohne Magazine sein. Wenn das zutrifft, bringt der Hunger vielleicht zuwege, was das

Schwert nicht vermochte. Verbeißen sich die Leute aber darauf, in ihrer Stellung zu bleiben, dann werde ich diesen Winter wie den vorigen in sehr eng gelegten Kantonnementsquartieren verbringen müssen. Alle unsere Truppen werden dann zur Bildung einer Postenkette verwendet werden, damit wir uns in Sachsen behaupten können. Das ist wahrhaftig eine traurige Aussicht und ein dürftiger Preis für all die Anstrengungen und ungeheuren Märsche, die dieser Feldzug uns gekostet hat. Inmitten so vieler Widerwärtigkeiten finde ich meinen einzigen Halt an der Philosophie. Sie ist mein Stecken und Stab und mein einziger Trost in diesen Zeiten der Verwirrung und des Umsturzes aller Dinge. Wie Sie sehen, mein lieber Marquis, bin ich durch meinen Erfolg nicht aufgeblasen. Ich nenne Ihnen die Dinge beim rechten Namen. Vielleicht läßt sich die Welt durch den Glanz des Sieges blenden und urteilt anders.

«Von fern beneidet, seufzen wir doch hier.»[56]

Das kommt öfter vor als man denkt, verlassen Sie sich darauf. Um die Dinge richtig einzuschätzen, muß man sie aus der Nähe sehen. Wie ich mich auch drehen und wenden mag, die Überzahl meiner Feinde erdrückt mich. Darin eben besteht mein Unglück, und hier liegt die eigentliche Ursache all des Mißgeschicks und all der Katastrophen, die ich nicht vermeiden konnte. Wenn die Friedensneigung in Europa nicht zunimmt, glaube ich nicht, daß ich Sie diesen

Winter wiedersehen kann. Ich wünsche es, wag es aber nicht zu hoffen. Wir haben am 3. unseren Ruf gerettet. Denken Sie aber nicht, unsere Feinde seien so erschöpft, daß sie Frieden schließen müßten. Beim Prinzen Ferdinand stehen die Dinge schlimm.[57] Ich fürchte, die Franzosen werden diesen Winter die Vorteile halten, die sie im letzten Feldzug über ihn errungen haben. Kurz, ich sehe alles so schwarz, als ob ich in der Tiefe eines Grabes wäre. Haben Sie etwas Mitleid mit meiner Lage. Sie sehen, daß ich Ihnen nichts verhehle, wenn ich auch nicht alle meine Verlegenheiten, Befürchtungen und Mühen im einzelnen angebe. Leben Sie wohl, mein lieber Marquis! Schreiben Sie mir hin und wieder und vergessen Sie einen armen Teufel nicht, der sein unseliges Dasein zehnmal am Tage verwünscht und schon in jenem Lande sein möchte, aus dem niemand wiederkehrt und Nachricht bringt.

Unkersdorf, 16. November 1760

Wie ich sehe, mein lieber *Marquis,* läßt man mich reden und schreiben, wenn ich auch nicht im Traum daran gedacht habe.[58] Seit dem Tage der Schlacht habe ich an Seydlitz nicht mehr geschrieben; die Nachrichten von der Fortdauer unserer angeblichen Erfolge stammen jedenfalls von irgendeinem Privatmann, den ich nicht kenne. Wir haben zwar Gefange-

ne gemacht, aber nur achttausend Mann und nicht
zwölftausend. Wir werden Dresden nicht wiederbe-
kommen, werden einen unerquicklichen und schlimmen Winter verleben und im nächsten Jahr wieder
von vorne anfangen. Damit sage ich Ihnen die Wahrheit, so wenig schön sie klingt; aber Sie können sich
mehr darauf verlassen als auf die Gerüchte, die man
verbreitet, entweder um unsere Feinde einzuschüch-
tern oder um in den Herzen der Bürger eine leise
Hoffnung zu erwecken und Ihnen wieder Mut zu
machen. Wenden Sie auf uns den Vers aus «Semiramis» an:

«Von fern beneidet, seufzen wir doch hier.»

Wir sind gezwungen, uns Grenzen zu schaffen, und
zwar durch Verwüstung von Gelände, damit der
Feind uns in unseren Winterquartieren ungeschoren
läßt. Dieser ganze Monat wird noch hingehen, ehe
sich die Truppen auseinanderziehen können. Machen
Sie sich ein Bild von den Anstrengungen und Unbe-
quemlichkeiten, die ich ertragen muß, und malen Sie
sich meine Verlegenheit darüber aus, daß ich meine
Armee nur durch ständige Tätigkeit ernähren und
bezahlen kann. Dabei bin ich ohne jede Gesellschaft,
all derer beraubt, die ich liebte, und ganz auf mich
allein angewiesen; ich verbringe mein Leben abwechselnd in fruchtloser Arbeit und in tausend Befürchtungen. Das Bild ist nicht geschmeichelt; es
zeigt Ihnen das wirkliche Antlitz der Dinge und

meine unerquickliche Lage. Wie anders, mein lieber Marquis, nimmt sich doch alles aus, wenn man es von fern und durch ein trügerisches Glas betrachtet, das die Dinge verschönt, als wenn man sie aus der Nähe sieht, ganz nackt und ihres schmückenden Flitters entkleidet. O Eitelkeit der Eitelkeiten, o Eitelkeit der Schlachten! Ich schließe mit dem Spruch des Weisen: Wer alles begreift, gibt sich Betrachtungen hin, die alle anstellen sollten, was aber nur wenige tun. Leben Sie wohl, lieber Marquis! Seien Sie nicht mehr so leichtgläubig in bezug auf die öffentlichen Nachrichten und erhalten Sie mir Ihre Freundschaft.

Berlin, 28. November 1760

Sire, wie konnten Eure Majestät nur denken, daß ich, krank oder gesund, auch nur einen Augenblick schwanken würde, mich nach Leipzig zu begeben, um das Glück zu haben, Sie zu sehen? Wenn ich nicht mit einem Wagen dahin komme, würde ich mich in einer Krankensänfte tragen lassen; nichts soll mich hindern, eine Freude zu genießen, die ich mir schon so lange gewünscht habe. Ich werde daher aufbrechen, sobald ich Ihre Befehle erhalte, und mich nicht nur einige Wochen, sondern, wenn Sie es wollen, drei Monate bei Ihnen aufhalten. Nur möchte ich Sie bitten, mir zu erlauben, Anfang März wieder nach Berlin zurückzukehren. Denn seit fünf Jahren leide ich an einer chronischen Krankheit, die mich immer um die Mitte des März heimsucht. Es ist eine Art Wallung mit Fieberanfällen. Wenn ich mich nur warm und in strenger Diät halte, dann komme ich mit einer Unpäßlichkeit von drei Wochen davon. Treffe ich aber nicht alle nötigen Vorsichtsmaßnahmen, wirft sich die Krankheit auf die Gedärme und verursacht traurige Beschwerden, die mich zu Breslau und das Jahr darauf zu Hamburg an den Rand des Grabes brachten. Zwar weiß ich wohl, daß der Tod für einen Helden wie Sie eine Sache ist, die Sie mit der größten Gleichgültigkeit betrachten. Sie haben ihn aber auch niemals anders als im Zeichen des Ruhmes erblickt. Sollten Sie ihn aber einmal begleitet von Ruhr und Diarrhöe erleben, dann würden Sie gewiß einsehen, daß selbst der unerschrockenste Grenadier zittern würde, an der schnellen Kathrine zu sterben.

Sie sind zwar der siegreiche König, Sire, aber nicht der prophetische König, und ich sehe wohl, daß Sie sich besser darauf verstehen, Schlachten zu gewinnen als künftige Dinge vorherzusagen. In einem Anfall von Depression hatten Sie mir angekündigt, daß die Österreicher Landeshut behaupten würden, und gestern überbrachte mir Herr von Catt die gute Nachricht, daß Ihre Truppen diesen vorteilhaften Platz genommen hätten. Wir haben viel von Ihnen gesprochen; er liebt Sie von ganzem Herzen, und welcher Mensch würde Sie nicht lieben! Herr von Catt reist

FRIEDRICH DER GROSSE BESUCHT DIE
SEIDENFABRIK DES BERLINER KAUFMANNS
JOHANN ERNST GOTZKOWSKI

heute mit Herrn Gotzkowski ab, der sich täglich
erneut um die Angelegenheiten in Berlin kümmert.
Das ist wirklich ein guter Mann und ein würdiger
Bürger. Ich wünschte, daß Sie viele seiner Art hätten.
Das größte Geschenk, das das Schicksal einem Staate
machen kann, ist ein Bürger, der sich für das Gemein-
wohl und für das Wohl seines Fürsten einsetzt. Da
muß ich zur Ehre der Stadt Berlin sagen, daß mir
selbst in den kritischsten Zeiten viele ihrer Einwoh-
ner begegnet sind, deren Tugenden die Geschichtsschreiber des alten Rom der Nachwelt überliefert
hätten, wenn sie zu ihren Zeiten gelebt hätten.

Meißen, 1. Dezember 1760

Catt ist angekommen, mein lieber *Marquis,* und hat
mir Ihren Brief gebracht. Ich habe mich sehr darüber
gefreut, denn er gibt mir Hoffnung auf ein Wiedersehen. Meine Antwort ist ebenso positiv, soweit es die
Ungewißheit der Ereignisse, die mich lenken, erlaubt, daß ich vermutlich um den 10. d. M. nach
Leipzig gehen werden, daß ich dort ein Haus genommen, worin ich eine Verbindungstür anbringen lasse,
damit Sie mich ohne die geringsten Umstände besuchen können.

So gescheit Sie auch sonst sind, so weiß ich, welche
Mühe Ihnen eine Reise allein macht; um Ihnen die
großzügige Anstrengung, die Sie mir zuliebe auf sich

nehmen, zu erleichtern, werde ich Ihnen als Reise-
führer einen Jäger schicken. Auch die Marquise soll
Sie begleiten. In Leipzig können Sie dann ohne
Risiko bis zum Mai bleiben...

Wittenberg, Dezember 1760

Sie halten mich, mein lieber *Marquis,* für weit sor-
genfreier, als ich wirklich bin. Ich bin hier mit
Geschäften überhäuft, und es ist nicht so leicht,
meinen Feldzug zu Ende zu führen, wie Sie sich
vielleicht es vorstellen. Meine Erfolge oder meine
Verluste werden die Frage der Kontributionen in
Berlin entscheiden. Habe ich Glück, dann bezahlt
Berlin keinen Sou; ist mir Fortuna wie bisher nicht
hold, dann werden wir darauf bedacht sein, die Lage
des Volkes zu erleichtern. Das ist alles, was ich Ihnen
dazu sagen kann. Welchen Anstrich Sie auch den
Anschlägen unserer Feinde und den Nöten des Vaterlandes geben, glauben Sie nicht, daß ich nicht das
Gewölk durchschaue, mit dem Sie das tatsächliche
und bedrückende Elend zu verhüllen trachten. Das
Ende meiner Tage ist mir vergiftet, und mein Abend
ist ebenso unglücklich wie meine Morgenröte. Weder die Erfolge der Engländer noch die Vorteile des
Prinzen Ferdinand können gegenüber den schrecklichen Situationen, die ich in diesem Jahre hatte,
das Gleichgewicht wiederherstellen. Im kommenden

Jahr werde ich wieder von vorne anfangen müssen. Ich mag tun, was ich will, ich sehe bei der Menge meiner Feinde voraus, daß ich einerseits unterliegen werde, wenn ich andererseits Widerstand leiste. Ich habe keine Hilfe, keine Entlastungsaktion, keinen Frieden und nichts auf dieser Welt zu erwarten. Sie werden mir also zugeben, daß ein kluger Mann, der eine gewisse Zeit gegen das Unglück gekämpft hat, nicht hartnäckig seinem Verhängnis widerstehen soll. Für mutige Männer gibt es kürzere und ehrenvollere Mittel, sich aus ihrer Not zu befreien.

Den armen Gotzkowski schicke ich beinah wieder so weg, wie er gekommen ist; vor zwei Wochen kann ich nichts entscheiden. Erst muß ich auf irgendeine Art den Feldzug zu Ende bringen. Diese Frist habe ich mir gesetzt, und davon wird wesentlich mein Geschick, das die Zukunft noch verbirgt, abhängen. Leben Sie wohl, mein lieber Marquis! Vergessen Sie mich nicht und betrachten Sie ruhig, was das Schicksal und die wilde Wut unserer Feinde über uns verhängt.

Meißen, 3. Dezember 1760

Es ist soweit, wir beziehen unsere Winterquartiere. Ich warte noch bis zum 8. d. M. und begebe mich dann nach Leipzig. Ich schicke Ihnen einen Jäger, mein lieber *Marquis,* der auch diesen Brief überbringt, der Sie begleiten soll und dem ich Sie empfohlen habe, wie Krösus oder ein Finanzmann jemandem sein Geld anvertrauen könnte. Kommen Sie nicht vor dem 10., damit ich Zeit habe, Ihnen selber alle Bequemlichkeiten in Ihrer Wohnung zu verschaffen. Ich leugne nicht, welch großes Vergnügen es mir bereitet, Sie wiederzusehen und mich mit Ihnen über zahllose Gegenstände zu unterhalten. Ich werde wie ein Kartäuser sein, dem sein Oberer zu sprechen erlaubt. Ich habe still und zurückgezogen gelebt. Stellen Sie sich also auf eine Sintflut von Geschwätzigkeit ein und auf das, was die Unmäßigkeit einer Zunge zu produzieren vermag, die lange durch den Schmerz und durch das Schweigen der Einsamkeit geknebelt war. Leben Sie wohl, mein lieber Marquis! Ich hoffe, in acht Tagen Sie von Angesicht zu Angesicht zu sehen, mich an Ihrer glücklichen Phantasie zu erfreuen und Ihnen meine Gefühle ausdrücken zu können, ohne sie Ihnen beschreiben zu müssen. Sie finden nur Achtung und Freundschaft für Ihre Person. Nochmals, leben Sie wohl! Ich umarme Sie.

Anmerkungen zu den Briefen des Jahres 1760

1 Die niederländische Buchhändler- und Buchdrucker-
   familie Elzevier war vom 16. bis 18. Jahrhundert sehr
   geschätzt wegen ihrer vorzüglichen Ausgaben berühmter Autoren.

2 Friedrich hatte am 5. Januar 1760 dem Marquis ein
   großes Spottgedicht auf Propheten und Prophezeiungen übersandt.

3 Karl Wilhelm Ferdinand, Sohn des Herzogs Karl von
   Braunschweig und der Herzogin Philippine Charlotte,
   einer Schwester Friedrichs des Großen.

4 Friedrich spricht von seinem Essay über Karl XII.

5 Friedrich schrieb sie auf seinen Neffen, den Erbprinzen
   von Braunschweig Karl Wilhelm Ferdinand.

6 Ich kann wenigstens voraussehen aufgrund meiner
   glücklichen Vorahnungen.

7 August Wilhelm Herzog von Braunschweig-Lüneburg-
   Bevern.

8 Leichte Infanterie, die in Verbindung mit Husaren im
   Kleinkrieg eingesetzt wurde. In den Freibataillonen
   dienten zahlreiche Ausländer.

9 «Epistel an d'Alembert, als seine Enzyklopädie verbo-
   ten und seine Werke in Frankreich verbrannt wurden»,
   Februar 1760.

10 D'Argens arbeitete damals an einem fingierten Brief-
    wechsel zwischen evangelischen Geistlichen über den
    Krieg.

11 «Brief eines Schweizers an einen Genuesen».

12 In Rom zur Zeit Sullas wurden 82 v. Chr. erstmals
    geächtete Personen durch öffentliche Anschläge be-
    kannt gemacht und der Verfolgung und Ermordung

ausgeliefert. Ebenso grausam verfuhr das Zweite Triumvirat, zu dem sich Octavianus, Lepidus und Antonius nach der Ermordung Caesars im Jahr 43 v. Chr.
zum Zweck der Neuordnung des Staates zusammen-
schlossen.

13 Die Marquise von Brinvilliers hatte im Jahr 1676 ihren
Vater, ihre Geschwister und ihren Gatten vergiftet, der
aber von ihrem Liebhaber durch Gegengift gerettet
werden konnte. Sie wurde dafür in Paris enthauptet.

14 Es handelt sich um die Epistel an d'Alembert. Vgl.
Friedrichs Brief vom 19. Februar 1760; d'Argens' Brief
dazu liegt nicht vor.

15 Friedrich hatte in den 50er Jahren Poesien unter dem
Titel «Oeuvres du Philosophe de Sanssouci» als Privat-
druck unter einige Freunde verteilt. Im Januar 1760
erschien in Paris ein Abdruck dieser Publikation, die
satirische Bemerkungen, besonders über König Georg II. von Großbritannien, enthielt, was angesichts
seines Bündnisses mit ihm für Friedrich sehr peinlich
war. Er ließ diese Ausgabe für unecht erklären, änderte
die anstößigen Stellen und veröffentlichte unter Mithilfe
von d'Argens in größerer Zahl eine gereinigte und
ergänzte Ausgabe unter dem Titel «Poésies diverses» im
April 1760 in Berlin.

16 Demokrit von Abdera (um 460–371 v. Chr.), griechischer Denker. Er vertrat unter anderem die ethische
Lehre, daß die durch maßvolle und gleichmütige Hal-
tung zu erlangende Glückseligkeit das höchste Gut sei.

17 Vgl. den Brief von d'Argens vom 4. Februar 1760.

18 Man erzählt, daß Rabelais, der französische Satiriker,
als er in Lyon 1537 in einem Gasthaus abstieg und
die Wirtin die Bezahlung verlangte, ausgerufen habe:
«Diese Viertelstunde habe ich am meisten gefürchtet.»

ANMERKUNGEN 1760

19 «Bericht des Phihihu, Sendbote des Kaisers von China
in Europa».

20 Portugal hatte nach dem Attentat auf König Joseph I.
die Jesuiten ausgewiesen; der Papst hatte sie im Kirchen-
staat aufgenommen.

21 Altes Testament, 1. Könige, Kap. 17; 5, 6.

22 Psalm 42, Vers 2.

23 Der trojanische Held Äneas war der Sohn des Anchises
und der Göttin Aphrodite.

24 «Poésies diverses», vgl. Anmerkung 14 oben.

25 Schlacht bei Kunersdorf 1759.

26 Es war ein Irrtum, das Gemälde «Lot und seine Töchter» für ein Werk Raffaels zu halten.

27 Altes Testament, 1. Mose, Kap. 19; 30–38.

28 Am 1. August 1759 hatte Prinz Ferdinand von Braunschweig bei Minden gegen die Franzosen einen großen
Sieg erfochten.

29 Friedrich hoffte, Dänemark als Bundesgenossen zu
gewinnen. Die Verhandlungen endeten aber ergebnis-
los.

30 Der Brief liegt nicht vor.

31 Gemeint ist die Türkei, die Friedrich zum Kriegseintritt
gegen Österreich bewegen wollte, allerdings ohne Erfolg.

32 Vgl. Anmerkung 14 oben.

33 Die Verse sind eine Parodie auf eine Stelle in Racines
Drama «Athalie».

34 1759 verfaßte Friedrich ein «Schreiben der Marquise
von Pompadour an die Königin von Ungarn». Darin
bittet sie in liebenswürdigen Worten Maria Theresia, die
freie Liebe in ihrem Lande zu gestatten.

35 Vgl. Anmerkung 17 oben.

36 D'Argens spielt hier auf den großen Reichtum Senecas

258 MEIN LIEBER MARQUIS!

an, der von Tacitus auf 300 Mill. Sesterzen, von Cassius
Dio auf 77 Mill. Denare beziffert wird. Dem stellt er
Diogenes und Krates als die Vertreter der extremen
Bedürfnislosigkeit gegenüber.

37 D'Argens hatte dem König am 7. Juni geschrieben, in
Dublin habe man für ihn ein Bronzedenkmal aufgestellt.
Die Nachricht erwies sich als falsch.

38 Tochter des Königs Priamos von Troja. Ihren Prophezeiungen und Warnungen glaubte man nicht.

39 «Gott aus der Maschine»; der im altgriechischen Schau-
spiel durch eine Maschine auf die Bühne herabgelassene
Gott, der die dramatischen Verwicklungen löst.

40 Vgl. den Brief Friedrichs vom 14. Mai 1760.

41 Siegreiche Schlacht der Österreicher bei Landeshut am
23. 6. 1760.

42 Vgl. den Brief von d'Argens vom 4. Februar und die
Briefe Friedrichs vom 19. Februar und 20. März 1760.

43 Aus dem Lehrgedicht «Über die Natur» von Lukrez.

44 «Groß im Kleinen, klein im Großen»; so hatte Friedrich
in den «Denkwürdigkeiten zur Geschichte des Hauses
Brandenburg» ironisch seinen Großvater, König Friedrich I. von Preußen, charakterisiert.

45 D'Argens bezieht sich auf seine «Jüdischen Briefe», vgl.
Einführung S. 23.

46 Eine nach dem niederländischen Bischof Cornelius Jan-
sen (1585–1638) benannte katholische Richtung, die
der Gnadenlehre des Kirchenvaters Augustin anhing.
Hauptsitz war das Kloster Port Royal bei Versailles.

47 Prinz Friedrich Eugen von Württemberg.

48 Friedrich dankte dem holländischen Gesandten in einem
Brief vom 22. Oktober 1760; er erhob ihn 1767 in den
Grafenstand und hat ihm zwei Elogen gewidmet.

49 Bei einem der beiden Gemälde handelt es sich um das

ANMERKUNGEN 1760

berühmte «Ladenschild des Kunsthändlers Gersaint».
Friedrich besaß eine ansehnliche Sammlung von Gemälden Watteaus, den er besonders schätzte.

50 Die Tänzerin Reggiana.

51 Aus der berühmten Sammlung des Kardinals Polignac
und des Barons Stosch, die Friedrich erworben hatte.

52 Die im 7. Jahrhundert v. Chr. gegründete griechische
Kolonie Sybaris in Unteritalien war wegen des Wohl-
lebens ihrer Bürger berühmt.

53 Preußen und Dänen eroberten im Kampf gegen Schweden 1715 Stralsund. Schweden verlor Pommern.

54 Zitat aus Voltaires Tragödie «Merope»; vgl. Brief Friedrichs vom 20. August 1759.

55 Dort wurden die Österreicher unter Daun am 3. November 1760 von Friedrich verlustreich geschlagen.

56 Zitat aus Voltaires Drama «Semiramis».

57 Ferdinand von Braunschweig war am 16. Oktober 1760
bei Kloster Camp von den Franzosen geschlagen worden und hatte Hessen räumen müssen.

58 Der Brief von d'Argens liegt nicht vor.

1761

Das Jahr verlief verhältnismäßig ruhig. Friedrich weilte bis zum Frühjahr in Leipzig, wo ihn auch der Marquis besuchte. Im Sommer und Herbst bezog er feste Lager in Schlesien bei Bunzelwitz und Strehlen, wochenlang von der Außenwelt abgeschnitten. Die Österreicher eroberten die Festung Schweidnitz und die Russen Kolberg. Somit gingen Schlesien und Pommern teilweise verloren, der Bewegungsraum Friedrichs war immer mehr eingeschränkt, und er sah nicht, wie der Krieg, den England in Indien und Kanada gegen Frankreich bereits gewonnen hatte, für ihn noch günstig enden könne. Hinzu kam, daß in England Pitt zurücktrat und sein Nachfolger Bute die Zahlung von Subsidien an Friedrich einstellte. Da vollzog sich Anfang 1762 eine Wende der Lage, mit der er nicht gerechnet hatte.

Meißen, 25. März 1761

Ich habe mit Vergnügen von Ihnen gehört, mein lieber *Marquis,* daß Sie glücklich in Berlin angekommen sind. Für Sie ist das eine große Reise, und Ihr Feldzug wäre damit beendet. Ich bin in der Tat ebenso ungeduldig wie Sie, die Nachricht von der Übergabe Kassels zu erhalten; aber ungeachtet aller Vorteile des Prinzen Ferdinand fürchte ich, daß er einen Fehler machen wird, der ihn wieder so weit zurückwirft, wie er vorwärts gekommen war.

Die Franzosen sind stumm wie die Karpfen, sie sagen den Engländern kein Wort. So ist denn die Eröffnung des Feldzuges nah, und wahrscheinlich wird er mit ebenso vielen Unannehmlichkeiten und Gefahren verbunden sein wie der vorige. Ich gestehe, daß ich tiefsinnig und schwermütig werde, wenn ich daran denke. Oft sage ich mir, daß man dem reißenden Strom der Ereignisse und dem Geschick, das die Menschen treibt, wie Stürme Sand und Fluten aufwühlen, nicht widerstehen kann. Dieser Trost ist nicht eben sehr tröstlich, aber damit hat man alles gesagt.

Für Ihre Beschreibung von Sanssouci danke ich Ihnen. Gott weiß, ob ich es je wieder betrete. Aber das, was Sie mir erzählten, hat mir viel Freude gemacht. Ich denke an Sanssouci wie die Juden an Jerusalem oder wie Moses an das Gelobte Land, in das er das Volk Israel führem wollte, in das selbst zu gelangen ihm aber untersagt war.

Was soll ich Ihnen über den König von Portugal[1] sagen, mein lieber Marquis? Überall hat die ***[2] Unheil gestiftet und wird es stets tun, solange nicht die Regenten selbst wie Cäsar die obersten Priester in ihrem Lande sind. Diese Leute mißbrauchen den Namen der Religion, die der stärkste Zügel des Lasters sein sollte, gar zu sehr. Sie bewaffnen sich mit dem geweihten Messer, das sie vom Altar nehmen, um den Königen die Kehle durchzuschneiden, und mit der Frömmigkeit der Einfältigen, um ihre Begierden und ihre Herrschsucht zu gründen und zu erweitern. Das Verhalten des Papstes bei diesem Vorfall ist unbegreiflich; er muß ein geistesschwacher Mann sein und sein Kardinalstaatssekretär ein Bösewicht, den man lebendig rädern sollte. Doch was gehen uns jetzt diese Leute an?

Mir machen Kassel und meine Detachements mehr Sorgen als alle Jesuiten in der ganzen Welt. Unentwegt habe ich vor Augen die schwierige Aufgabe, die ich bewältigen muß. Ich habe nur viel guten Willen und eine unverbrüchliche Liebe zum Staat; das sind meine Waffen. Kurz, ich stürze mich blindlings in ein Meer, das von allen Seiten aufgewühlt ist, und weiß nicht, wo ich landen werde. So sieht es aus, und so sind meine Zukunftsaussichten. Ich bemühe mich, ruhig zu scheinen, doch urteilen Sie selbst, ob ein mit feurigen Leidenschaften geborener Mensch durch die Philosophie eine so vollkommene Gelassenheit erlangen kann.

Leben Sie wohl, mein lieber Marquis! Schreiben Sie mir recht oft. Empfehlen Sie mich der guten Babette und seien Sie überzeugt von der Hochschätzung, die ich mein Leben lang für Sie empfinden werde.

Meißen, April 1761

Ich danke Ihnen, *Marquis,* für Ihren Brief. Heute habe ich Ihnen nichts Unangenehmes mitzuteilen, ich kann Ihnen im Gegenteil etwas Tröstliches und Hoffnungsvolles berichten. Broglie ist über den Main zurückgegangen, und er hat nur zweitausend Mann in Kassel gelassen; dieser Akt der Mäßigung kündigt erneut Frankreichs Neigung zum Frieden an. Die Österreicher haben immer noch begründete Besorgnisse wegen ihrer Besitzungen in Italien, und der Aufstand in Ungarn dauert an; der Hof beginnt, friedlichere Gefühle zu zeigen, und allem Anschein nach neigt sich dieser grausame und verderbliche Krieg dem Ende zu. Das gibt mir wieder etwas Hoffnung, wenigstens eine flüchtige Heiterkeit, und damit ist immerhin etwas über den Feind gewonnen.

Ich beginne hier, mein Gedächtnis zu belasten, um meinen Esel zu entlasten und ihm die literarische

Bürde zu erleichtern, die zu tragen er die Ehre hat. Mit dem Thou bin ich fast zu Ende; das Buch ist sehr gut geschrieben, und ich bin sehr zufrieden damit.

Der Kritiker Voltaires,[3] so scheint mir, hat es recht gut getroffen, aber er ist zu streng. Wenn auch Voltaires «Geschichte» nicht belehrend ist, so ist sie doch, was man auch sagen mag, nett zu lesen. Sie hat Anmut und gleicht einer Miniatur von Correggio, und gewiß würde niemand von uns wünschen, daß das Werk nicht existierte.

In Kürze denke ich, Ihnen noch einige gute Nachrichten von unserem Zug ins Vogtland geben zu können; jeden Augenblick erwarte ich darüber die Berichte.

Leben Sie wohl, mein lieber Marquis! Schlafen Sie ruhig, nichts wird in den nächsten Wochen Ihre Sicherheit stören, und kommt Zeit, kommt Rat. Ich umarme Sie, leben Sie wohl!

Meißen, April 1761

Ich schriebe Ihnen lieber vom Frieden, mein lieber *Marquis,* als von unseren Kriegsvorbereitungen. Um Sie aber nicht hinters Licht zu führen, stelle ich Ihnen die Dinge nach ihrem wahren Wert dar. Zu viele Anzeichen, und was man so hört, deuten darauf hin, daß die Königin von Ungarn keineswegs den Frieden

BRIEFWECHSEL 1761

will. Man hat erneut unsere Vereinbarung[4] gebrochen, trotz der feierlichen uns gegenüber eingegangenen Verpflichtung, sie zu halten. Ein so starkes Stück, ein so offenkundiger Treubruch zeigt zur Genüge, daß die Königin von Ungarn entschlossen ist, in diesem Feldzug ihr Glück zu versuchen, und daß sie es für vorteilhaft hält, mir meine gefangenen Truppen so lange wie möglich vorzuenthalten. Aber nicht darauf allein gründe ich mein Urteil, noch vieles andere kommt hinzu und enthüllt mir dieses merkwürdig unbillige Verhalten. Lassen Sie also dem Volke den schmeichelnden Wahn eines baldigen Friedens und enttäuschen Sie es nicht; lassen Sie sich aber selbst nicht irreführen. Ich mache mich auf ungefähr die gleichen Ereignisse gefaßt wie im vergangenen Jahr, ohne freilich zu wissen, ob wir ebensoviel Glück haben werden. Ein schicksalsvoller Augenblick kann das Gebäude niederreißen, das wir bisher mit unendlicher Mühe wohl oder übel gestützt haben. Es wird geschehen, was dem Himmel beliebt. Ich beginne diesen Feldzug wie ein Mann, der sich kopfüber in die Flut stürzt.

Alles vorhersehen heißt ein Hypochonder werden. Nichts bedenken ist so viel, wie sich durch eigene Schuld in die Gefahr bringen, überrascht zu werden. Ich sage mir, daß so wenig alles Schlimme, was man befürchtet, wie alles Gute, was man erhofft, buchstäblich eintrifft; man muß von beidem viel abziehen. Im übrigen bleibt mir bei der großen Zahl meiner

Feinde nichts übrig, als von heute auf morgen Krieg zu führen und in den Tag hinein zu handeln. So viel von der Kriegspolitik.

Ich komme nun zu Ihrem Brief, worin Sie von Voltaires neuer Tragödie[5] sprechen. Ich habe sie noch einmal gelesen. Es sind rührende Situationen darin, die er sich zunutze gemacht hat, aber ich werde niemals ein Anhänger seiner Verse mit abwechselnden Reimen werden. Ich weiß nicht, wie sie auf der Bühne wirken; beim Lesen scheinen sie mir prosaisch zu sein und an manchen Stellen sogar opernhaft. Im ganzen ist das Stück nicht gut. Die Exposition ist unklar, es ist zu weitschweifig, die Charaktere werden schlecht eingeführt und entwickelt, wenige Verse sind so, daß man sie im Gedächtnis behalten sollte, und an mehreren Stellen fehlt es so sehr an Wahrscheinlichkeit, daß es den Leser ärgert und empört. Lebt Voltaire noch einige Zeit, so wird er, glaube ich, zuletzt seine ganze Universalgeschichte in Madrigale und Epigramme fassen. Es ist wahr, in dem Stück geht es geschwätzig zu, aber es ist, was sich nicht leugnen läßt, die Geschwätzigkeit eines großen Mannes. Man muß gerecht sein und seinem Talent die gebührende Achtung erweisen. Ich habe eine Kritik gelesen, die jemand über seine Universalgeschichte geschrieben hat. Vermutlich ist der Verfasser ein Jansenist. Er hält sich sehr bei der Religion und bei gleichgültigen Meinungen auf, die Voltaire vertreten hat. Diese Kritik wäre erträglich, wenn der Verfasser nicht Galle und Gift darin ausgegossen und wenn er einige zu harte Ausdrücke weggelassen hätte.

Wahrhaftig, mein lieber Marquis, ich schäme mich dieses Briefes. Ich, der an Schlachten und an meinen Feldzug denken müßte, analysiere neu erschienene Stücke. Das erinnert mich an ein Wort, das eine Hofdame der Anna von Österreich zu Ludwig XIII. sprach, als er Perlen aufreihte: «Sire, Sie verstehen sich auf jedes Handwerk, nur auf das eigene nicht.» Halten Sie mir diese kleine gelehrte Abschweifung und meinen langweiligen Brief zugute um der Freundschaft und Hochachtung willen, die ich stets für Sie bewahren werde. Leben Sie wohl!

Hausdorf, 13. Mai 1761

Ich habe Ihnen manches Neue mitzuteilen, mein lieber *Marquis*. Um Ihre Wißbegier zu befriedigen, beginne ich mit der Politik. Die Franzosen und ihre Verbündeten haben schließlich ihre Erklärungen in London losgelassen. Sie weichen von denen, die wir aus Schweden erhielten, nur insofern ab, als die Franzosen den Engländern einen Waffenstillstand anbieten und die Barbaren und Awaren sich damit begnügen, einen Kongreß in Augsburg anzuregen. Daraus werden Sie gleich entnehmen, daß der Friede mit England und Frankreich zustande kommen wird; wir aber werden als letzte auf dem Kampfplatz zurückbleiben, um uns mit der Masse von Feinden, die uns umgibt, herumzuschlagen. Ich werde den Kongreß beschicken, da meine Feinde es wünschen, aber ich glaube so wenig daran wie an die Transsubstantiation. Machen Sie sich also darauf gefaßt, in diesem Sommer und Herbst dieselben Szenen wie im vergangenen Jahr wiederkehren zu sehen. Stellen Sie sich vor, welche Aufgabe mir zu bewältigen bleibt. Wir haben noch ein paar kleine Erfolge über die Reichsarmee errungen, aber das ist nicht der Rede wert. Solange wir nicht dreißigtausend Mann besiegen, sind alle unsere Erfolge nichts als Kinderspiel.

Gehen wir nun zu den literarischen Neuigkeiten über. Mein Urteil über die neue Tragödie von Voltaire deckt sich völlig mit dem Ihren. Sie gehört sicherlich nicht zu den Meisterwerken des Autors ...

Soviel ich auch lese, es gelingt mir nicht, meiner inneren Unruhe Herr zu werden. Die jetzige Krise währt zu lange, und die Gefahren bleiben stets die gleichen. Aber ich will Ihre Phantasie nicht mit all den düsteren, schwarzen Gedanken vergiften, die mir durch den Kopf gehen. Jeder muß sein Schicksal erfüllen und sich dem Verhängnis unterwerfen, das die Ereignisse verkettet und die Menschen in ihr Joch zwingt, ohne daß sie ihnen ausweichen können. Das riecht sehr nach dem Calvinschen Dogma. Gibt es eine Prädestination oder nicht? Ich weiß es nicht. Ich glaube nicht, daß sich die Vorsehung um unser Elend kümmert, aber ich weiß aus Erfahrung mit voller

Bestimmtheit, daß die Menschen von den Umständen zu ihren Entschlüssen gezwungen werden und daß sie keinen Einfluß auf die Zukunft haben; der Wind spielt mit ihren Plänen, und oft geschieht das Gegenteil dessen, was sie sich vorgestellt und beschlossen haben.

Ich bekomme jetzt wieder blutende Hämorrhoiden, ein verfluchtes Leiden, das mich sehr belästigt und gewaltig schwächt. Bald gleiche ich Hiob mit seinen tausend Plagen. Aber ich rede schon zu lange von mir. Ich hätte mich über diesen Punkt kürzer gefaßt, wüßte ich nicht, welchen Anteil Sie daran nehmen. Leben Sie wohl, mein lieber Marquis! Lieben Sie mich immer, denn ich bin ein armer Teufel, und vergessen Sie mich nicht.

Berlin, 16. Mai 1761

Sire, ich ersehe aus allen Nachrichten, daß Eure Majestät glücklich in Schlesien angelangt sind und daß bei Ihrer Annäherung Ihre Feinde sich nach Böhmen zurückgezogen haben. Ich zweifle nicht, daß Sie einen glücklichen Feldzug führen werden, würdig eines Helden, wie Sie es sind, dessen Standhaftigkeit und Tapferkeit nicht am Ende zu krönen, Fortuna sich schämen müßte.

Die Zeitungen melden, Voltaire habe die Erlaubnis erhalten, nach Paris zurückzukehren; noch aber ist

VOLTAIRE

das nicht bestätigt. Wenn aber die Nachricht stimmt, dann wäre seine Zurückberufung durch ein sehr schlechtes Buch[6] veranlaßt worden. Lieber wollte ich bis ans Ende meines Lebens verbannt sein, als auch nur den Gedanken hegen, ein derartiges Buch zu schreiben.

Ich arbeite jetzt an der Übersetzung des Plutarch, und hoffe, noch vor Anfang des nächsten Jahres einen guten Teil davon fertig zu haben. Ich habe Sie dabei beständig vor Augen und sage während der Arbeit unaufhörlich zu mir: Nimm Dich in acht und denke daran, was der König sagen wird.

Morgen gehe ich aufs Land. Eure Majestät werden die Gnade haben, die Briefe, mit denen Sie mich beehren wollen, nach Berlin zu adressieren. Der Postmeister, Herr Jordan, wird sie mir pünktlich zustellen.

Ich hoffe, daß Eure Majestät gesund sind. Bewegung und Geschäfte werden die üblen Säfte vertreiben, die die sitzende Lebensweise in diesem Winter verursacht hat. Ich bin fest entschlossen, dem Ratschlag Eurer Majestät in dieser Hinsicht zu folgen, denn ich stelle fest, daß ich mehr oder weniger Magenbeschwerden habe, je nachdem ob ich mir mehr oder weniger körperliche Bewegung mache. Aber übertragen Sie mir bitte keine Kompanie eines Freibataillons, es sei denn, Sie schließen mit Ihren Feinden ein Abkommen, wonach man erst ab elf Uhr vormittags kämpfen wird.

Kunzendorf, 7. Juni 1761

Noch ist meine Lage ebenso, mein lieber *Marquis,*
wie sie bei meiner Ankunft war. Diese tiefe Stille
kann der Vorbote eines heftigen Sturmes sein; das
Ende dieses Monats scheint ihn anzukündigen. Ich
bin auf alles vorbereitet, auf Glück wie auf Unglück.
Singen Sie Fortuna, deren Schutz wir so sehr bedürfen, eine kleine Hymne. Die Königin von Ungarn
besteht hartnäckig auf der Fortsetzung des Krieges.
Fünf Jahre lang bin ich nun schon den Pfeilen des
Hofes von Wien und der Barbarei seiner Truppen
und seiner Verbündeten ausgeliefert. Es ist hart,
immer zu leiden, und ich fühle, daß die Rache ein
göttliches Vergnügen sein kann, wie die Italiener
sagen. Es kommt nur darauf an, die Gelegenheit dazu
zu ergreifen. Meine Philosophie ist derart rüden
Angriffen ausgesetzt, daß sie mir gelegentlich abhan-
den kommt. Jeden anderen, der so beleidigt wäre wie
ich und der genug Gewalt über sich hätte, seinen
Feinden aufrichtig zu verzeihen, würde man kanonisieren. Was mich angeht, der ich einen Platz in der
Legende jedem überlasse, der ihn haben will, so
gestehe ich, daß meine schwache Tugend diesen
Grad der Vollkommenheit nicht erreichen kann und
daß ich zufrieden sterben würde, wenn ich mich
wenigstens teilweise für die Übel rächen könnte, die
ich erduldet habe. Mag es gehen, wie mein guter
Engel, der Zufall oder das Glück es will. In Er-

wartung dessen, was das Schicksal gebietet, bin ich ganz ruhig; einsam denke ich, weil es notwendig ist, über die Zukunft nach, ich lese und arbeite im Stillen.

Es gibt hier Propheten, von denen die einen den Frieden, die anderen Schlachten voraussagen; ein dritter stellt uns den Frieden im Jahre 1763 in Aussicht. Einer von ihnen muß wohl recht haben, und wenn das Ereignis eingetreten ist, wird man von einem Wunder reden. Diese Propheten gleichen den Kalendern, in denen die Astronomen Regen, Sonnenschein, Wind, schönes Wetter, Hitze und Kälte ankündigen, um den Aberglauben des Volkes zu befriedigen.

Ob Ihre Franzosen Frieden machen oder den Krieg fortsetzen, weiß ich nicht; ich bin wie ein Gelehrter, ich weiß nichts, außer daß ich herzlich wünschte, ich wäre mit Ihnen wieder in meiner kleinen Einsiedelei, fern von Verbrechen, Kabalen, von heroischen Torheiten und vom Tumult eines zu bewegten Lebens, wie man ihn an meiner Stelle und im Getriebe der großen Welt findet.

Leben Sie wohl, mein lieber Marquis! Vergessen Sie diejenigen nicht, die für Sie fechten, und seien Sie meiner vollkommenen Freundschaft versichert.

Kunzendorf, 11. Juni 1761

Ihre kleinen Reisen, mein lieber *Marquis,* werden Ihnen etwas von der notwendigen und unerläßlichen Körperbewegung verschafft haben, ohne die unser Organismus nicht geund bleiben kann. Anscheinend sind wir dazu bestimmt, zeitlebens hin- und hergeworfen zu werden und mehr zum Handeln als zum Denken geboren. Trinken Sie Brunnen in Sanssouci, Sie sind dort völlig Herr. Hoffentlich werden Sie sich bei diesem Aufenthalt öfter an mich erinnern. Sie fragen mich, wie es um das Bündnis mit dem beschnittenen Volke steht, das den Halbmond im Wappen führt. Erfahren Sie denn, daß es durchaus zutrifft, daß wir miteinander einen Vertrag[7] geschlossen haben. Ich war gezwungen, meine Zuflucht zur Ehrlichkeit und Menschlichkeit der Muselmanen zu nehmen, da es bei den Christen keine mehr gibt. Die Zeitungen haben hinsichtlich einer Gesandtschaft[8] nicht die Wahrheit geschrieben. Es ist nämlich bei den Türken nicht üblich, eine Gesandtschaft zum Abschluß von Verträgen zu entsenden, es sei denn, daß es sich um Friedensverträge handelt. Welcher Vorteil auch für mich aus dieser Verbindung hervorgehen mag, so dürfen Sie doch nicht hoffen, daß sie uns den Frieden bringt. Ich glaube schon, daß die Engländer und die Franzosen Frieden schließen, aber das alles wird die Königin von Ungarn nicht hindern, ihren Weg zu gehen, solange die Barbaren sich mit

BRIEFWECHSEL 1761 279

ihr in die Mühen des Krieges teilen. Die Barbaren
sind in vollem Anmarsch auf unsere Grenzen, und
ich mache mich darauf gefaßt, daß unsere Aktivitä-
ten, unsere Strapazen und unsere Verlegenheiten
Ende des Monats wieder anfangen. Juli, August,
September und Oktober werden vier furchtbare
Monate werden und für mich so viel wie vier Jahre.
Sie müssen sich auf ganz ähnliche Szenen wie im
vergangenen Jahre einstellen; damit aber alles gleich
wird, müssen wir auch noch das gleiche Glück
haben. Ich ziehe es vor, Ihnen die Wahrheit zu sagen,
mein lieber Marquis, als daß ich Sie mit trügerischen
Illusionen einlulle.

Nach meiner Meinung ist ein vorhergesehenes
Unglück lange nicht so niederdrückend wie ein
leichtes Mißgeschick, auf das man nicht vorbereitet
war. Aber eine Philosophenseele Ihres Schlages muß
nicht besonders stark gemacht werden; denn Sie
wissen, daß die Welt eine vergängliche Gestalt hat
und daß alle Ereignisse das Schicksal einer Laterna
Magica teilen, wo Sie ständig neue Personen und
neue Gegenstände sehen. Was also auch geschehen
mag, wir müssen alles Vergängliche mit stoischem
Blick betrachten. Das gilt für alles Gute und Schlimme, was dem Menschen begegnet, es gilt auch für
uns. Jeder Tag gemahnt uns ans Sterben, sei es durch
das, was wir immerfort ausscheiden, sei es durch den
Schlaf, der ein Bild und ein Vorspiel des Todes ist, zu
dem wir seit dem Tage unserer Entstehung bestimmt

sind. Wenn Sie sich das jeden Morgen klarmachen, werden Sie Famas Gerüchte mit Gleichmut vernehmen. Die gewaltigen Pläne unserer Feinde, unsere Mißgeschicke und selbst unsere Erfolge werden Ihnen dann erbärmlich erscheinen; denn faßt man die ganze Welt und alle Zeitalter ins Auge, so stellt der Krieg, den wir jetzt führen, nicht mehr dar als der Krieg der Ratten und Mäuse.

Bleiben Sie darum, mein lieber Marquis, bei Ihrer philosophischen Ruhe. Machen Sie sich körperliche Bewegung, denn sie ist für Ihre Gesundheit unerläßlich, und sorgen Sie sich nicht um das, was ich und Sie so wenig wie ein anderer Mensch zu ändern oder zu verhindern vermöchten.

Da halte ich Ihnen eine schöne Predigt; doch ich nehme mein Teil davon auf mich. Ja, sobald die Leidenschaften im Spiele sind, wird unsere Philosophie schwach; zunächst predigt sie tauben Ohren, und nur die Zeit führt sie zum Sieg. Entschuldigen Sie bitte, daß ich Ihnen Dinge sage, die Sie besser wissen als ich. Statt Ihnen einen Brief zu schreiben, habe ich mit Ihnen geplaudert und Ihnen mein Herz ausgeschüttet. Sie werden mich schelten, wenn Sie bedenken, daß man nur mit denen philosophische Gespräche führen soll, die den Doktorhut erworben haben. Leben Sie wohl, mein lieber Marquis! Leben Sie ruhig und glücklich.

Kunzendorf, Juni 1761

Eitelkeit der Eitelkeiten, Eitelkeit der Politik! Diese
Worte des Weisen, die ich Unwürdiger Ihnen anführe, mein lieber *Marquis,* passen sehr gut zu den
politischen Diskussionen, die wir diesen Winter in
Leipzig miteinander gehabt haben; was am wahrscheinlichsten erscheint, ist oft am wenigsten wahr.

Seitdem ich hier bin, haben die Österreicher ihren
Feldzugsplan schon zweimal geändert. Ich schaue
indessen nicht mit verschränkten Armen zu, sondern
ich leiste gegen alle Anschläge meiner Feinde stärksten Widerstand. Dennoch rechnen Sie nicht mit
einem Frieden noch in diesem Jahr, denn trotz durchaus schlüssiger Gründe dafür und trotz so vieler
Wahrscheinlichkeiten wird doch nichts daraus. Wenn
mich das Glück nicht im Stich läßt, werde ich mich,
so gut ich kann, aus der Affäre ziehen; aber im
nächsten Jahr werde ich wohl noch auf dem Seil
tanzen und den Salto mortale vollführen, wenn es
ihren apostolischen, allerchristlichsten und allermoskowitischsten Majestäten zu sagen beliebt:
Springe, Marquis![9]

Von den Beschnittenen reden Sie sehr vernünftig.
Ach, wie hartherzig sind die Menschen! Man sagt,
Du hast Freunde. Ja, schöne Freunde, die mit verschränkten Armen zu einem sagen: Wahrhaftig, ich
wünsche Ihnen viel Glück. – Aber ich ertrinke,
werfen Sie mir doch ein Seil zu. – Nein, Sie werden

doch nicht ertrinken. – Doch, doch, ich gehe sogleich unter. – Aber nein, wir erhoffen das Gegenteil, aber wenn es doch geschehen sollte, dann seien Sie versichert, daß wir Ihnen einen schönen Epitaph setzen werden.

So, Marquis, ist die Welt und so die schönen Komplimente, die man mir von allen Seiten macht. Der gute Genius meines Staates und mehr noch das Glück müssen meine Bundesgenossen sein; nehmen Sie noch unsere Arme und unsere Beine hinzu, ferner Wachsamkeit, Tatkraft, Mut und Standhaftigkeit. Mit all dem können wir die in Unordnung geratene Waage, deren Schwerpunkt Herr Pitt nicht finden konnte, wohl noch ins Gleichgewicht bringen. Und doch wünsche ich mich täglich viermal zum Teufel. Dann komme ich wieder auf meinen Gassendi und auf das dritte Buch des Lukrez zurück; daraus entsteht dann in meiner Seele ein seltsamer Kampf zwischen Ehrgeiz und Philosophie.

Ich bin gegenwärtig so beschäftigt und habe hunderttausend Maßnahmen zu treffen, daß ich kaum an Sanssouci denken kann; ich weiß nicht, ob ich es in meinem Leben noch einmal wiedersehe. Aber Sie, mein lieber Marquis, und die Philosophie, Sie sind mein Trost, meine Zuflucht und mein Stolz.

Um Ihnen aber Nachrichten zu geben, die Sie interessieren könnten, möchte ich Ihnen sagen, daß hier bis zum 15. Juli alles ruhig bleiben wird und daß, wenn das Glück mir während dieser Zeit ein wenig

WILLIAM PITT
EARL OF CHATHAM

lächelt, vielleicht ein Schlag[10] fällt, den unsere Feinde am wenigsten erwarten. Sie werden bald hören, worum es sich handelt. Alles ist genau berechnet; nun wollen wir einmal sehen, ob die Ausführung dem entsprechen wird. Leben Sie wohl, mein lieber Marquis! Ich umarme Sie.

P. S. Verzeihen Sie mir, mein lieber Marquis, das unleserliche Geschreibe und die Nachlässigkeit des Stils; aber wenn man den Teufel im Leibe hat, schreibt man weder im Ton der Elegie noch im attischen Geschmack.

Kunzendorf, 2. Juli 1761

Ihren Gassendi, mein lieber *Marquis,* habe ich gelesen und darf Ihnen nun sagen, welchen Eindruck er auf mich gemacht hat. Seinen physikalischen Teil finde ich sehr gut, insofern er die Entstehung der Körper betrifft sowie die Einheiten, aus denen die Materie zusammengesetzt ist, und insofern er Epikurs System erklärt. Freilich kann man ihm wegen der krummen, runden und spitzen Atome sehr viel Schwierigkeiten bereiten. Wenn es aber Urstoffe gibt, woran sich gar nicht zweifeln läßt, dann müssen sie nach Art und Gattung verschieden sein, damit aus ihrer unterschiedlichen Zusammensetzung und Anordnung die vier Elemente und die unzähligen

Schöpfungen der Natur entstehen können; auch müssen diese Elemente der Materie undurchdringlich, hart und gegen jegliche Zerstörung geschützt sein, wie Epikur und Gassendi es behaupten. Das sind zweifellos zuverlässige Wahrheiten, die sie erkannt haben trotz dem fast undurchdringlichen Schleier, der sie vor unserer Neugier verbirgt.

In seiner Abhandlung über die Physik, über die Menschen, die Pflanzen, Tiere und Steine, über die Entstehung wie über die Auflösung der belebten Wesen finde ich viel Lehrreiches. Er und Epikur mußten den leeren Raum annehmen, um die Möglichkeit von Bewegung zu erklären. Er spricht auch von der Anziehungskraft und vom Licht, als wenn er die Wahrheiten vorausgeahnt hätte, die uns die erstaunlichen Berechnungen von Newton offenbart haben. Mit seiner Astronomie bin ich freilich nicht so zufrieden wie mit dem übrigen; wenn er sich auch nicht ganz klar ausdrückt, so scheint er doch zum System des Ptolemäus zu neigen und das kopernikanische nur zu akzeptieren, wenn es der Papst erlaubt.

Seine «Moral» ist sicherlich der schwächste Teil seines Werks; ich habe nichts Gutes darin gefunden, als was die Klugheit derer angeht, die Staaten regieren. Das übrige riecht zu sehr nach seinem Lehrer, der Worte teilt, unterteilt und definiert und viel redet, ohne etwas zu sagen. Der Artikel über die Freiheit ist der schwächste von allen. Mir kommt es vor, als habe er sich im siebenten Bande beeilt, um fertig zu

werden. Vielleicht ist ihm aber auch Bernier, sein
Übersetzer und Autor einer Kurzfassung, nicht ganz
gerecht geworden. Sie, die Sie aus der Quelle schöp-
fen, können mir sagen, ob die Fehler, die ich ihm
vorwerfe, auf Kosten des Philosophen oder des
Reisenden[11] gehen. Somit, mein lieber Marquis, hätten wir eine große Lektüre beendet. Ich habe mich
beeilt, damit fertig zu werden, weil ich fürchte, dieser
Laudon, der ganz gewiß kein Philosoph ist, könnte
meine Studien gröblich unterbrechen. Daher habe
ich mir jetzt Bücher vorgenommen, die ich ohne
Bedauern auch wieder beiseite legen kann.

Übrigens höre ich, daß Voltaire einen zweiten
Band zu «Candide»[12] verfaßt hat. Bitte beauftragen
Sie den kleinen Beausobre, ihn mir zu schicken.

Heute bekam ich Melonen aus Sanssouci. Als ich
sie sah, rief ich aus: O allzu glückliche Melonen! Ihr
habt den Marquis gesehen, was mir versagt ist.
Nimmt er seinen Brunnen? Tut er ihm gut? Ist er
munter? Geht er spazieren? Macht er sich Bewegung? Die Melone gab mir keine Antwort. Um sie
dafür zu bestrafen, habe ich sie auf Ihr Wohl verzehrt.

Wenn Juli, August, September und Oktober vor-
bei sind, hoffe ich, Ihnen wieder zu schreiben, nicht
über die spekulative Philosophie, sondern über die
praktische.

Leben Sie wohl, mein lieber Marquis. Halten Sie
Ihren Körper gut, damit er so dauerhaft werde wie
Gassendis Atome, und damit er vor Krankheiten,

ERNST GIDEON FREIHERR VON LAUDON

Schwachheiten und Erschütterungen, die unsere gebrechliche Maschine bedrohen, gesichert sei. Philosophieren Sie ruhig; beweisen Sie Ihrer Babette oft, daß Ihre Rüstigkeit keinen leeren Raum in der Natur zuläßt, und seien Sie meiner Freundschaft versichert.

Aus dem Lager von Pülzen, 9. Juli 1761

Ihr Brief, mein lieber *Marquis,* könnte mir Stoff zu einem dicken philosophischen Kommentar geben. Man müßte prüfen, wie weit die menschliche Vernunft reicht, wie weit Wolken sie verdunkeln und Illusionen sie zum Irrtum verleiten. Ich könnte eine Menge Beispiele aus der Geschichte über falsche Schlüsse und schlechte Dialektik derer, die Staaten regieren, anführen; man würde bei genauerer Betrachtung feststellen, daß die Verschiedenartigkeit, die Dinge zu sehen, daß Vorurteile, Leidenschaften und bisweilen Spitzfindigkeiten den gesunden Menschenverstand, der jedermann zuteil wurde, derart verderben, daß einige mit Verachtung verwerfen, was andere heiß begehren. Sie brauchen diese Überlegungen nur weiter zu treiben und auf das, was Sie mir schreiben, anwenden, um alles zu erraten, was ich Ihnen über diesen Gegenstand sagen könnte.

Daß Sie Ihren Brunnen in Sanssouci nicht ruhig weiter genommen haben, tut mir leid. Wenn auch Ihre Beunruhigung mir Ihre Anteilnahme an meiner

Lage bezeugt, so fürchte ich, daß sie Ihnen schädlich ist, ohne daß diese Beunruhigung das geringste an den Ereignissen dieses Feldzuges ändern wird, von denen der Doktor Pangloss[13] behaupten würde, sie seien in der bestmöglichen aller Welten notwendig. Wir sind dem Augenblick nah, da sich der Knoten entwirren und alles in Bewegung kommen wird. Erinnern Sie sich an die Verse von Lukrez, diesem philosophischen Poeten:

»Glücklich, wer einsam im Heiligtum der Weisen
zu seinen Füßen Sturm und Gewitter toben sieht.«

Sie wissen, wie es weitergeht. Es kommt noch auf einhundertundzehn Tage an, bis Ende November; diese Zeit muß man mit Standhaftigkeit und heldenhaftem Gleichmut überstehen. Lesen Sie Epiktet und die Betrachtungen des Marc Aurel; das sind Stärkungsmittel für die schwache Seele.

Ich habe alle Maßnahmen ergriffen, die ich für geeignet halte, mich gut zu verteidigen. Herr Kaunitz bereitet sich vor, mich mit verdoppelter Kraft anzugreifen. Ohne Schrecken sehe ich alles, wozu man Anstalten trifft, fest entschlossen, zu sterben oder das Vaterland zu retten. Können wir nicht über die Ereignisse gebieten, so müssen wir wenigstens Herr unserer Seele sein und die Würde unseres Geschlechts nicht durch feige Anhänglichkeit an die Welt entehren, die man doch eines Tages verlassen muß. Sie finden mich ein wenig stoisch, Marquis; aber man muß in seinem Arsenal Waffen aller Art haben, um sich ihrer bei passender Gelegenheit zu bedienen. Wäre ich mit Ihnen in Sanssouci, so überließe ich mich den Annehmlichkeiten Ihrer Unterhaltung; meine Philosophie wäre dann sanfter und meine Gedanken weniger schwarz. Im Sturm aber müssen der Steuermann und die Matrosen arbeiten; wenn sie dann im Hafen sind, dürfen sie lachen und sich ausruhen.

Ich schrieb Ihnen, was ich von Ihrem Landsmann Gassendi denke; ich finde bei ihm viele Dinge, die seinem Jahrhundert überlegen sind, und ich tadle nur seine Absicht, Jesus Christus mit Epikur zu vereinen. Gassendi war Theologe; entweder waren es die Vorurteile seiner Erziehung oder die Furcht vor der Inquisition, die ihn an dieses groteske Konkordat denken ließen; man sieht sogar, daß er nicht den Mut hat, den großen Galilei zu rechtfertigen. Bayle hat alle Argumente weitergeführt, die Gassendi nur angesprochen hatte, und mir scheint, daß ersterer als Dialektiker letzteren übertrifft durch seine Geschicklichkeit, die Gegenstände zu behandeln, und durch die Schärfe seines Geistes, mit der er die Folgerungen aus seinen Grundsätzen weiter trieb als irgendein Philosoph vor oder nach ihm.

Das Werk Gassendis über Descartes kenne ich nicht; ich besitze von diesem Philosophen nur, was Bernier daraus übersetzt hat. Ich begreife wohl, daß

WENZEL AUGUST GRAF KAUNITZ
FÜRST VON KAUNITZ-RIETBERG

man ein schönes Spielfeld vor sich hat, wenn man die Wirbel, das Volle, die gezackte Materie und die angeborenen Ideen widerlegen soll. Wären doch die Feldzugspläne meiner Feinde ebenso lächerlich wie das System des Descartes! Könnte ich sie doch ebenso leicht durch wichtige Argumente, nicht in barbara, sondern de facto[14] widerlegen!

Ich komme immer wieder auf meine Hammel zurück, mein lieber Marquis, und ich muß Ihnen sagen, daß trotz all der guten Raisonnements Gassendis Laudon und O'Donnell und all die Leute, die mich verfolgen, mir oft Zerstreuungen verursacht haben, deren ich nicht Herr werden konnte.

Vergessen Sie mich nicht, mein lieber Marquis, sondern schreiben Sie mir, sobald die Wege frei sind, und seien Sie ganz von meiner Freundschaft überzeugt. Leben Sie wohl!

Wahlstadt, 18. August 1761

Ich schreibe Ihnen, mein lieber *Marquis,* mitten zwischen dem russischen und dem österreichischen Heer. Trotzdem ist bis jetzt nichts zu befürchten. Aber ich glaube, daß es in den nächsten Tagen zur Entscheidung kommt. Das ist der kritische Augenblick, wo wir das Glück am allernötigsten brauchen. An solchen Ereignissen hat nun die Berechnung nicht soviel Anteil, wie es wünschenswert wäre; da kann der Vorsichtige untergehen und der Verwegene durchkommen. Aber basta!

Sie werden zugeben, daß Sie sich mit Ihrer Politik irren. Das wundert mich nicht, denn da oben ist einer, der über die Weisheit der Menschen spottet. Alles Wahrscheinliche trifft oft am wenigsten zu. Leidenschaften wie Hoffnung, Ehrgeiz, Haß und Eigennutz machen die Menschen so verschieden, daß, was dem einen gut, dem andern schlecht erscheint. Daher, Marquis, vermögen die Menschen nicht in die Zukunft zu sehen; wer von ihr spricht, spielt den Propheten. Ebenso gern würde ich die Rätsel lösen, die die Sphinx den Thebanern aufgab. Allerdings kann man in gewissen Fällen die Wirkungen aus den Ursachen ableiten; aber logisch denken und sich einbilden, daß alle, mit denen wir uns befassen, ebenso denken, heißt, sich gründlich irren. Turenne pflegte zu sagen, er hätte lieber einen geschickten Feldherrn zum Gegner als einen unwissenden, denn er würde sich mit seinen Plänen nie täuschen, wenn er bei jenem das voraussetzte, was ein fähiger Führer täte, aber immer falsch liegen, wenn der feindliche Feldherr ohne Grundsätze verführe. Alles in allem, gedulden Sie sich; weder Sie noch ich werden die Vernunft an den Taten der Torheit rächen. Lassen wir die Dinge gehen, wie sie gehen, lachen wir über die Verrücktheiten, ohne uns zu ereifern, und denken wir daran, daß die Dummen hier zu unserem Privatvergnügen da sind.

Bedenken Sie, daß ich diesen Brief mitten durch das feindliche Lager schicke, und ermessen Sie daraus, wie schwer es ist, unseren Briefwechsel zu unterhalten. Die Russen haben sich selbst übertroffen durch die Greuel, die ihre Kosaken begangen haben. Das könnte einen Busiris[15] und Phalaris[16] rühren, so unmenschlich waren sie. Ich leide unter den Schändlichkeiten und den Barbareien, die sich sozusagen vor meinen Augen abspielen; aber ich habe leiden gelernt, ohne die Geduld zu verlieren. So wird denn nichts den innersten Grund meiner Seele verändern; ich gehe meinen geraden Weg und werde nur das tun, was ich für nützlich und ehrenvoll halte. Das lehrt uns das reife Alter, aber die brausende Jugend läßt sich nicht dahin bringen.

Ich fürchte, Sie mit meinen traurigen und ernsten Betrachtungen zu langweilen, und gewiß können Sie ohne dieses trübselige Geschwätz auskommen; aber ich mag es nicht ausstreichen, und da ich es nun einmal geschrieben habe, soll es stehenbleiben.

Leben Sie wohl, mein lieber Marquis! Ich weiß nicht, wann und von wo ich Ihnen das nächste Mal schreiben werde. In diesen wirren Zeiten muß man die eherne Stirn eines Philosophen und die Fühllosigkeit eines Stoikers bewahren. Die spekulative Philosophie taugt nur zur Befriedigung unserer Wißbegier; die praktische allein ist nützlich. Ich empfehle sie Ihnen und bitte Sie, einen mißglückten Philosophen im Kriegerkleid, der Sie herzlich liebt, nicht zu vergessen.

Bunzelwitz, 25. September 1761

Soeben erhalte ich, mein lieber *Marquis,* Ihren Brief
vom 29. August. Er ist der erste in fünf Wochen. Wir
wurden von unseren Feinden belagert und blockiert,
und unsere Nachrichten beschränkten sich auf unser
Lager. Diese Situation dauerte vierzehn Tage; dann
zog der Feind bei Nacht ab. Da aber die Barbaren auf
Glogau rückten, ist unser Briefwechsel nicht freier
geworden. Ich habe eine Gelegenheit benutzt, den
Russen ihre Magazine in Polen wegzunehmen. Das
gelang so gut, daß selbst ihre Bedeckungstruppen,
Geschütze, Bagage und ein großer Wagenpark in
unsere Hände fielen. So sind Buturlins Pläne sämtlich
zuschanden geworden, und da er nichts mehr zum
Leben hatte, mußte er die Absicht aufgeben, die
Mark, Pommern und Berlin zu plündern, und nach
Thorn abmarschieren, um sich dort seinen Unterhalt
zu suchen. Das ist alles, mein lieber Marquis, womit
ich Ihnen dienen kann. Jetzt gilt es, den Rest des
Feldzuges hinzuziehen, um ihn gemächlich zu beenden.

Glauben Sie mir, die Franzosen werden nicht eher
Frieden schließen, als bis sie keine Hilfsquellen mehr
haben, und so weit sind sie noch nicht. Ein großes
Reich bringt die Kosten für einen Feldzug allemal
auf. Daß sie die Sitzungsgelder der französischen
Akademie sparen, ist recht ungeschickt. Diese Knau-
serei bringt wenig ein, macht viel böses Blut und

wird den anderen Mächten als kümmerliches und lächerliches Mittel zur Fortsetzung des Krieges erscheinen. Wenn die Franzosen schon so übermäßige Anstrengungen machen, um einen Krieg zu führen, der sie im Grunde nichts angeht, was würden sie dann erst tun, wenn der Feind vor den Toren von Paris stünde. Wahrhaftig, mein lieber Marquis, je mehr ich die Welt kenne, um so boshafter, blöder und verderbter erscheint sie mir. Auf die Verfolgung der Jesuiten[17] war ich freilich nicht gefaßt. Man täte gut, diesen Orden vom Erdboden verschwinden zu lassen, wie es mit weniger Recht auch den Templern geschehen ist. In Schlesien gibt es viel von dieser Sorte. Wie gerne möchte ich sie nach dem Beispiel der Katholiken abschaffen; vielleicht fasse ich mir ein Herz und ahme sie wenigstens darin nach.

Ich habe mich letzthin in meinen Mußestunden damit beschäftigt, eine Ode auf den Tod meines Neffen[18] zu schreiben. Im nächsten Winter werde ich sie Ihnen zeigen, denn ich hoffe sehr, Sie wiederzusehen. Der brave Joyard kann seine Reise in aller Sicherheit machen. Er muß nur Pässe haben, und es wäre klug, wenn er sie sich vorher verschaffte. Für jetzt genügt mir ein Garkoch, und im Winter kann Noël den feinschmeckerischsten Epikuräer Europas zufriedenstellen. Hat man Noël und den Marquis, so kann man alle Freuden des Leibes und der Seele genießen und beides ernähren. Ich vermute, daß Sie mit Plutarch beschäftigt sind wie ich mit Laudon. Sie haben es mit einem Philosophen zu tun und ich mit einem verdammten Kerl, der von Ehrgeiz und schrecklicher Unruhe verzehrt wird. Sie werden mit Ihrer Übersetzung zum Ziele kommen, und ebenso hoffe ich, meinen Feldzug glücklich zu Ende zu führen. Leben Sie wohl, mein lieber Marquis! Geben Sie uns noch einen starken Monat Frist, und unsere Operationen werden beendet sein. Dann hoffe ich, Sie wiederzusehen und Sie meiner ganzen Hochachtung zu versichern.

Berlin, 3. November 1761

Sire, ich bin weit entfernt zu glauben, daß die einzelnen Ereignisse nicht einen sehr großen Einfluß auf das Ganze haben. Nur habe ich seit Anfang des Krieges mir einen Grundsatz aus dem «Telemach»[19] des Erzbischofs von Cambrai zu eigen gemacht und darauf meine ganze Denkungsart gegründet. «Bevor die bösen Vorfälle eintreten», sagt Mentor, «muß man alle Kräfte aufbieten, um sie abzuwenden; sind sie aber einmal da, bleibt nichts weiter übrig, als sie zu verachten.» Was mich in dieser Art zu denken bestärkt hat, ist die Erfahrung, daß auf unsere größten Rückschläge die glücklichsten Ereignisse folgten. Solange Sie nur tätig sind, habe ich immer gute Hoffnung, und behielten Sie auch nur zehn Mann und wären gesund, so würde ich durchaus nicht die Hoffnung verlieren, endlich die Anschläge Ihrer Feinde scheitern zu sehen.

Man war in Berlin äußerst überrascht, von dem Vorfall mit den gefangenen österreichischen Offizieren zu Magdeburg zu hören, deren Verschwörung[20] man entdeckt hat. Es ist schrecklich! Wie können doch Offiziere, die ihr Ehrenwort gegeben haben, es auf eine so schändliche Art und Weise brechen? Wenn alles wahr ist, was die Briefe aus Magdeburg uns melden, dann muß man ernsthaft über polizeiliche Maßnahmen und über die Sicherheit in dieser Stadt nachdenken.

Die Armee des Herrn von Soubise hat endlich Winterquartiere bezogen. Er hat 55 Schwadronen und 22 Bataillone nach Frankreich zurückgeschickt. Man rüstet sich in den Häfen von Frankreich, um gegen England vorzugehen, und man spricht sogar vom Bau flacher Landeschiffe; das alles erschien mir noch flacher als die Schiffe, wenn Herr P . . .[21] seinen Posten nicht niedergelegt hätte. Unterdessen werden die Engländer Belle-Isle gänzlich zerstören, um sich der starken Besatzung bedienen zu können, die sie dort zu unterhalten genötigt sind; alle Zeitungen aus London bestätigen diese Nachricht.

Ich weiß nicht, was Voltaire macht; er hat einen Brief veröffentlicht, um nachzuweisen, daß er ein guter Christ sei und daß er pünktlich zur Messe gehe. Dieser Mensch wird wohl sterben, wie er gelebt hat, umhergetrieben von tausend chimärischen Projekten. Sein letztes Werk über Rußland ist gänzlich danebengegangen.

Apropos Werk: Seit zwei Monaten habe ich meine Übersetzung des Plutarch unterbrochen, werde sie aber bald wieder aufnehmen; inzwischen habe ich den ältesten griechischen Philosophen, der auf uns gekommen ist, Ocellus Lucanus,[22] übersetzt. Er schrieb über die Notwendigkeit der Ewigkeit der Welt; er lebte lange vor Sokrates, Plato, Aristoteles usw. Sein Werk ist kurz, aber vortrefflich. Unter dem Vorwand, den Text zu erläutern, habe ich mehrere Abhandlungen hinzugefügt, worüber die Feinde der Philosophen nicht lachen werden. Was mich veranlaßte, diese Arbeit zu machen, die Eurer Majestät in sieben oder acht Tagen zu übersenden ich die Ehre habe, ist die schlechte Laune, in die mich mehrere Fanatiker seit einiger Zeit versetzt haben. In diesem Jahr vergeht kein Monat, ohne daß nicht eine Schrift gegen die Philosophen erscheint; darunter gibt es auch eine, die sich «Anti-Sanssouci» nennt, ein dicker Band, der aus der Feder eines Kutschers stammen könnte. Ich wünschte sehr, daß Ihre kriegerischen Gegner ebenso zu verachten wären wie Ihre literarischen. Ihr großes Schlachtroß ist das Werk von Lamettrie; doch weit davon entfernt, ihn rechtfertigen zu wollen, habe ich, als ich an diesen Artikel kam, nachgewiesen, daß Lamettrie niemals wie die Philosophen gesprochen oder gedacht habe, sondern daß er vielfach in die gleichen Torheiten verfiel wie die Theologen; das Amüsante daran ist, daß ich das ohne Widerspruch beweise. Im übrigen habe ich versucht, mein Buch so dezent wie möglich abzufassen, und ich hoffe, daß jedermann, wenn er nicht dumm oder fanatisch ist, zugeben muß, daß man ein Anhänger Epikurs und zugleich ein für die Gesellschaft nützlicher und rechtschaffener Mann sein kann. Von vornherein bitte ich Eure Majestät um ein wenig Nachsicht und bitte um meines Engagements für die gute Sache willen, Fehler, die Sie finden mögen, gütigst zu entschuldigen.

Strehlen, 11. November 1761

Soeben, mein lieber *Marquis,* erhalten ich Ihren Brief vom 3. Er trifft mich stoischer an denn je und in Gesellschaft von Marc Aurel. Die Welt ist unsere Stiefmutter, die Philosophie unsere Mutter, und ich rette mich in die Arme dieser Mutter, wenn die Stiefmutter mich mißhandelt. Ich werde diesen Winter nicht das Vergnügen haben, Sie zu sehen, und weiß überhaupt noch nicht, was aus mir wird...

Einen geschickten Musiker soll man gefragt haben: Könnten Sie wohl auf einer Violine spielen, die nur drei Saiten hat? Er spielte schlecht und recht darauf; alsdann nahm man noch eine Saite weg, er spielte, aber noch schlechter; schließlich entfernte man auch die beiden letzten und verlangte, daß er

seinem Instrument noch Töne entlocke. Da aber war
es aus, und er spielte nicht mehr.

Ich habe eine Epistel über die Schlechtigkeit der
Menschen geschrieben, eine andere über ein Thema,
das auf meine Lage besser paßt,[23] und ein Ode auf den
Tod meines Neffen, der letzten Sommer im Kampf
gegen die Franzosen gefallen ist.

Das Wetter ist so trübe, und in dieser Jahreszeit ist
es überhaupt nicht verwunderlich, daß man zur
Schwermut neigt. Ihr Epikur ist fröhlicher als mein
Zeno; aber wenn man schlecht auf den Beinen ist,
nimmt man den ersten besten Stock zur Stütze. Marc
Aurel ist mein Stock, auf den ich mich stütze. Er gibt
mir zwar den Gebrauch meiner Beine nicht wieder,
hilft mir aber, mich weiterzuschleppen, und das
genügt. Leben Sie wohl, mein lieber Marquis! Ich
will Sie nicht mit meiner Schwermut anstecken, sie
wird nur zu leicht epidemisch. Ich hoffe auf gute
Nachrichten von Ihnen und werde Ihnen welche von
mir zukommen lassen, sobald ich kann. Inzwischen
seien Sie versichert, daß ich Sie immer lieben und
hochschätzen werde.

Berlin, 12. November 1761

Sire, ich nehme mir die Freiheit, Eurer Majestät das
in meinem letzten Brief erwähnte Buch zu übersenden. Lassen Eure Majestät sich nicht von dem Griechischen und Latein, das Sie darin finden, abschrek-

ken. Ich darf Ihnen sagen, daß das für diejenigen, die diese Sprachen nicht verstehen, keineswegs störend sein wird. Alle angeführten Stellen sind treu übersetzt und der Sinn ist durchgängig gewahrt, unabhängig von den griechischen und lateinischen Zitaten. Man kann das Buch ohne jede Unterbrechung auf französisch lesen, ebenso leicht, als wenn es darin kein Griechisch und kein Latein gäbe.

Ich habe mich in diesem Werke bemüht, zu beweisen, und zwar unumstößlich, daß die Moral der wahren epikuräischen Philosophen unendlich besser ist als die der Theologen und daß alle die vorgeblichen philosophischen Gründe, durch welche sie behaupten, die göttliche Natur und die der Seele erklären zu können, nur Luftballons sind. Die Wahrheiten der Religion habe ich zugelassen, weil sie offenbart wurden; doch in meiner Übersetzung des Timäus von Locris werde ich mit der Offenbarung abrechnen und sie ins rechte Licht rücken. Aber indem ich alle Begründungen der Theologen widerlegte, durfte ich freilich, damit die Fanatiker und die Dummen nicht aufschrieen, die schwache Stütze der Offenbarung nicht angreifen; ich habe mich ihrer sogar vorteilhaft bedient, um alle philosophischen Einwürfe der Frömmler zunichte zu machen. Ich habe Eurer Majestät bereits mitgeteilt, was mich zu diesem Werke veranlaßt hat. Mich empörten die Schmähschriften, die die Jansenisten gleichsam um die Wette gegen die Philosophen verbreiteten und vornehmlich gegen die von ihnen so genannte Preußische Gesellschaft. Das abgeschmackte und lächerliche Werk Anti-Sanssouci brachte mich vollends auf; ein für allemal wollte ich einen Haufen heuchlerischer Frömmler und käuflicher Skribenten entlarven, die für alle rechtschaffenen Menschen eine Schande sind. Lamettrie habe ich aufgeben müssen. Er ist ein Verlorener, den ich in diesem Kampfe opfern mußte. Aber wenn er auch ein notwendiges Opfer wurde, so habe ich sein Grab doch mit Theologenblut wohl begossen; ich hoffe, daß man künftig nicht mehr mit dem Verfasser der Kirchen-Nachrichten[24] sagen wird, man könne aus den Werken des Arztes Lamettrie auf die Denkweise des Philosophen von Sanssouci und der Gelehrten um ihn schließen.

Ich wage es nicht, mir zu schmeicheln, daß mein Werk Eurer Majestät Beifall verdienen könnte; zu sehr kenne ich Ihren überlegenen Geist und die Schwäche meiner Talente. Wegen meines Eifers aber für die gute Sache hoffe ich, daß Sie Nachsicht üben werden und daß Sie mir die Fehler verzeihen, die man nur allzu zahlreich in meinem Buche finden wird. Am glücklichsten wäre ich, wenn Sie, Sire, mich nicht nach meinem Werk, sondern nach der guten Absicht, die ich hatte, beurteilten.

P. S. Ich bitte Eure Majestät, das Vorwort zu lesen, um von Ocellus und seiner Philosophie einen Eindruck zu erhalten.

Breslau, 13. Dezember 1761

Käme es nur darauf an, mein lieber *Marquis,* meine Epistel[25] zu verbessern, so wären die kleinen Veränderungen, die Sie verlangen, rasch gemacht. Aber ich habe jetzt eine Menge Geschäfte, die große Aufmerksamkeit erfordern ... Nach dem, was ich erlebt habe, bin ich auf alles gefaßt und wundere mich über gar nichts mehr. Ich wohne hier inmitten von Trümmern und Ruinen. Einige Zimmer in meinem Hause sind wieder instandgesetzt, in den anderen ist alles auf den Kopf gestellt. Die Bücher, die ich aus Berlin bekam, sind mein Trost und meine Unterhaltung; ich lebe mit ihnen und beschränke meinen Verkehr und meinen Zeitvertreib auf sie. Ich las ein Buch «Die Zurückführung der Künste auf ein einziges Prinzip». Es enthält viele gute Lehren für die Jugend, aber in manchem stimme ich Batteux nicht zu. Wenn Sie es gelesen haben, werden auch Sie nicht alles gutheißen, was er über den Wohlklang und über die Lautmalerei sagt. Vergil hat sein «procumbit humi bos»[26] geschrieben, ohne daran zu denken, daß er dadurch die schwerfälligen Laute eines zu Boden fallenden Rindes oder Tieres nachahmte. Das «traçat à pas tardifs un pénible sillon»[27] von Boileau hat den Vorzug des anschaulichen Ausdrucks. Das ist es, woran Vergil und jeder gute Dichter denkt, und nicht an die Lautmalerei; sonst wäre ja Jean-Baptiste Rousseau mit seinem Brekekekex koax koax[28] mehr wert als

Racine. Überhaupt gibt der Professor, der für das Griechische schwärmt, Homer stets den Vorzug vor Vergil. Er hebt ein paar bekannte Fehler von Vergil geflissentlich hervor, sieht aber dem Griechen seine Mängel nach und verschweigt sie. In Geschmacksfragen vertraue ich mehr dem Eindruck, den ein Werk auf meine Seele ausübt, als allen Raisonnements der Gelehrten. Es ist sicher, daß Vergil unterhält und Homer langweilt. Bei ihm finden sich zwar schöne Schilderungen, und er war der erste, darin liegt sein Vorzug. Aber nur zweimal spricht er zum Herzen: Einmal bei Hectors Abschied von Andromache und das andere Mal, als Priamus die Leiche seines Sohnes von Achill zurückfordert; der lateinische Dichter aber ist von Anfang bis Ende von rührender Anmut. Ungefähr ebenso urteile ich über Corneille und Racine. Große Gefühle allein, wenn auch stark ausgedrückt, machen noch keine Tragödie, und Corneille bietet weiter nichts, wogegen die Komposition, der Zusammenhang der Szenen und die fortgesetzte Eleganz den Reiz Racines bilden. Gestern las ich «Alkestis» und den «Amasis» von Lagrange. Das sind zwei schauderhafte Stücke, in denen die Personen sich großenteils wie Wahnsinnige gebärden. Es fehlt ihnen an Wahrheit und durchgeführten Charakteren; die Verse sind schwach und schlecht; kurz, diese Lektüre hat meinen Begriff vom Range des Verfassers sehr herabgesetzt. Sie haben in Frankreich eigentlich nur drei Tragiker gehabt, Racine, Crébillon und Voltaire; die übrigen kommen nicht in Betracht.

Ich habe hier eine «Rede Othos nach der Schlacht bei Bedriacum» und eine «Rede Catos von Utica», die ich Ihnen senden werde, sobald sich das machen läßt. Inzwischen empfehle ich Sie der Obhut der Vorsehung und versichere Ihnen, mein lieber Marquis, daß mein vorletzter Gedanke Ihnen gelten wird. Leben Sie wohl!

Anmerkungen zu den Briefen des Jahres 1761

1 Vgl. Anmerkung 4, 1759.

2 Gemeint ist die «Verruchte», die Kirche.

3 D'Argens hatte dem König eine Kritik über Voltaires «Essay über die allgemeine Geschichte und über die Sitten und den Geist der Nationen», veröffentlicht 1756, übersandt.

4 Zwischen Preußen und Österreich war ein Austausch der Kriegsgefangenen abgesprochen worden.

5 «Tancrède», erschienen 1760.

6 D'Argens spricht von der Widmungsepistel, die Voltaire im Zusammenhang mit der Tragödie «Tancrède» an Madame Pompadour gerichtet hatte.

7 Im April 1761 war zwischen Preußen und der Türkei ein Freundschafts- und Handelsvertrag abgeschlossen worden.

8 D'Argens hatte berichtet, die Zeitungen hätten von einer türkischen Gesandtschaft geschrieben, die im Lager des Königs eingetroffen sei.

9 Geflügeltes Wort aus der Komödie «Der Spieler» von Jean F. Regnard (1655–1710).

10 Friedrich plante einen Streifzug gegen die Reichsarmee; er glückte und zwang den Gegner, verlustreich seine Stellung aufzugeben.

11 Der Arzt und philosophische Schriftsteller François Bernier (1620–1688), Anhänger Gassendis, war auch als Reisender berühmt.

12 Damals erschien ein zweiter Band, aber nicht von Voltaire verfaßt.

13 Gestalt aus Voltaires «Candide».

14 Nicht mit Geschwafel, sondern durch die Tat... Die
lateinische Formulierung ist ungebräuchlich.

15 Sagenhafter König von Ägypten, der alle Frauen
schlachtete; er wurde von Herakles erschlagen.

16 Ein wegen seiner Grausamkeit berüchtigter Tyrann von
Agrigent im 6. Jahrhundert v. Chr.

17 Sie wurden aus Portugal ausgewiesen.

18 Prinz Heinrich von Braunschweig, der bei einem Gefecht in Westfalen tödlich verwundet wurde und am 9.
August 1761 starb.

19 «Télémaque», Hauptwerk von Fénelon, Erzbischof von
Cambrai.

20 Diese Verschwörung gefangener österreichischer Offiziere hatte das Ziel, die Festung Magdeburg den Österreichern auszuliefern. Ihr Anführer war der dort einge-
kerkerte Friedrich Freiherr von der Trenck.

21 William Pitt, Großbritanniens Erster Minister, trat 1761
zurück.

22 Ocellus Lucanus, geboren in Lukanien, angeblicher
Schüler der Pythagoras (6. Jh. v. Chr.); seine genauen
Lebensdaten sind nicht überliefert. D'Argens irrt jedoch, wenn er Ocellus früher als Sokrates (470–399
v. Chr.), Plato (428/27–349/48 v. Chr.) und Aristoteles
(384–322 v. Chr.) ansetzt. Seine Schriften werden von
der neueren Forschung ins 2. Jh. v. Chr. gelegt und
gelten als Zeugnis für einen Pythagoreismus im 2. Jh.
v. Chr., der Pythagoras als Urheber der damals gültigen
Lehre von der Ewigkeit der Welt postuliert.

23 «Der Stoiker».

24 «Nouvelles Ecclésiastiques», Pariser Vierteljahreszeit-
schrift im 18. Jahrhundert.

25 «Der Stoiker». d'Argens hatte einige Änderungen vor-
geschlagen.

26 «Das Rind fiel zu Boden.»

27 «Er zog mit säumigen Schritten mühsam eine Furche.» –
Nicolas Boileau (1636–1711), französischer Dichter und
Geschichtsschreiber Ludwigs XIV.

28 In seiner Fabel «Die Nachtigall und der Frosch» ahmte
J. B. Rousseau mit diesen Worten das Quaken der
Frösche nach.

1762

Am 5. Januar starb Kaiserin Elisabeth von Rußland. Ihr folgte ihr Neffe, der Herzog von Holstein-Gottorp, Kaiser Peter III., der Gatte der großen Katharina. Er führte, ein glühender Verehrer und Bewunderer Friedrichs, einen völligen Umschwung in der russischen Politik herbei, stellte den Kampf ein, verzichtete auf alle Eroberungen und machte mit Preußen nicht nur Frieden, er schloß auch ein Bündnis. Zur gleichen Zeit ging Preußens Pakt mit England, wo Pitt zurückgetreten war und Bute die Regierung übernahm, in die Brüche.

Nach der Absetzung und Ermordung Peters im Juli hob die zur Selbstherrscherin aufgestiegene Katharina das Bündnis wieder auf, beließ es aber beim Friedensschluß. Friedrich, den Rücken frei, schlug die Österreicher am 21. Juli bei Burkersdorf und drängte sie aus Schlesien hinaus. Prinz Ferdinand besiegte die Franzosen bei Kassel und bei Lutterberg, und die letzte Schlacht in dem gewaltigen, weltbewegenden siebenjährigen Ringen wurde am 29. Oktober bei Freiburg in Sachsen geschlagen und endete mit dem Sieg der Preußen unter Prinz Heinrich, dem Bruder des Königs, über die Österreicher und die Reichsarmee. «Er kam», schrieb Friedrich an seine Schwester Amalie wenige Tage danach, «sehr zur rechten Zeit bei den gegenwärtigen Umständen, wo es sich darum handelt, unsere Feinde, wenn möglich, dahin zu bringen, einen für uns ehrenvollen und vernünftigen Frieden zu schließen.»

Breslau, 9. Januar 1762

Die Reise von Catt ist aus mancherlei Gründen, die Sie, mein lieber *Marquis,* teilweise erraten werden, noch nicht zustande gekommen. Ich schicke Ihnen also auf gut Glück die beiden Gedichte,[1] die ich ihm für Sie mitgeben wollte. Ich fürchte sehr, Sie werden sie nicht besonders racinisch finden. Bedenken Sie aber, unter welchen Umständen sie entstanden sind, und Sie werden einige Nachsicht mit der Mittelmäßigkeit des Dichters haben. Wie Sie sehen, muß der Mensch aus allem Vorteil schlagen. So benutzt unsere Eigenliebe die Härte des Schicksals als Entschuldigung für unser mangelndes Talent. Wir leben noch, Feinde ringsum, und alles hängt nur an einem Haar. Verschlungen sind wir noch nicht, ja man will sogar einen Hoffnungsstrahl[2] erblicken, aber davon lassen Sie mich schweigen. Vegetieren wir diesen Winter schlecht und recht, dann verspreche ich Ihnen zum Frühjahr, wenn alles gut geht, eine schöne Ode. Wenn nicht, halten Sie sich an Catos Worte. Eine wunderliche Alternative, aber in unseren verwünschten Tagen darf einem nichts verwunderlich erscheinen. Mich überrascht und erstaunt überhaupt nichts mehr; vielleicht sehe ich den Himmel einstürzen, ohne darauf zu achten. Sind Sie nicht auch dahin gelangt? Ich glaube, angesichts alles dessen, was Sie erlebt haben, müssen Sie ebenso denken wie ich. Nur noch ein Schritt, und ich bin reif fürs Trappistenkloster. Aber noch kann ich nicht daran glauben, und so kommt meine sitzende Lebensweise lediglich meinem Nachdenken und meiner gegenwärtigen Lage zugute. Es ist in der Tat unmöglich, Ihnen von hier etwas Fröhliches und Zwerchfellerschütterndes zu schreiben. Vergnügen und Freuden sind in diesem Winter in Breslau nicht heimisch, mit Ausnahme der Jugend, die sich mit vollem Recht die Zeit vertreibt und noch keine Sorgen um die Zukunft hat; ansonsten führt hier jedes denkende Wesen ein Kartäuserdasein. Der Leipziger Karneval im vergangenen Jahr war ein glänzendes Fest im Vergleich zu dem hiesigen. Mir fehlt mein Bestes, Sie, mein lieber Marquis, und so lebe ich völlig für mich allein. Sie finden gewiß, daß das eine üble Gesellschaft ist. Und doch, mein lieber Marquis, hängen Sie sich vorerst nicht auf und warten Sie einen Wink von mir ab, ehe Sie sich dazu entschließen. Leben Sie wohl, mein Lieber, ich umarme Sie! Wie der Wermut bitter sein muß, ebenso müssen auch, vergessen Sie es nicht, meine Briefe unter den jetzigen Umständen traurig sein.

BRIEFWECHSEL 1762   317

Berlin, Januar 1762

Sire, soeben habe ich die beiden Gedichte erhalten,
die Eure Majestät die Gnade hatten, mir zu übersenden. Sie sind meisterlich geschrieben; ich las sie
sogleich zweimal hintereinander und habe nur zwei
Verse gefunden, die zwar nicht fehlerhaft sind, deren
einer mir aber doch etwas schwach erscheint und der
andere einen Ausdruck enthält, dessen sich ein Römer nicht bedienen konnte, weil er erst im ersten
Jahrhundert nach Christi Geburt erfunden wurde.
Der erste der beiden Verse ist im «Otho» und der
andere im «Cato»:

«Au moins à cette fois je puis vous être utile.»[3]

«Au moins à cette fois» scheint mir prosaisch zu sein;
auch hieße es richtiger: Au moins cette fois, dann
würde aber der Vers nicht herauskommen; doch das
wäre leicht zu ändern.

Der zweite Vers ist sehr schön:

«Oui, glorieux martyr de Rome et de ses lois.»[4]

Aber das Wort Märtyrer hat Cato durchaus noch
nicht gekannt; das ist ein Wort, das erst bei den
Verfolgungen der ersten Christen entstand. Jetzt, da
ihm der Gebrauch das Bürgerrecht gegeben hat,
kann man sich seiner wohl bedienen. So kann man
sagen: Er ist ein Märtyrer der Härte dieser oder jener
Person, er ist ein Märtyrer seines eigenen Starrsinns

usw. Aber im Munde von Cato will mir das Wort nicht recht gefallen, zumal wenn Cato selber spricht und sich an andere Römer wendet. Das ist alles hier, was die strengste Kritik an Ihren wirklich vortrefflichen und sehr gut in Verse gesetzten beiden Werken hat finden können.

Ich komme auf das zurück, Sire, was Sie mir in Leipzig bezüglich meiner Prophezeiungen gesagt haben; sie sind sehr wahr gewesen, denn Sie haben den schönsten Feldzug von der Welt gemacht. Aber freilich konnte weder ich noch irgend jemand vorhersehen, daß sich ein Mensch in einer einzigen Stunde eine Festung entreißen läßt,[5] die von dreitausend Mann verteidigt wird. Einmal unterstellt, er wäre förmlich angegriffen worden und hätte von seiner Besatzung von achttausend Mann fünftausend bei der Verteidigung der Außenwerke verloren, würde er nicht Strafe verdienen, wenn er mit den ihm noch übrigen dreitausend Mann die Festung übergab, ehe noch eine Bresche in sie geschlagen worden war? Und warum hat er nicht wenigstens die Hauptfestung verteidigt, wenn er sich zur Verteidigung der Außenwerke zu schwach fühlte? Nein, es ist unbegreiflich, daß sich jemand zur Übergabe zwingen läßt, der einen Wall, flankiert von Bastionen, vor sich hat und dazu einen Wassergraben vor dem Wall. So etwas, Sire, hatte ich freilich nicht vorhergesehen und werde es auch in meinem Leben nicht vorhersehen...

Zwischen den Engländern und den Spaniern ist der Krieg erklärt worden. Das freut mich sehr, und ich glaube, gute Gründe dazu zu haben. Die Engländer können jetzt keinen separaten Frieden mehr schließen, und Gott weiß, zu was sie sich am Ende noch entschlossen hätten, verführt von den Angeboten, die die Franzosen ihnen machten. Mit ihren zweihundert Schiffen haben sie während des ganzen verflossenen Feldzuges die Hände in den Schoß gelegt und haben sich vom Ministerium von Versailles an der Nase herumführen lassen, das inzwischen seinen Vertrag mit den Spaniern schloß. Ich glaube, daß sie jetzt über diese Dinge anders denken. Ganz sicherlich werden Sie für die Engländer jetzt mindestens ebenso notwendig wie umgekehrt, und das aus hunderttausend Gründen, die Eure Majestät zweifellos besser kennen als ich . . .

Eure Majestät leben jetzt wie ein Einsiedler, das glaube ich wohl. Aber wenn Sie einem Kartäuser gleichen, so kann ich mit Recht sagen, ich sei ein Mönch von La Trappe. Ich bin buchstäblich seit acht Monaten nicht ein einziges Mal aus meiner Wohnung gekommen. Zum Glück wohne ich sehr gut, und ich betäube meinen Kummer dadurch, daß ich die englischen Zeitungen lese, die ich mir übersetzen lasse, und griechische Bücher lese, um sie zu verstehen.

Breslau, 18. Januar 1762

Fühlte ich mich auch nur ein bißchen poetisch aufgelegt, mein lieber *Marquis,* ich hätte die von Ihnen zensierten Verse unverzüglich verbessert. Aber ich bin heute innerlich derart bewegt und erregt, daß ich kaum Prosa zu schreiben vermag. Ich schiebe meine Verbesserung also für ein andermal auf und schicke sie Ihnen dann sofort. Sie haben den politischen Schleier gelüftet, der all die Schrecknisse und Niedertrachten verhüllte, die man uns zugedacht hat und die schon auf dem besten Wege zur Verwirklichung sind. Sie schätzen meine gegenwärtige Lage sehr richtig ein. Sie erkennen die Abgründe, die mich rings umgeben, und erraten die Hoffnung, die uns noch bleibt. Wir können erst im Februar davon reden. Diese Frist habe ich mir gesetzt. Dann wird es sich entscheiden, ob ich Catos Rat oder Cäsars Kommentaren folgen werde. Ich mache eine Schule der Geduld durch, eine harte, lange, grausame, ja barbarische Schule. Meinem Schicksal habe ich mich nicht entziehen können. Alles, was menschliche Voraussicht anraten konnte, ist geschehen, aber nichts hat gefruchtet. Wenn das Schicksal mich auch künftig so unbarmherzig verfolgt, dann werde ich zweifellos unterliegen; denn nur das Schicksal kann mich aus meiner jetzigen Lage befreien. Ich rette mich daraus, indem ich die Welt im ganzen betrachte, wie von einem fernen Planeten aus. Dann erscheinen mir alle

BRIEFWECHSEL 1762 321

Dinge winzig klein, und ich bemitleide meine Feinde, die sich wegen solcher Nichtigkeiten so plagen. Was wären wir ohne Philosophie, ohne Nachdenken, ohne Weltentrücktheit und ohne die kühle Verachtung, zu der wir durch die Erkenntnis der Nichtigkeit und Vergänglichkeit aller Dinge gelangen. Nur die Habgierigen und Ehrsüchtigen machen so viel Wesens daraus, weil sie sie für dauerhaft und fest begründet halten. Das sind die Früchte aus der Schule des Unglücks. Freilich heißt das durch Stockschläge zur Vernunft kommen, werden Sie sagen; aber wenn man nur überhaupt vernünftig wird, was liegt daran, wie es geschieht?

Ich lese viel. Meine Bücher verschlinge ich und finde in ihnen nützliche Zerstreuung. Ohne sie, glaube ich, hätte die Hypochondrie mich längst ins Irrenhaus gebracht. Ja, mein lieber Marquis, wir leben in schlimmen Zeiten und sind in verzweifelter Lage. Ich besitze alle Eigenschaften eines Trauerspielhelden, immer in Gefahr und immer dem Untergang nah. Hoffen wir, daß die Lösung des Knotens bald erfolgt, und wenn das Stück nur einen versöhnlichen Schluß hat, vergißt man das Vergangene gern. Geduld also, mein Lieber, bis zum 20. Februar. Vielleicht kann ich Sie dann trösten, Sie aufrichten, Sie stärken, Sie aufmuntern und Ihnen wieder Hoffnung geben. Leben Sie wohl, mein Lieber, ich umarme Sie!

Januar 1762

Es ist wahr, mein lieber *Marquis,* daß alle günstigen und widrigen Ereignisse abwechselnd aufeinander folgen. Uns haben so viele unglückliche, grausame und schreckliche betroffen, daß nun wohl etwas kommen mußte,[6] das uns einige Erleichterung verschafft. Wir müssen aber erst noch sehen, wie weit wir in unseren Hoffnungen gehen können. In diesem ganzen Kriege habe ich, mit der Feder wie mit dem Degen, so viel Unglück gehabt, daß ich nun bei allen Gelegenheiten äußerst mißtrauisch bin und daß ich einzig und allein nur meinen Ohren und Augen glaube. Ich könnte ein weitläufiges Kapitel darüber schreiben, wie die Politiker sich in ihren Mutmaßungen irren; und es würde mir nicht an Beispielen von Personen fehlen, die sich von ihrer Einbildungskraft hinreißen ließen oder zu vorschnell geurteilt haben. Das macht mich zurückhaltend und vorsichtig.

O was für eine herrliche Sache ist die Erfahrung! In meiner Jugend war ich unbesonnen wie ein junges Pferd, das ohne Zügel auf einer Wiese herumspringt; aber nun bin ich bedachtsam geworden wie der alte Nestor.[7] Aber ich bin auch grau, von Kummer zerfressen, von Krankheiten heimgesucht, mit einem Wort, reif für den Schindanger ...

Sie haben mich stets ermahnt, für mein Wohlergehen zu sorgen. Wie aber ist das möglich, mein Lieber, wenn man so herumgezerrt wird wie ich? Vögel, die man dem Mutwillen der Kinder überläßt, Kreisel, die kleine Jungen peitschen, werden nicht ärger herumgetrieben und gepeinigt als ich bisher von drei erbitterten Feindinnen.

Leben Sie wohl, mein Lieber. Sobald ich eine beruhigende, tröstende und erquickende Nachricht habe, werde ich nicht ermangeln, Ihnen das Wesentliche davon mitzuteilen; ebenso aber auch, wenn das Gegenteil eintritt. Möchte ich Ihnen doch bald gute Nachrichten geben können! Noch einmal, leben Sie wohl und vergessen Sie mich nicht!

Breslau, 2. Februar 1762

Ich schreibe Ihnen zwei Worte, um Sie zu beglückwünschen, mein lieber *Marquis,* weil Sie in Sicherheit und in aller Ruhe nun wieder in der Stadt Berlin werden wohnen können. Wir sind so gut wie befreit von den Völkern, die die hyperboreïschen Gegenden[8] gegen uns ausgespieen haben. Es ist keine Kleinigkeit, eine solche Last los zu sein, und wir haben allen Grund zu der Hoffnung, daß die Angelegenheiten sich von dieser Seite her nach Wunsch wenden werden. Ich hoffe, Ihnen gegen Ende dieses Monats noch bessere Nachrichten[9] geben zu können, wenn das Glück mich begünstigt. Endlich können Sie aufatmen, und, ohne die lächerlichsten Sterblichen zu sein, dürfen wir hoffen, daß wir ein gutes Ende unserer Trübsal finden werden. Die Post wird gleich abgehen; ich teile Ihnen das nur mit, um Ihnen etwas Freude zu machen, und versichere Sie meiner aufrichtigen Freundschaft.

Berlin, Februar 1762

Sire, Eure Majestät können sich wohl denken, wie groß meine Freude war, als ich Ihren Brief erhielt; das ist der glücklichste Tag meines Lebens. Ich bin zwar immer überzeugt gewesen, daß alle Anschläge Ihrer Feinde am Ende in Rauch aufgehen würden; aber ich fürchtete auch immer, daß Sie noch vor der Entscheidung unter den Strapazen, die Sie seit sechs Jahren erdulden, zusammenbrechen könnten. Nun, so ist denn nach einem schrecklichen Sturm Ruhe eingekehrt...

Schon dreißigmal, ohne Übertreibung, habe ich Ihren Brief gelesen, und ich werde ihn, bis der Tag endet, noch einmal so oft lesen. Mir kommt es aber so vor, als ob Sie mir nur die Hälfte der glücklichen Ereignisse, die sich zugetragen haben, erzählten. Sie haben mich wie einen Kranken behandelt, der wegen seiner Schwäche das ganze große Glück noch nicht ertragen kann. Dabei haben Sie freilich für meinen armen Kopf nicht schlecht gehandelt, denn noch ein Grad mehr an guter Nachricht, und ich hätte nicht mehr antworten können. Ach könnte ich doch jetzt bei Eurer Majestät sein! Was hätte ich nicht alles zu sagen! Mir geht so viel im Kopf herum, daß ich daraus einen Folioband machen könnte. Ich brauche nur noch ein Elixir zur vollständigen Wiederherstellung meiner Kräfte. Ich gleiche jenen Kranken, die, weil sie so lange zwischen Leben und Tod schwebten, sich nur schwer davon überzeugen können, daß sie keinen Rückfall mehr zu befürchten haben. So erwarte ich denn noch ein oder zwei Zeilen von Eurer Majestät, um mich ganz der Freude hingeben zu können, die uns hier auf Erden Wonnen genießen läßt, die die Frommen sich vom Himmel versprechen. Es hängt also von Eurer Majestät ab, mich in den Rang der Seligen zu erhöhen und mich noch zu Lebzeiten zu kanonisieren, etwas, was alle Päpste der Welt nicht könnten.

Breslau, 11. Februar 1762

Ich gestehe, mein lieber *Marquis,* daß die Eile, mit der ich Ihnen eine gute Nachricht zukommen lassen wollte, vielleicht daran schuld war, daß ich sie zu knapp hielt, und daß Sie im Detail nicht genießen konnten, was sie an Angenehmem enthält.

In dieser Hinsicht kann ich Ihre Neugier leicht befriedigen, um Ihre Seelenruhe voll und ganz sicherzustellen und um Sie zu meinem Vergnügen meinen Brief sechsmal lesen zu lassen. Sie werden schon wissen, daß der Kaiser von Rußland sich unserer Interessen ebenso annimmt, wie es der beste

PETER III.
ZAR VON RUSSLAND

BRIEFWECHSEL 1762

Bürger von Berlin täte, und daß wir sogleich Frieden und vielleicht ein Bündnis schließen werden, was uns mit einem Schlage von dieser infamen Horde von Barbaren befreit, die uns verwüstet haben, desgleichen auch von den Schweden, die wir infolgedessen nebenbei auch loswerden. Bleiben also noch die Österreicher, die Reichsarmee und Ihre Herren Landsleute. Das ist mehr als wir brauchen, und Sie verstehen, daß wir noch die gute Nachricht von einer Diversion benötigen,[10] um uns von diesem Haufen lästiger und gefährlicher Feinde zu entlasten. Darüber werde ich erst Ende des Monats Bescheid wissen, und wenn das Ereignis eintritt, dann prophezeie ich, ohne Astrologe oder Wahrsager zu sein, daß wir Anfang des nächsten Jahres Frieden haben werden. Aber ich will einen ehrenvollen Frieden, der der Würde des Staates entspricht und den Anstrengungen, die wir dafür auf uns genommen haben. Das, mein Lieber, sind die Sachen, die Sie noch wissen wollten. Alles, was die Russen und Schweden betrifft, können Sie bereits als erledigt betrachten.

Was auch immer kommen mag, Berlin ist sicher, und alle meine alten Länder sind vor den Verwüstungen meiner Feinde geschützt. Geben Sie sich also reiner Freude hin und fürchten Sie nicht, daß Ihr Domizil noch durch die Anschläge dieser Banditen, die uns mit soviel Unverschämtheit gequält haben, behelligt werden könnte. Sie können von Memel bis Magdeburg unbesorgt reisen und aufs bequemste die Wasser von Sanssouci nehmen, wenn Sie wollen...

So sind Sie nun von allem im Bilde und werden die Lage beurteilen können, ohne sich zu irren. Sehen Sie, was aus grandiosen Plänen wird. Der Tod rafft mit leichter Hand eine Dirne dahin, und schon sind gewaltige politische Projekte über den Haufen geworfen. Welch ein Elend! Glücklich der Philosoph, der sich der Weisheit widmet und all das aufgebauschte Nichts verachtet, von dem die unwissende und ehrgeizige Menschheit so viel Wesens macht. Alle Tage komme ich darauf zurück; aber fleißige Insekten müssen das Wachs kneten, und ich bin zur Politik verurteilt.

Einen Monat lang habe ich Hämorrhoiden gehabt mit einem so beträchtlichen Blutverlust, daß von meinen Kräften kaum etwas übrigblieb. Aber seit zwei Tagen habe ich Ruhe, und meine Gesundheit soll Sie keineswegs beunruhigen. Der Himmel möge uns helfen und uns alsbald gesund werden lassen. Das sind die Stärkungsmittel, die ich Ihnen verschreiben kann. Ich wünsche, daß Sie sie angenehm empfinden, geeignet, Ihren Geist zu beruhigen und Ihren Körper zu beleben, auf daß Sie sich vollkommener Gesundheit erfreuen mögen. Dafür interessiere ich mich mehr als jeder andere, und Sie wissen, daß ich Ihnen am Ende meines Briefes nichts anderes sagen kann, als daß ich Sie immer lieben werde. Leben Sie wohl, mein lieber Marquis!

Berlin, 16. Februar 1762

Sire, Sie verrichten ebenso große Wunder wie der Messias. Ihr Brief hatte die gleiche Wirkung auf mich, wie die Worte des Herrn auf den Gichtbrüchigen, als er sprach: «Nimm Dein Bett und wandle!» Ich lag zu Bett und litt an einer Fluxion, von Fieber begleitet. Nun aber habe ich mich angezogen, sprang auf, hüpfte wie ein Böckchen in meinem Zimmer herum und fühle mich ausgezeichnet. Nicht der kleinste körperliche Schmerz, nicht die geringste Unruhe des Geistes mehr. Wahrlich, Sie sind zugleich der größte König und der größte Apotheker in Europa; Ihre Pulver und Ihre Tropfen wirken mehr als alle Arzneien der alten und neuen Pharmazie.

Wenn die Diversion erfolgt, von der Eure Majestät zu sprechen geruhen, dann wird Fortuna in drei Monaten allen Schaden wiedergutmachen, den sie während der sechs Jahre angerichtet hat. Tritt die Diversion nicht ein, so ist doch schon der Friede mit den Russen und den Schweden ein so großes Gut, daß man es geduldig ertragen kann, wenn die erhoffte Hilfe nicht kommt, so nützlich sie auch wäre. Was mir gute Hoffnung für die erwähnte Diversion macht, liegt darin, daß die Österreicher anfangen, sie ernstlich zu fürchten. Das sehe ich deutlich aus der Mühe, die sie sich geben, in allen Zeitungen zu verkünden, daß Sie mit ihnen Frieden schließen wollen. Ich bin überzeugt, daß sie sich dieser List eines nahen Friedens nur bedienen, um die Diversion zu verhindern.

Der dänische Gesandte, ein großer Unglücksprophet in unseren Tagen des Kummers, macht ein ziemlich trauriges Gesicht. Er gab sich große Mühe, überall die Nachricht zu verbreiten, von einem Frieden zwischen den Russen und den Preußen könne keine Rede sein; und als er die Gefangenen aus Magdeburg ankommen sah, behauptete er gegenüber all unseren Staatsministern, es handle sich nur um einen Austausch von Gefangenen wie derjenige, den Sie seinerzeit durch den General Willich vorgenommen hatten. Unsere guten Berliner waren leichtgläubig genug, das zu glauben, und die armen Leute waren recht niedergeschlagen. Graf Reuß kam ganz bestürzt, um mir zu erzählen, was er von dem Dänen gehört hatte. Aber eine Stunde vorher hatte ich den Brief Eurer Majestät erhalten und konnte ihm daher, ohne ins Detail zu gehen, versichern, daß nicht ein wahres Wort an dem ganzen Gerede des dänischen Gesandten sei und daß ich ihm den Frieden mit Rußland und den Schweden garantieren könnte. Da kehrte die Freude wieder in die Herzen all unserer Berliner zurück. Alle Welt segnet Ihren Namen, und es muß Ihnen sehr gut gehen, denn seit vierundzwanzig Stunden hat man in Berlin mehr als fünfzig Faß Wein auf Ihre Gesundheit getrunken. Die russischen Offiziere, die durch Berlin kamen, zeigten sich überaus erfreut darüber, nun Freunde der Preußen zu sein.

Drei Tage lang wurden sie in mehreren Häusern aufs
beste bewirtet, wo man reichlich auf Ihre und auf
Kaiser Peters III. Gesundheit trank, den Gott segnen
und behüten wolle. Möchten alle seine Feinde,
ebenso wie die Ihrigen, vor Verdruß und Scham
vergehen, wenn sie nun ihre schändliche Kabale in
einem einzigen Augenblick vernichtet sehen, und
möchten sie noch ebenso viele Unannehmlichkeiten
erfahren, wie eine Menge rechtschaffener Leute sie
durch sie erduldet hat. Was ich hier sage, ist zwar
nicht sehr philosophisch, aber welche Philosophie
könnte auch hier bestehen!

Berlin, 1. März 1762

Sire, Sie fragen mich, ob man in Berlin vergnügt sei.
Man lebt hier in einem Freudentaumel. Die Reichen
geben Feste und diejenigen, die nicht so gut gestellt
sind, spendieren ihrer Familie ein Essen. Überall
segnet man tausendfach Sie und den Kaiser von
Rußland, und Sie beide müßten dreihundert Jahre
leben, wenn die guten Wünsche, die man auf Sie
ausbringt, erhört werden. Alle auswärtigen Zeitungen sprechen von der Verbindung zwischen Preußen
und Rußland als einer abgemachten Sache; auch ganz
Brandenburg nimmt an der Freude Berlins Anteil,
und man ist, nach den hier eintreffenden Briefen zu
urteilen, auch in den anderen Städten nicht weniger
zufrieden als in der Hauptstadt.

Was mich betrifft, Sire, so darf ich wohl sagen, daß, wenn die Diversion im Monat März stattfindet, mein armes Gehirn das nicht mehr aushält; schon zwei Tage lang war ich ohnehin vor Freuden reif fürs Irrenhaus. Zwar bin ich der Philosophie treu gehorsamster Diener, aber es gibt Fälle, wo selbst Heraklit mit Horaz sagen würde, es täte überaus wohl, gelegentlich außer Rand und Band zu geraten.[11] Ich denke wie Eure Majestät, daß wir Brandsalbe brauchen und daß das sehr gut tun wird. Das ist ein Mittel, unseren Feinden zu verwehren, uns ein zweites Mal zu verbrennen. Eure Majestät denken immer ganz richtig, und diesmal in ganz besonderer Weise.

Die Fabel, die Eure Majestät mir zu senden die Ehre erwiesen, ist charmant und mit jener eleganten Einfachheit geschrieben, die dieser Art von Dichtung angemessen ist.

Die Nachricht von der Abtretung von Port-Mahon an die Spanier durch die Franzosen, die ich Eurer Majestät vor einiger Zeit bereits meldete und die Sie damals für ein Märchen hielten, bestätigt sich. Frankreich wird 3 Millionen Piaster für diese Abtretung erhalten.

Ich hatte immer geglaubt, daß ich nicht wünschen würde, älter zu sein. Aber hierin wie in so vielen anderen Dingen habe ich mich geirrt; jetzt möchte ich gern um sechs Wochen älter sein.

Breslau, 6. März 1762

Die Freude der Berliner, die Sie mir beschreiben, mein lieber *Marquis,* hat mich sehr berührt, und ich habe vorausempfunden, wie es sein wird, wenn der allgemeine Friede geschlossen ist. Die Nachrichten aus Petersburg sind so, wie wir sie nur wünschen können; vielleicht ist dort in diesem Augenblick bereits der Friede unterzeichnet. Von gewisser Seite habe ich noch nicht alle notwendigen Nachrichten, aber ich weiß, daß die Truppen marschieren und daß man sich in Wien sehr fürchtet. So habe ich gute Hoffnung, erfolgreich zu sein. Sobald ich meiner Sache sicher bin, werde ich Sie an der Genugtuung teilnehmen lassen, die dieses günstige Ereignis für mich hat. Endlich, mein lieber Marquis, zerteilen sich die Gewitterwolken, und wir dürfen auf einen schönen heiteren Tag hoffen, der von den Strahlen der Sonne erglänzt.

Ich schicke Ihnen eine Erzählung. Als ich sie schrieb, hatte ich gerade Bossuet und seine ungereimten «Variations»[12] gelesen, wo all die mystischen Träumereien der Theologie erklärt werden. Verärgert über diese Absurditäten verfaßte ich eine Fabel, um mich an denen zu rächen, die ihr Leben damit zubringen, solche Sottisen zu verbreiten. Der Gegenstand der Allegorie ist die dunkle Grotte des Orients, und das Ganze ist so deutlich, daß es keines Kommentars bedarf.

Freuen Sie sich, mein lieber Marquis, und bleiben Sie ruhig und gesund. Mit der Hoffnung bekomme ich wieder Mut, und ich denke nun, Sie noch vor meinem Tode in Sanssouci wiederzusehen, wo wir philosophieren wollen, ohne in periculo mortis zu sein. Leben Sie wohl, mein Lieber, Gott segne Sie!

Breslau, 1. April 1762

Bis jetzt bin ich weder tot noch begraben, mein lieber *Marquis;* das Fieber hat mich verlassen, und ich fühle mich wie jeder andere. Ihre Einbildungskraft malt Ihnen die Zukunft mit einem schmeichelhaften Pinsel; die meinige, minder lebhaft und lachend, zeigt mir nur Verwirrung, Mühen, Schwierigkeiten, Gefahren und Unglücksfälle. Ich habe zwar Nachrichten von Soliman erhalten, aber die Angelegenheit kommt immer noch nicht vom Fleck. Man unterhält mich mit schönen Hoffnungen, aber ich brauche Taten. Indessen soll ich gegen den 10. einen Kurier bekommen, der mir Moses und die Propheten mitbringen wird.

In Rußland geht alles nach Wunsch. Von dort kann ich aber nicht eher als gegen den 16. oder 18. d. M. zuverlässige Nachrichten erhalten. Warten wir also ab, mein lieber Marquis. Geduld! Alles das ist für mich eine Schule der Geduld, in der meine Lebhaftigkeit erloschen ist. Ich tauge nur noch zum Vegetie-

ren, das Öl meiner Lampe ist mit dem Docht verzehrt; höchstens könnte ich noch einen Kartäuser
abgeben.

Sehen Sie nur zu, was mit mir anzufangen ist,
wenn der Friede je zustande kommt; etwa Farben für
die Marquise zu reiben oder Noten für Ihre Gambe
zu kopieren. Aber beunruhigen Sie sich nicht, mein
Lieber. Machen Sie sich keine Sorgen wegen meiner
Gesundheit und geben Sie mir viele Nachrichten,
besonders literarische. Leben Sie wohl, mein Lieber,
ich umarme Sie!

Breslau, 29. April 1762

Schon fing ich an, wie eine Blume zu welken, die
man lange nicht begossen hat, als mir Catt Ihren
Brief überbrachte; dieser göttliche Tau, mein lieber
Marquis, hat mich wieder erquickt und mir neues
Leben geschenkt. Es ist drollig, mein lieber Marquis,
daß Sie mit einer Arbeit über das Neue Testament
beschäftigt sind und ich mit den Kirchenvätern.
Welcher Dämon hat uns auf diesen Einfall gebracht.
Sagen Sie mir, durch welchen Gleichklang unser
Geist zur gleichen Zeit auf diese Gegenstände gelenkt
wurde? Ich glaube, daß wir beide das nicht wissen.
Ich gestehe Ihnen, daß ich über die äußerst große
Verirrung des menschlichen Geistes allemal erstaune,
wenn ich die Zänkereien über Glaubenslehren und
Geheimnisse lese.

Aber ich sage Ihnen nichts, was Sie nicht schon wüßten, und ich sehe es Ihnen an, daß Sie gute Nachrichten verlangen. Ich bin so glücklich, Sie bedienen zu können. Von Rußland erwarte ich den Kurier mit dem Friedensvertrag und von Schweden die Allianz. Die Unterhändler jagen alle Pferde zu Tode, um rechtzeitig einzutreffen und sogleich den Frieden zu unterzeichnen. Aber damit noch nicht genug; Mithridates' Nachfolger zieht jetzt ins Feld und schickt mir ein großes Hilfskorps, und die Völker, die die Sonne bei ihrem Aufgang bescheint, haben sich gleichfalls in Bewegung gesetzt. Die Verträge sind geschlossen, alles ist zustande gebracht, so daß ich jetzt auf die Erfüllung meiner Hoffnungen rechnen darf. Zwar haben diese Nachrichten etwas auf sich warten lassen, aber sie sind doch so gut, daß man ihnen die Langsamkeit verzeihen kann.

Ich hoffe also mit gutem Grunde, daß dieses Jahr das Ende unserer Mühseligkeiten bringen wird. Catt hat mir gesagt, daß der arme Graf Gotter im Sterben liegt. Ach, so werde ich denn in Berlin nichts weiter finden als Mauern und Sie, mein lieber Marquis; keine Bekannten, niemand mehr, ich werde diese ganze unglückliche Generation überlebt haben.

Ich muß abbrechen, denn es gibt zu tun. Sobald ich Zeit habe, sage ich Ihnen mehr. Leben Sie wohl, mein lieber, guter, einziger Marquis; ich umarme Sie von ganzem Herzen.

Breslau, 8. Mai 1762

Sie haben, mein lieber *Marquis,* meine Tafel mit dem besten Ragout der Welt versorgt. Ich zeigte Ihren Kupferstich auf die Jesuiten;[13] jeder sagte dazu etwas, und wir lachten, was seit den Trübsalen, die wir erlitten, in meinem Hause etwas Seltenes ist. Die Franzosen sind drollige Narren; ich liebe die Feinde, die Anlaß zum Lachen geben, und hasse meine mürrischen, von Stolz und Unverschämtheit strotzenden Österreicher, die zu nichts anderem taugen, als Gähnen zu erregen oder die Unglücklichen zu beleidigen.

Heute kann ich Ihnen nichts Neues melden; ich erwarte meine Kuriere von Stunde zu Stunde. Vielleicht finden Sie, daß ich seit einigen Monaten beständig Kuriere erwarte. Das ist wahr; aber sie werden ja doch endlich kommen, und durch ihr langes Ausbleiben wird nur unsere Ungeduld gelitten haben. Das aber hat nichts auf sich; vielmehr gewinnt man dabei, wenn man seine natürliche Unruhe einer kleinen Übung in der Geduld unterwirft, die uns in der praktischen Moral und im Studium der Weisheit voranbringt. Jetzt ziehe ich die Armee zusammen und lege letzte Hand an die Vorbereitungen zu diesem Feldzug. Der Himmel gebe, daß er glücklich und der letzte sei, den ich zu führen habe.

Es ist mir sehr lieb, daß Sie nach Sanssouci gingen, meine Phantasie wird Sie dort zu finden wissen. Ich

werde Ihnen im Hause, in den Alleen des Gartens bis
zum Park folgen. Jetzt, werde ich sagen, spielt der
Marquis auf der Violine, nun kommentiert er das
griechische Neue Testament, und jetzt eben wieder-
holt er mit seiner Babette die Lektionen der Zärtlich-
keit; in dieser Allee macht er politische Entwürfe,
und beim Anblick meiner Zimmer erinnert er sich an
mich. Alsdann werde ich mich in Gedanken mit
Ihnen ein wenig unterhalten; aber dann wird eine
Nachricht von Daun in die Quere kommen und
diesen angenehmen Traum verscheuchen, alles wird
vom Winde verweht sein.

Meine Lage ist noch nicht ganz sicher vor gewissen
Ungewittern, die von Zeit zu Zeit einige helle Strahlen, die mir leuchten, verdunkeln. Das würde mich
sehr beunruhigen, wenn ich nicht aus Erfahrung
wüßte, daß nicht jedes Unglück, das man fürchtet,
auch eintritt. Ganz Europa wird in allgemeine Unruhe geraten, und ich vermute, wenn allen der Kopf
aufs höchste verdreht ist, werden sie auf einmal
wieder vernünftig werden wie Leute, die das hitzige
Fieber hatten und die nach langem Phantasieren in
einen tiefen Schlaf fallen und beim Erwachen wieder
zu Sinnen kommen. Aber wie lange noch muß man
auf diesen glücklichen Augenblick warten, und wie
schwer hält es, ehe das kreißende Europa von diesem
so erwünschten Frieden entbunden wird. Mag ich
nun Frieden oder Krieg haben, glücklich oder unglücklich, abwesend oder gegenwärtig sein, Sie sol-

len mich immer finden, wie sonst auch, das heißt voll
Liebe und Achtung gegen Sie, wie ich es stets
gewesen bin. Leben Sie wohl, mein lieber Marquis,
und gute Nacht; ich will zu Bett gehen.

Bettlern, 18. Mai 1762

Sie werden es recht lächerlich finden, mein lieber
Marquis, daß ich Ihnen seit langem Nachrichten
verspreche, ohne sie Ihnen zu geben. Meine Schuld
ist das gewiß nicht, vielmehr liegt es an den Ereignissen, die auf sich warten lassen, und an den Entfernun-
gen, die die Kuriere zurückzulegen haben, um hier
einzutreffen. Ich kann Ihnen also weder von Staats-
noch von Kriegsangelegenheiten etwas sagen, außer
daß der Feldmarschall Daun mit seiner zahlreichen
Armee ins Lager eingerückt ist und daß ich mich
noch in den Kantonierungsquartieren befinde, aber
immer auf dem Sprung.

Man hat mir aus Sachsen einige gute Nachrichten
mitgeteilt; das ist mir sehr angenehm, aber ich würde
mich noch mehr darüber freuen, wenn die Schläge
entscheidender gewesen wären. Wir brauchen großes Glück, um Vorteile über unsere Feinde zu gewinnen. Ich bitte den Himmel darum; da ich aber weder
den Säulenheiligen Simeon noch den heiligen Antonius, noch den heiligen Johann Chrysostomus, ja
nicht einmal den heiligen Fiacrius zum Fürsprecher

habe, zweifle ich stark, ob der Himmel das Gebet eines armen Laien erhört, der schwach im Glauben ist und noch weniger Erleuchtung hat. Sobald ich Ihnen aber etwas Gutes vermelden kann, sollen Sie es gleich erfahren.

Inzwischen, mein lieber Marquis, unterhalte ich mich mit den Päpsten Nikolaus und Hadrian, dem Kaiser Ludwig und dem König Lothar, den Damen Teutberga und Waltrada. Das große abendländische Schisma steht bevor, und ich neige zu der Annahme, daß die ganze Welt von Konstantin bis Luther schwachsinnig war. Man stritt sich in unverständlichem Kauderwelsch über absurde Hirngespinste, und das Papsttum begründete seine weltliche Macht mit Hilfe des Aberglaubens und der Dummheit der Fürsten und Völker. Bei dieser Betrachtungsweise bietet eine zusammenhängende Religionsgeschichte dem Philosophen ein großes Gemälde; sie wird zur lehrreichen Lektüre für jeden, der über den menschlichen Geist nachsinnt. Der Abbé Fleury hat dem gesunden Menschenverstand doch einen großen Dienst geleistet, als er diese Geschichte schrieb. Sie sind, wie mir scheint, dabei, ein schreckliches Buch zu verfassen, mein lieber Marquis; wenn Sie alle Widersprüche und alle Absurditäten der Theologen sammeln wollen, dann befassen Sie sich mit einem ungeheuren Werk.

Ich halte Sie auf Ihr Wort hin für einen ebenso guten Griechen wie Demosthenes.[14] Sie waren ja schon immer ein großer Grieche für mich, der nichts als das Pater hemon kennt; so zeigte es sich bereits bei dem Souper, wo der Herzog von Nivernois zugegen war, Sie die halbe Unterhaltung auf Griechisch führten und ich nach einem Wörterbuch verlangte, um wenigstens ein paar Worte Ihres gelehrten Zwiegesprächs aufzuschnappen.

· Ich für mein Teil habe von diesem unglücklichen Kriege nicht so viel profitiert wie Sie. Ich bin praktischer Philosoph geworden; im übrigen habe ich das wenige, das ich wußte, vergessen und nur eins gelernt: nämlich die Übel, denen ich nicht ausweichen konnte, geduldig zu ertragen. Leben Sie wohl, mein göttlicher Marquis! Sie hätten die neuen Werke von d'Alembert behalten können, denn sie sind wirklich nur Durchschnittsware. Ich bitte Sie, recht für Ihre Gesundheit zu sorgen und Ihrer Freunde zu gedenken, die ein Kobold nach seiner Laune durch die Welt hin- und herhetzt. Vale!

Potsdam, 24. Mai 1762

Sire, ich habe die Ehre, Eurer Majestät in dem Augenblick zu antworten, da ich Ihren Brief erhalte. Sie können sich leicht denken, wieviel Vergnügen er mir gemacht hat. Nicht nur sehen wir jetzt nach einem schrecklichen Sturm den Hafen, sondern wir laufen auch in diesen Hafen ein, wo wir alsbald alle erlittenen Übel vergessen werden. Man schreibt mir aus Berlin, daß die Freude dort überschwenglich gewesen ist; der Kurier traf abends um 10 Uhr ein, und die ganze Nacht hindurch war das Volk auf den Straßen und die Fenster der Häuser erleuchtet. In Potsdam war man nicht weniger froh gestimmt; aber man würde es noch viel mehr sein, wenn man das Glück hätte, Sie hier zu sehen. Ich schmeichle mir, daß der Krieg in diesem Winter zu Ende geht. Das Bündnis mit Rußland ist so viel wert wie alle Bündnisse mit Beschnittenen und Unbeschnittenen zusammengenommen. Allein mit Rußlands Hilfe erachte ich den Frieden für gesichert, noch ehe drei Monate vorüber sind, und wenn gewisse Leute ihr Versprechen halten und sich in Bewegung setzen, dann ist es unmöglich, daß Sie nicht noch vor September wieder in Sanssouci sind. Die Königin von Ungarn bringt, laut Wiener Briefen aus guter Quelle, seit einiger Zeit die Hälfte ihres Lebens damit zu, zur Heiligen Jungfrau zu beten, und die andere mit Weinen. Ich wünsche, um sie für die Übel zu bestrafen, die ihr Ehrgeiz seit sieben Jahren dem Menschengeschlecht zufügt, daß ihr das Schicksal der Schwestern Phaetons zuteil und sie zu Wasser werde.[15]

BRIEFWECHSEL 1762

Bettlern, 25. Mai 1762

... Was d'Alembert betrifft, mein lieber *Marquis,* so
bin ich ganz Ihrer Meinung. Besser gar nicht schreiben als Paradoxe und Armseligkeiten auftischen.
Blaise Pascal, Newton und er, die drei größten
Mathematiker Europas, haben viel Unsinn gesagt,
der erste in seinen moralischen Denksprüchen, der
zweite in seinem «Kommentar über die Apokalypse»
und dieser über Poesie und Geschichte. Die Mathematik braucht also das logische Denken nicht so zu
fördern, wie man allgemein annimmt. Bei dem
Vorurteil für die Mathematik hat man das zwar zum
Lehrsatz erhoben, aber es ist nicht einmal ein Problem. Das beweist, daß die drei genannten großen
Mathematiker allesamt so erbärmlich unlogisch gedacht haben. Halten wir uns also an die schönen
Künste, mein lieber Marquis. Vollendung ist uns
nicht beschieden; dem Dichter sieht man wohl ein
paar Verkehrtheiten nach und rechnet sie seiner
Einbildungskraft zugute, aber dem Mathematiker
vergibt man nichts, er muß genau und wahr sein. Ich
meinerseits erkenne, daß man es nicht immer sein
kann, und darum halte ich mich mehr denn je an die
Annehmlichkeiten der Poesie und an alle Studien, die
den Geist schmücken und aufklären. Das soll das
Spielzeug meines Alters sein, womit ich mir die Zeit
vertreiben werde, bis mein Licht erlischt. Diese
Studien, mein lieber Marquis, veredeln den Geist. Sie

beschwichtigen den Durst nach Rache und lindern die Härte der Strafen, kurz alles Strenge, was zur höchsten Macht gehört, durch eine Beimischung von Philosophie und Nachsicht. Das ist notwendig, wenn man Menschen regiert, die unzulänglich sind, und wenn man es selber ist. Also, mein lieber Marquis, sei es nun die Folge von Alter, Vernunft oder Nachdenken, jedenfalls betrachte ich alle Ereignisse des Menschenlebens viel gleichgültiger als früher. Bei allem, was zum Wohle des Staates geschehen muß, biete ich wohl noch einige Kraft auf, aber das ist, unter uns gesagt, nicht mehr das ungestüme Feuer meiner Jugend oder die Begeisterung, die mich einst beseelte. Es wird Zeit, daß der Krieg zu Ende geht, denn meine Predigten lassen nach, und bald werden meine Zuhörer mich auslachen. Leben Sie wohl, mein lieber Marquis! Ich hoffe, Ihnen erfreuliche Nachrichten geben zu können. Sie werden alsbald vom Friedensschluß mit Schweden hören, das übrige wird erst Ende Juni so weit sein. Behalten Sie mich stets lieb und gedenken Sie eines philosophischen Soldaten, der mehr umherirrt als Don Quixote und alle fahrenden Ritter La Calprenèdes.

Bettlern, 8. Juni 1762

Sie scherzen in Ihrem Brief, mein lieber *Marquis,* über meine Kuriere. Leider geht nicht alles so schnell wie ich möchte. Da haben wir nun Frieden mit Rußland, ein Ereignis von höchster Bedeutung, das aber andererseits meine Unterhandlungen in Konstantinopel hinfällig macht. Es muß schon manches zusammentreffen, um so viele Köpfe unter einen Hut zu bringen, besonders wenn so viele widerstreitende Interessen im Spiele sind. Man verhandelt, die Zeit verstreicht, und wir kommen nicht aus den Verlegenheiten heraus. Mit dem Einfall der Tataren will es nicht vorwärts gehen. Und doch sind es hunderttausend Mann, und man muß hoffen, daß die andern nachfolgen, sobald sie den Anfang gemacht haben. Ihre Parabel ist bewundernswert, man muß aber die Mittel haben, um sie in die Praxis umzusetzen. Die große Schwierigkeit liegt darin, Österreich niederzuwerfen; der Rest ist Kinderspiel. In Gedanken kommt man schnell zum Ziel, mein lieber Marquis, aber in der Wirklichkeit langsam, weil man da auf hundert Hindernisse stößt. Ich überlasse mich dem Schicksal, das die Welt nach seinem Belieben lenkt; die Staatsmänner und die Kriegsleute sind nur Puppen in der Hand der Vorsehung. Wir sind notwendige Werkzeuge einer unsichtbaren Macht und handeln, ohne zu wissen, was wir tun. Oft ist das Ergebnis unserer Mühen das Gegenteil des Erhofften. Ich lasse die Dinge also gehen, wie's Gott gefällt, arbeite im stillen und benutze günstige Umstände, sobald sie eintreten. Tschernyschew ist auf dem Marsch, um zu uns zu stoßen. Unser Feldzug wird erst gegen Ende dieses Monats beginnen, dann aber wird es in dem armen Schlesien schlimm hergehen. Sie sehen, mein lieber Marquis, meine Aufgabe ist noch hart und schwierig, und es läßt sich noch nicht positiv sagen, wie alles enden wird. Beten Sie für uns und vergessen Sie einen armen Teufel nicht, der sich in seinem Harnisch wunderlich abmüht und das Leben eines Verdammten führt, Sie aber trotz allem liebt und aufrichtig schätzt. Leben Sie wohl!

Bögendorf, 21. Juli 1762

Unsere Sache, mein lieber *Marquis,* nahm schon einen recht günstigen Verlauf, da wird plötzlich alles gestört durch eines jener politischen Ereignisse, die sich weder vorhersehen noch verhindern lassen;[16] das übrige werden Sie erfahren. Der Friede, den ich mit Rußland geschlossen habe, bleibt in Kraft, aber das Bündnis ist zu Wasser geworden. Alle Truppen marschieren nach Rußland zurück, und so stehe ich ganz allein. Trotzdem haben wir noch zwei österreichische Detachements aufgerieben. Man muß abwarten, ob das zu etwas Solidem führen wird; ich zweifle daran und sehe mich von neuem in einer

KATHARINA II. DIE GROSSE
ZARIN VON RUSSLAND

peinlichen, schwierigen und heiklen Lage. Ich bin der Brummkreisel des Schicksals, es hält mich zum besten. Heute haben wir tausend Gefangene gemacht und vierzehn Geschütze erobert;[17] das führt aber zu keiner Entscheidung, und alles, was dazu nicht verhilft, vermehrt nur meine Verlegenheiten. Vermutlich geht in Berlin und anderswo manches drunter und drüber. Aber was soll ich Ihnen sagen? Das Schicksal, das alles regiert, ist stärker als ich, ich muß ihm gehorchen. Ich habe Kummer im Herzen und bin in der größten Verlegenheit, aber was tun? Geduld haben. Wenn ich Ihnen heute einen törichten Brief schreibe, dann machen Sie die Politik verantwortlich. Ich bin ihrer so müde! Könnte ich diesen unglücklichen Krieg einmal beenden, ich glaube, ich sagte der Welt Valet. Leben Sie wohl, mein Lieber, ich umarme Sie.

Berlin, 27. Juli 1762

Sire, als ich die Ehre hatte, Ihren letzten Brief zu erhalten, wußte ich schon seit vier Tagen, was sich in Rußland ereignet hatte. Wie ist es doch möglich, daß man es weder vorhersehen noch verhindern konnte, da doch alles zusammenkam, um deutlich zu machen, was zu erwarten war. Die Art, wie die Russen, die durch Berlin zogen, dachten, die Reden des russischen Gesandten in Den Haag, die Berichte aus Petersburg, alles sagte dieses traurige Ereignis voraus. Vor sechs Wochen schrieb ein Gesandter am russischen Hof an einen hiesigen, sehr für Ihre Interessen eingenommenen Minister schon alles, was sich inzwischen ereignet hat. Er sagte ihm, daß, wenn man sich nicht in acht nähme, man bald all das erleben werde, was sich dann tatsächlich ereignet hat. Als ich diesen Brief gesehen hatte, riet ich dem Minister, mit dem Grafen Finck zu sprechen, doch leider diente diese Warnung zu nichts. Wenn Eure Majestät sich noch meines vorigen Briefes erinnern, so werden Sie jetzt sehen, daß die Furcht, die ich darin äußerte und die ich mit verdeckten Worten ausdrückte, leider nur zu begründet war. Gebe Gott, daß die Befürchtungen, die ich wegen der Fortdauer des Friedens hege, sich als falsch erweisen.

Sie sagen mir, Sire, daß alle russischen Truppen nach Rußland zurückkehren werden; das wünsche ich natürlich. Aber Herr von Saldern, der holsteinische Gesandte, der Eurer Majestät sehr ergeben ist, sagte mir noch gestern, daß er daran nicht glaube. Die Pakete, die aus Preußen eintreffen, sind mit dem russischen Wappen gesiegelt, und das Manifest, das der Hof von Petersburg veröffentlichte, um wiederum Besitz von diesem Lande zu nehmen, hat hier jedermann in größte Bestürzung versetzt.

Wie können Sie sich, Sire, entschließen, Stettin in einem Zustand zu lassen, in dem es sich nicht einmal gegen einen Überfall halten kann? Sollten drei Bataillone weniger in Ihrer Armee und zwei Bataillone weniger in der des Prinzen Heinrich für das Schicksal dieser Heere entscheidend sein? Aber für die einzige Stadt, die Berlin und ganz Brandenburg sichert, wären sie es. Verzeihen Sie, Sire, wenn ich mir die Freiheit nehme, Ihnen hierüber das zu sagen, was ich denke. Mein wahres Engagement für Sie läßt mich sprechen. Wollte Gott, ich könnte Eure Majestät ruhig und glücklich sehen und dann eine Stunde später sterben. Ich würde wenig opfern, denn das Leben wird mir zur Last; ich bin es müde, in einer Welt zu sein, die durch ein blindes Geschick regiert und von Menschen bewohnt wird, die schlechter sind als die wilden Tiere. Prinz Ferdinand hat einen Vorteil über die Franzosen errungen, wovon Eure Majestät schon benachrichtigt sein werden. Meine Niedergeschlagenheit ist aber so groß, daß mir dieses Ereignis kaum etwas bedeuten konnte. Nur die Erhaltung Eurer Majestät liegt mir noch am Herzen und die Hoffnung, Sie endlich über die Launen eines grotesken Geschicks triumphieren zu sehen.

Juli 1762

Ihre Besorgnisse, mein lieber *Marquis,* sind unbegründet. Wir haben von Rußland nichts zu fürchten; alle Truppen gehen nach Moskau zurück. Was die Revolution[18] angeht, so habe ich sie geahnt und dem Kaiser sogar geraten, gewisse Maßnahmen zu ergreifen; aber seine Sorglosigkeit war zu groß, er wurde ärgerlich, wenn man ihm etwas von Vorsicht sagte. Noch habe ich den Brief, den er mir als Antwort auf die Ratschläge schrieb, die ich ihm gegeben hatte. Sein Unglück kommt daher, daß er der Geistlichkeit gewisse Güter nehmen wollte. Die Pfaffen leiteten die Revolution ein, die sogleich ausgeführt wurde. Dieser Fürst hatte alle Eigenschaften des Herzens, die man nur wünschen kann; aber nicht ebensoviel Klugheit, und von der hat man sehr viel nötig, um jene Nation zu regieren. Heute meldet man mir, daß er an der Kolik gestorben sei.

Wegen Berlin, mein lieber Marquis, können Sie ganz beruhigt sein, unseretwegen aber nicht, denn wir haben noch eine ebenso schwere wie gefährliche Aufgabe vor uns. Dennoch muß man hindurch. Erflehen Sie mir den Beistand Fortunas, denn alles geschieht mit ihrer Hilfe und nichts ohne sie.

Was Sie von der Eitelkeit der menschlichen Dinge und von der Bosheit der Menschen sagen, so bin ich ganz Ihrer Meinung. Das ist ja immer meine Rede gewesen, und daher mein Ekel vor dieser Welt und mein Verlangen, den unseligen Krieg zu beenden, um irgendwo mein Leben in Frieden beschließen zu können. Sie sehen, wie unbeständig die menschlichen Pläne sind. Die Revolution in Rußland hat sie stärker betroffen als andere Ereignisse, deren Zeuge ich war. Aber glauben Sie mir, ich habe während dieser sieben Feldzüge weiter nichts gesehen als

zerstörte Hoffnungen und unerwartete Unglücksfälle, kurz alles, was aus dem wunderlichen Spiel
und aus den Launen des Zufalls herauskommen
kann.

Wenn man fünfzig Jahre alt ist und solche Erfahrungen hat, mein lieber Marquis, dann hat man recht,
nicht mehr ein Spielzeug Fortunas sein zu wollen,
und dem Ehrgeiz und allen Narrheiten, die einen
Jüngling ohne Erfahrung nur zu sehr täuschen, sowie
den Vorurteilen zu entsagen, die von der großen Welt
genährt und immer fortgepflanzt werden. Leben Sie
wohl, mein lieber Marquis, ich umarme Sie!

Berlin, 2. September 1762

Sire, ich hoffe, daß Schweidnitz genommen ist, wenn
Eure Majestät meinen Brief erhalten. Sie hatten die
Güte, Sire, uns Postillone zu versprechen. Meinerseits schicke ich Eurer Majestät ein kleines Paket,
womit Sie, wie ich hoffe, zufrieden sein werden. Es
enthält zwei Exemplare einer neuen Ausgabe der
«Vermischten Poesien» in einem sehr bequemen
Taschenformat. Übrigens könnte man nichts Ele-
ganteres als diese Ausgabe finden, und weder in
London noch in Paris verstünde man eine schönere
zu machen. Die Hälfte dieser Ausgabe geht morgen
nach Danzig; die russischen Offiziere haben neun-
hundert Exemplare davon bestellt. Sie verstehen die

Kunst, Sire, das Herz derer zu gewinnen, die Ihre größten Feinde waren.

Herr von Beausobre hat diesen Neudruck der «Vermischten Poesien» besorgt und den größten Eifer darauf verwandt. Das ist ein sehr guter junger Mann. Bei Friedensschluß fände er wohl eine Gelegenheit, sich zu etablieren, wenn Sie es für gut befinden, ihm irgendeine Stellung zu verschaffen, sobald Sie selbst ruhig und aller Sorgen ledig sind.

Ihr Ruhm ist unsterblich, aber Sie sind ein zu guter Philosoph, um anzunehmen, auch Ihr Körper könnte es werden. Wenn dieser junge Mann eines Tages das Unglück hätte, Sie zu verlieren, was sollte aus ihm werden? Wenn er eine Frau fände, die ihm ein gewisses Vermögen einbringt, dann wäre sein Glück gemacht; aber um eine solche Frau zu finden, bedarf es einer Stellung, und um eine Stellung zu bekommen, müssen wir den Frieden abwarten. Gott wolle ihn uns schenken! Wir brauchen ihn alle. Übrigens denke ich wie Eure Majestät, daß er gut, ehrenvoll und dauerhaft sein muß. Sonst will ich lieber noch zehn Jahre leiden, wenn es nötig ist, und alle guten Bürger müssen so denken und denken auch so.

Nun haben die Engländer auch Havanna genommen, dazu zahllose Millionen und mehrere Kriegsschiffe. Waren die Spanier nicht ganz vom Teufel besessen, daß sie den Engländern den Krieg erklärten, nur um sich selbst zugrunde zu richten und um den Frieden noch schwerer zu machen?

Eure Majestät können sich leicht vorstellen, in welcher Unruhe wir sind und wie ungeduldig wir das Schicksal von Schweidnitz erwarten. Heute ist der 2. September. Ich kann nicht annehmen, daß die Belagerten sich bis zur Kapitulation noch lange halten werden, wenn sie nicht schon eingetreten ist.

Bögendorf, 27. September 1762

Gern möchte ich Ihnen sagen können, mein lieber *Marquis,* daß Schweidnitz genommen ist, aber wir haben es noch nicht. Vier Wochen sind wir durch Minen schikaniert und aufgehalten worden. Jetzt stehen wir vor den Palisaden. Gestern ließ der Feind eine Mine springen, die eine von unseren Stellungen zerstörte; den ganzen Tag haben wir heute gebraucht, um sie wieder herzustellen. Man muß Geduld haben, denn dieser Gribeauval verteidigt sich wie ein Mann von Ehre. Und bedenken Sie, mein Lieber, daß die Besatzung zu Anfang der Belagerung elftausend Mann zählte. Zastrow hatte nur dreitausend. Ganz ist er deswegen nicht ohne Schuld, indessen ist doch soviel richtig, daß drei fast nur der vierte Teil von elf ist und daß sich diese Leute besser verteidigen können als er.

Als die Revolution in Rußland ausbrach, bekamen Sie die Kolik; der Grund liegt darin, daß alles, was mich betrifft, Sie auf das lebhafteste beeindruckt.

Wenn es aber geht, so geben Sie mir durch Wohlbefinden Beweise Ihrer Freundschaft. Trinken Sie den
Brunnen in Sanssouci, so wie Sie es für richtig halten.
Von ganzem Herzen wünsche ich, daß Ihre Gesundheit sich wieder herstellt. Ich für mein Teil bin an
Unglück und Widerwärtigkeiten so sehr gewöhnt
und werde gegen alle Vorfälle in dieser Welt so
gleichgültig, daß ich jetzt fast gar nicht mehr fühle,
was früher die tiefsten Eindrücke auf mich gemacht
hätte. Wirklich bin ich, mein lieber Marquis, in der
praktischen Philosophie etwas weiter gekommen.
Ich werde alt, nähere mich dem Ziel meiner Tage,
und meine Seele löst sich unvermerkt von dieser
vergänglichen Welt, die ich bald verlassen werde.

Meine Lage im vergangenen Winter, die Revolution in Rußland, die Treulosigkeit der Engländer, wie
viele Vorgänge, um vernünftig zu werden, wenn
man darüber nachdenkt. Und wer möchte schon sein
ganzes Leben in schlechter Gesellschaft in dieser
schlimmsten aller möglichen Welten zubringen? Ich
erwähne nur einige Ursachen meines Ekels vor ihr;
ich habe aber während dieses Krieges so viele erlebt,
daß meine seelische Kraft ganz erschöpft ist und daß
sich nun eine Hülle von Gleichgültigkeit und Un-
empfindlichkeit um mich gelegt hat, wodurch ich
fast ganz untauglich werde.

Wir haben hier weder einen Neptun noch einen
Apoll zum Gegner, sondern einen Gribeauval mit
achttausend Mann und Mineure, die sehr unsere

Geduld strapazieren. Es gibt in Schweidnitz auch keine schöne Helena,[19] und uns fehlt ein Achill,[20] aus dem ich mir mehr machen würde als aus dem heiligen Nepomuk, dem heiligen Dionys und dem heiligen Nikolaus.

Dennoch treiben wir unsere Stellungen so weit vor, wie es die Klugheit erlaubt. Soweit ich das beurteilen kann, sind seit dem Beginn der Belagerung wohl keine sechs Tage verloren gegangen; und bei welcher Belagerung geschähe das nicht?

Wenigstens verlieren wir unsere Zeit nicht mit Reden wie Ihre schwatzhaften Griechen, oder mit Gebeten, wie die Kreuzfahrer vor Jerusalem und Damiette. Wir werden Schweidnitz erobern, ich bin deswegen ohne Sorge. Aber dann bleibt noch eine harte Arbeit übrig, und ich sehe dabei einen undurchdringlichen Nebel, der mich hindert, die künftigen Tatsachen und Zufälle zu erkennen. Die heilige Hedwig[21] erleuchtet mich nicht, sie hilft mir wenig, obgleich sie meine himmlische Verwandte ist. So überlasse ich die Zukunft dem Schicksal und vegetiere in Erwartung dessen, was geschehen wird.

Ich schreibe Ihnen so, wie ich denke. Das wird Sie ein bißchen langweilen, aber glauben Sie mir, daß es erleichtert, sein Herz auszuschütten, und bedenken Sie die Lage, in der ich mich befinde. Leben Sie wohl, mein lieber Marquis! Diesmal sage ich Ihnen nichts weiter und schließe damit, daß ich Sie meiner ganzen Freundschaft versichere.

Berlin, Oktober 1762

Sire, es gibt nichts Natürlicheres und Geistvolleres als die Verse, die Eure Majestät mir letzthin gnädigst geschickt haben. Man möchte sagen, daß die Geister Chaulieus und von La Fare aus den elysischen Gefilden zurückgekehrt seien, um sie Ihnen gemeinschaftlich zu diktieren.

Dürfte man mit Königen schimpfen, so würde ich es herzlich gern und tüchtig deswegen tun, weil Sie so gleichgültig von einer so charmanten Arbeit sprechen, die Voltaire unter die Zahl seiner schönsten kleinen Stücke einreihen würde. Ich zweifle, ob er jetzt mit ebensoviel Stärke und mit so viel Wahrheit den Unwillen ausdrücken könnte, den man empfindet, wenn man die Geschichte der Schandtaten und Betrügereien liest, die vorgebliche Diener der Religion von Jahrhundert zu Jahrhundert fortgeführt haben und in dem unsrigen noch zu vermehren streben.

Ich fürchte, wenn Sie meine Abhandlung über den Timäus jetzt lesen, daß Sie das wenige an guter Meinung, die Sie davon hatten, noch verlieren; doch hoffe ich wegen meines guten Willens auf Ihre Nachsicht und daß Sie dem Werk um des Zwecks willen verzeihen werden, den der Verfasser dabei hatte. Ich beabsichtigte mehreres, als ich mein Buch schrieb, wie Sie leicht bemerken werden. Aber die beiden Hauptzwecke waren, den Aberglauben zu

vernichten und in der Person des tugendhaften Julian
so viele Könige und große Männer zu rächen, die von
Leuten mißhandelt wurden, denen Schwachköpfe
den Namen Väter[22] beilegten. In der Tat verdienten
sie, die Väter derer zu sein, die sie so nannten. Ferner
glaubte ich, das Lächerliche jener platonischen Philosophie darlegen zu müssen, auf welche man gewisse Dogmen des Christentums gepfropft hat, deren
sich ungläubige Tyrannen wie Konstantin und
Chlodwig schlau bedienten, um ihre Zwecke zu
erreichen und sich eine Partei zu verschaffen, die ihre
ungerechte Sache begünstigte.

Ich hoffe, all das durch das Geständnis selbst der
frömmelndsten Geschichtsschreiber unleugbar bewiesen zu haben; und auf diese Art habe ich, wenn ich
mich nicht täusche, den Irrtum bis in seine letzten
Verschanzungen hinein bekämpft.

Berlin, 31. Oktober 1762

Sire, soeben wollte ich Eurer Majestät für die Güte
danken, die Sie mir mit Ihrem letzten Brief ehrend
bezeugt haben, als ich von dem glänzenden Siege
erfuhr, den Prinz Heinrich, Friedrichs des Großen
würdiger Bruder, über Ihre Feinde errungen hat.
Erlauben Sie mir, Sire, Ihnen dazu meine aufrichtig-
sten Glückwünsche auszusprechen, denen, wie ich
hoffe, alsbald mein zweiter Glückwunsch zur Erobe-

PRINZ HEINRICH VON PREUSSEN

rung von Dresden folgen wird. Ohne ein großer Rechner zu sein, stelle ich fest, daß innerhalb von vierzehn Tagen die Zahl der Österreicher sich um zwanzigtausend Mann vermindert hat: Zehntausend wurden in Schweidnitz gefangengenommen und sechstausend jetzt in der von Prinz Heinrich gewonnenen Schlacht; viertausend blieben tot oder verwundet auf dem Schlachtfeld. Ich glaube daher, daß Sie mit diesem Feldzug zufrieden sein können. Fortuna ist nicht mehr eine den Launen der Österreicher sklavisch ergebene Göttin; sie hat sich von dem Joch befreit, unter das diese sie anscheinend gezwungen hatten. Was wird Bute und seine Clique sagen, die uns so treulos verlassen wollte?

Ich hätte Eurer Majestät noch mancherlei zu sagen, aber in diesem Augenblick tritt meine Köchin ins Zimmer und fragt, ob ich nicht diesen Abend ein kleines Fest geben und was ich zum Abendessen haben wolle. Als ich die Hörner der Postillone hörte, ließ ich sogleich einige unserer Akademiker zu mir bitten, um bei mir philosophisch den glorreichen Sieg des Prinzen Heinrich und der preußischen Waffen zu feiern. Wir werden uns nicht mit Rosen bekränzen, weil es in dieser Jahreszeit keine gibt; wir werden auch keinen Falerner Wein trinken, weil unsere Weinhändler keinen führen; aber wir werden einigen Flaschen ausgezeichneten Pontac-Weins den Hals brechen und dabei für Sie und den Prinzen Heinrich die innigsten Segenswünsche zum Himmel

BRIEFWECHSEL 1762

senden, um Glück und um Wohlfahrt, denn was den
Ruhm betrifft, so haben Sie ihn beide im Überfluß,
und es hieße Wasser in den Fluß tragen.

Berlin, 10. November 1762

Sire, das beste nach meiner geringen Einsicht ist, die
Politik mit dem Krieg gleichen Schritt halten zu
lassen, folglich Ihre Feinde immerfort zu schlagen
und sie so nachdrücklich zu beuteln, wie das in
diesem Feldzug geschehen ist. Man verbreitet soeben
die Nachricht als gewiß, daß die Präliminarien zwischen Frankreich, England und Spanien unterzeichnet sind. Man sagt sogar, der Kurier, der Eurer
Majestät diese Nachricht bringe, sei am 5. d. M.
durch Rotterdam gekommen. Wenn das wahr ist, so
ist das Verhalten von Bute freilich schändlich genug;
aber es überrascht mich nicht, weil ich es vorhersah,
als Pitt das Ministerium verließ. Eines tröstet mich
doch: Da das Glück der Waffen unbeständig ist, hätte
Prinz Ferdinand nach so vielen Siegen wohl auch
einmal eine Schlacht verlieren können; dann hätten
wir in Halberstadt und entlang der Elbe die Franzosen gehabt und damit vielleicht die allergrößten
Schwierigkeiten. Wenn jetzt aber die Franzosen zu-
rückgehen, auch wenn sie Wesel den Österreichern
auslieferten, so haben wir doch einen Stachel weniger
auf unserem Wege. Die Österreicher allein fürchte

ich überhaupt nicht, und Ihr siegreicher Feldzug ist ein Beweis, daß dieses Gefühl sich auf Erfahrung gründet.

Sie fragen mich, Sire, warum ich seit einiger Zeit immer purgiere und warum meine Eingeweide so erschlafft sind. Was hatte ich nicht alles wegzupurgieren: die Einnahme von Schweidnitz innerhalb von zwei Stunden, die Eroberung von Kolberg und das unglückliche Ende Peters III. Bei jedem dieser Ereignisse bin ich so krank geworden, daß es das stärkste Pferd hätte töten können. Sie können sich denken, wie das auf meinen ohnehin geschwächten Körper gewirkt hat. Ich stehe, Sire, im 59. Lebensjahr, geboren am 24. Juni 1704. Wenn Sie sich schon alt nennen, was soll ich da erst sagen? Dennoch zweifle ich nicht, Sire, daß ich die Reise nach Leipzig werde machen können, und zwar ohne Risiko; denn seit mehreren Tagen bin ich ernstlich dabei, mich wieder auf die Beine zu bringen, und, auch wenn Sie mich für einen Vielfraß halten, so lebe ich doch so mäßig wie ein Kapuzinernovize. Bei dieser Diät und einiger stärkender Medizin hat mir mein Arzt sein Wort gegeben, daß ich zum 1. Dezember wieder hergestellt sein werde, auf welchen Tag Eure Majestät meine Abreise von hier befehlen. Dementsprechend habe ich mich eingerichtet.

Herr von Catt hielt gestern Hochzeit. Er war so vernünftig, dies ganz in der Stille zu tun, und hatte nur seine nächsten Verwandten eingeladen. Über seine Frau gibt es nur eine Meinung; alle Welt sagt nur Gutes von ihr, und ich glaube, daß er wirklich glücklich sein wird. Im allgemeinen glaube ich, daß es nichts Ärgeres auf Erden gibt als die Weiber; aber wenn man so glücklich ist, eine gute Frau zu finden, dann ist das für einen Privatmann, so sehr er auch Philosoph sei, ein unaussprechlicher Schatz. Was würde aus mir ohne den Beistand meiner Frau seit drei Jahren geworden sein? Ich wäre bestimmt schon lange begraben. Der Schaden wäre freilich für das Publikum sehr gering, aber groß für mich, der ich seit zwei Jahren so sehr wünsche, noch einmal das Glück zu haben, Sie wiederzusehen.

Berlin, 22. November 1762

Sire, beim Empfang Ihres Briefes ließ ich sogleich die Axt auf den Eichen ertönen, ließ ich die Esse Vulkans entzünden und ließ die Bewohner der Wälder ihrer Felle berauben. In Prosa bedeutet das, ich ließ den Kürschner kommen, um mir einen guten Pelz zu kaufen, einen Stellmacher und einen Schmied, um meinen halbzerbrochenen Wagen wiederherzustellen und ihn instand zu setzen, mich ohne Unfall über die schlimmen Wege zu bringen. So erwarte ich denn die letzten Befehle Eurer Majestät und den Jäger, den Sie mir als Wegbegleiter gütigst schicken wollten. Eure Majestät haben mir bisher erlaubt, Madame d'Argens auf meinen Reisen mitzunehmen, um für meine hinfällige und alte Maschine Sorge zu tragen, die seit diesen Reisen weder besser noch jünger geworden ist. Ich weiß nicht, ob ich das tun darf, da ich dazu Ihre Ansicht noch nicht kenne. Ich werde Ihre Entscheidung abwarten, um mich dann danach zu richten.

Ich habe die Ehre, Sire, Ihnen für das Porzellan zu danken, wovon Sie sprechen. Aber ich kann Eurer Majestät versichern, daß mein Engagement für Sie der Liebe der Jansenisten zu Gott gleicht, die ihn nur um seiner selbst willen lieben. Auch wenn Sie mir nicht all die Güte, womit Sie mich beehren, erwiesen, so wäre ich doch nicht weniger der patriotischste Ihrer Untertanen und der größte Ihrer Bewunderer, so sehr alle Menschen, die große Tugenden und heroische Eigenschaften ehren, dazu gehören. Und welcher Vernünftige könnte wohl nach dem, was sich seit sieben Jahren ereignet hat, Ihnen seine Bewunderung versagen?

Anmerkungen zu den Briefen des Jahres 1762

1 «Rede Kaiser Othos» und «Rede Catos von Utica».

2 Noch hatte Friedrich die Hoffnung nicht aufgegeben, die Türken zum Kriege gegen Österreich zu bewegen.

3 Wenigstens dieses Mal kann ich Euch nützlich sein...

4 Ja, ruhmreicher Märtyrer für Rom und seine Gesetze.

5 In der Nacht zum 11. Oktober 1761 hatte Laudon die Festung Schweidnitz in einem kühnen Handstreich genommen.

6 Der Tod der Kaiserin Elisabeth von Rußland am 5. Januar 1762.

7 König der griechischen Sage; nahm als Ratgeber am Kampf um Troja teil.

8 Nach der griechischen Sage das Land jenseits des Boreas, des kalten Nordwindes.

9 Noch immer hoffte Friedrich auf ein Eingreifen der Türken gegen Österreich.

10 Gemeint ist der Angriff der Türken, der aber nicht zustande kam.

11 Anspielung auf die Lehre Heraklits (um 550–480 v. Chr.), daß sich die Weltvernunft im Kampf der Gegensätze, vor allem jedoch in ihrer Harmonie verwirkliche.

12 «L'histoire des variations des églises protestantes», 1688. Jacques Bénigne Bossuet (1627–1704), Bischof von Meaux, bedeutender französischer Kanzelredner und Geschichtsschreiber, setzt sich darin mit dem Protestantismus auseinander.

13 D'Argens hatte dem König eine Karikatur auf die Vertreibung der Jesuiten aus Frankreich übersandt.

14 Demosthenes (384–322 v. Chr.) gilt als der bedeutendste griechische Redner. In seinen Reden suchte er Grie-

366   MEIN LIEBER MARQUIS!

chenland zum Freiheitskrieg gegen Philipp II. von Makedonien, den Vater Alexanders des Großen, zu bewegen.

15 Phaeton, griech. «der Leuchtende», Sohn des Sonnengottes Helios, wurde von Zeus in den Fluß Eridanos geschleudert. Seine Schwestern wurden in Bäume verwandelt, Cyane aber wurde in einem Bach in Wasser aufgelöst.

16 Zar Peter III. wurde am 9. Juli abgesetzt und am 17. Juli 1762 ermordet.

17 Schlacht bei Burkersdorf am 21. Juli 1762.

18 Staatsstreich Katharinas, Absetzung des Zars Peter III. und seine Ermordung.

19 In der griechischen Sage die Tochter des Zeus und der Leda. Sie wurde ihrem Gemahl, König Menelaos von Sparta, von Paris, dem Sohn des trojanischen Königs Priamos, entführt. Dies wurde zum Anlaß für den Trojanischen Krieg.

20 Achilleus, größter griechischer Held vor Troja.

21 Hedwig, die Heilige (1174–1243), Tante der hl. Elisabeth, verheiratet mit Herzog Heinrich I. von Schlesien. Hedwig gilt als Patronin Schlesiens, heiliggesprochen 1267. Aus ihrer Ehe stammten die Herzöge von Liegnitz und Brieg. Prinzessin Sophie aus dem Hause Liegnitz heiratete den Kurfürsten Johann Georg von Brandenburg, dessen Sohn Kurfürst Joachim Friedrich (1540–1608) der Stammvater aller Linien des brandenburgischen Hauses wurde.

22 Gemeint sind die Kirchenväter.

1763

Die Friedensverhandlungen mit Österreich, das im Gegensatz zu Preußen vor dem finanziellen Zusammenbruch stand, wurden auf Schloß Hubertusburg in Sachsen geführt. Friedrich blieb gegenüber gewissen Wünschen Wiens wie auch Sachsens unnachgiebig. Er setzte durch, daß es bei allen Grenzfragen blieb wie vor dem Krieg.

Zu seinem Unterhändler sagte er nach der Unterzeichnung des Friedensvertrages am 15. Februar: «Es ist doch ein gutes Ding um den Frieden, den wir abgeschlossen haben, aber man muß es sich nicht merken lassen.» Und damit nahm er die «unermeßliche Arbeit», vor die er sich gestellt sah, den Wiederaufbau seines Landes, in Angriff.

Berlin, 20. Februar 1763

Sire, meine erste Sorge bei meiner Ankunft in Berlin
muß es sein, Eurer Majestät für die Güte zu danken,
mit der Sie mich diesen Winter zu Leipzig beehrt
haben. Allein ich weiß, daß Sie ebenso sehr die
Komplimente hassen, wie Sie andererseits gerne
Wohltaten erweisen; daher werde ich Eurer Majestät
nur schwach die Empfindungen ehrfurchtsvoller
Dankbarkeit, von der ich durchdrungen bin, zum
Ausdruck bringen.

Ich habe Berlin in einer freudigen Begeisterung
angetroffen, die sich nicht beschreiben läßt, die sich
aber noch steigern wird, wenn Sie selbst kommen.
Der Friede hat Heiterkeit über alle Gesichter verbreitet, und Sie werden beim Anblick der guten Berliner
glauben, sie wären alle Sybariten, trunken vor Vergnügen und ohne jemals Kummer gekannt zu haben; so sehr haben sie die Leiden des Krieges vergessen.

Eure Majestät werden mich nun nicht mehr der
Trägheit beschuldigen. Die Reise von Leipzig nach
Berlin habe ich in zwei Tagen zurückgelegt, und ich
bin Tag und Nacht gefahren, ohne aus meinem
Wagen zu steigen. Vier Stunden nach Eurer Majestät
reiste ich ab, krank und unter Schmerzen. Kaum aber

war ich eine Meile von Leipzig entfernt, als ich mich schon viel besser fühlte, und die Sehnsucht, unser heiliges Land Brandenburg wiederzusehen, heilte mich vollends. Als ich über einen kleinen Bach kam, der, wie man mir sagte, Sachsen von Brandenburg trennt, machte ich es wie die Juden, wenn sie Jerusalem erblicken; ich pries den Herrn, im Lande der Auserwählten und der Kinder Gottes zu sein. In der Tat, Sire, Sie haben gut daran getan, Frieden zu machen. Dank diesem Frieden hoffe ich, daß die längsten Reisen während meines noch übrigen Lebens zwischen Potsdam und Berlin liegen werden. Ich überlasse es Ihnen, der Sie Europa gebändigt haben, es zu durchreisen, wenn es Ihnen behagt; ich für mein Teil bin sehr zufrieden, meine Fahrten auf die zwischen dem Potsdamer Schloß und Sanssouci zu beschränken. Könnte ich Sie doch dort schon den unsterblichen Ruhm genießen sehen, den Sie sich errungen haben! Aber nachdem ich sieben Jahre mich in Geduld geübt habe, kann ich auch wohl noch fünf Wochen warten. Und doch wird mir wie all Ihren Untertanen diese Zeit sehr lange vorkommen, denn wir alle sehnen uns einzig nach dem Glück, Sie endlich wiederzusehen.

Dahlen, 25. Februar 1763

Ihr Brief, mein lieber *Marquis,* hat die Besorgnisse wegen Ihrer Gesundheit von mir genommen. Sie waren am Vorabend meiner Abreise krank, aber doch sind Sie, wie man mir sagte, am nächsten Morgen aufgebrochen. Die frische Luft und die Bewegung des Reisewagens haben Sie gesund gemacht. Das bestätigt sehr die Feststellung von Boerhaave[1], daß die Gesundheit mit völliger Ruhe unvereinbar ist. Ich weiß nicht, zu welcher Bestimmung die Natur uns in die Welt gesetzt hat. Nach unserer Gesundheit zu urteilen, hat sie uns offenbar mehr dazu geschaffen, Postillone als Philosophen zu werden. Nachdem wir uns getrennt hatten, bin ich in Meißen gewesen. Wir haben Briefe aus Wien erhalten, wonach die Friedenspräliminarien dort allgemeine Freude hervorgerufen haben. Die Kaiserin soll den Überbringer fast umarmt haben. Die Ratifikationen werden morgen, spätestens übermorgen eintreffen. Nach meiner Rechnung glaube ich, Sachsen nicht vor dem 12. März verlassen zu können. Dann brauche ich zwei Wochen, um die Dinge in Schlesien wieder zu ordnen, und nach meiner Einschätzung werde ich nicht vor dem 29. nächsten Monats in Berlin sein können.

Alles Gute dabei bin nicht ich, mein lieber Marquis, sondern der Friede; es ist recht, daß die guten Bürger und das Publikum sich darüber freuen. Was mich armen Greis betrifft, so kehre ich in eine Stadt zurück, von der ich nur die Mauern kenne, wo ich keinen Bekannten wiederfinde, wo eine Riesenaufgabe meiner harrt und wo ich bald meine alten Knochen in einem Asyl lassen werde, das weder Krieg noch Unglück noch die Schlechtigkeit der Menschen antasten können. Ich bin hier in einem Landhause, wo ich zurückgezogen lebe und meinen gewöhnlichen Beschäftigungen obliege. Mir fehlt nichts als der liebe Marquis; doch ich hoffe, ihn in Berlin wiederzusehen. Fahren Sie ein bißchen aus, mein Lieber, bringen Sie Ihrer Gesundheit dieses Opfer. Ihre Pferde warten schon in Potsdam auf Sie; sie sind schon dort, und ich Unwürdiger bitte Sie, mich nicht zu vergessen. Leben Sie wohl! Meine Empfehlungen an Babette.

Dahlen, 1. März 1763

Endlich, mein lieber *Marquis,* ist wirklich Friede! Diesmal werden Sie mit Fug und Recht Postillone und das ganze dazugehörige Aufgebot erleben. Gott sei Dank, das Ende meiner militärischen Tätigkeit ist da. Sie fragen, was ich hier treibe. Ich höre Cicero jeden Tag vor Gericht sprechen. Die Reden gegen Verres habe ich längst beendet und bin jetzt bei seiner Rede «Pro Morena». Außerdem habe ich den Batteux zu Ende gelesen. Sie sehen also, daß ich nicht faul bin. Sie, mein Lieber, sollten sich nicht beunruhigen, der Fluß ist schon schiffbar, und Sie haben genug Zeit, Ihre Möbel noch vor meiner Ankunft nach Potsdam zu transportieren. Ich bleibe hier oder in Torgau bis zum 13. Meine Reise nach Schlesien wird fünfzehn oder siebzehn Tage dauern, so daß ich nicht vor dem 31. d. M. oder dem 2. April nach Berlin kommen kann. Die Spötter würden sich sonst über mich aufhalten und mich «Aprilfisch» nennen.

Wenn der Friede den Berlinern Vergnügen macht, so doch nicht den Sachsen. Kaum verlassen wir die Städte, kaum ist das flache Land geräumt, so erscheint die sächsische Steuerbehörde: «Zahlt, zahlt, der König von Polen braucht Geld!» Das Volk empfindet die Unmenschlichkeit dieses Verfahrens. Es ist im Elend, und statt ihm sein Los zu erleichtern, wird sein Ruin beschleunigt. Das, mein Lieber, ist ein nach der Natur gemaltes Bild von Sachsen. Ich selbst betrachte all diese Erpressungen als unbeteiligter Zuschauer, aber als Weltbürger kann ich sie nicht gutheißen...

Ich gebe mir Mühe, mich zu beruhigen und mich etwas von den Geschäften zu entlasten, um mir freie Zeit zu verschaffen und im Schweigen der Leidenschaften über mich selbst nachzudenken, mich im Innersten meiner Seele zu sammeln und mir jede Repräsentation fernzuhalten, die mir, ehrlich gesagt, von Tag zu Tag unerträglicher wird. Übrigens hat d'Alembert alle Angebote Rußlands abgelehnt. Diesen offenbaren Beweis von Selbstlosigkeit kann ich nur aufs höchste loben, und ich glaube, er hat gut

daran getan, sich dem ungewissen Lose des Umher-
ziehens nicht auszusetzen. Doch basta! Diese Saite ist
zu zart, um sie zu berühren.

Guten Abend, mein lieber Marquis! Es ist spät,
und morgen habe ich noch viel zu erledigen. Ich
hoffe, noch ein paar Briefe von Ihnen zu erhalten,
solange ich in Sachsen bin. Adieu, mein lieber Marquis! Leben Sie zufrieden, sorgen Sie für Ihre Gesundheit und vergessen Sie mich nicht.

Berlin, 5. März 1763

Sire, endlich habe ich ihn gesehen, den so lange
erwünschten Herold, als er unter meinem Fenster
vorbeiritt und den Frieden ausrief. Vier- bis fünftausend Menschen folgten ihm, und ihr Jubel schien mir
rührender als die harmonischste Musik. Ihr Volk
liebt Sie zärtlich, und Sie verdienen es; das muß ein
doppeltes Vergnügen für Eure Majestät sein.

Während Sie in Dahlen den Cicero lesen, packe ich
hier seine Werke ein. Meine Sachen sind teilweise
bereits nach Potsdam abgegangen. Bei dieser Gelegenheit lerne ich den Wirrwarr des Reichtums kennen. Niemals hätte ich geglaubt, so viele Güter zu
besitzen; meine Möbel gehen nicht in drei Schiffe.
Wenn ich so viele Ballen und Kisten sehe, dann
möchte ich fast glauben, ich sei im Kommissariat
Ihrer Armeen tätig gewesen.

BRIEFWECHSEL 1763 377

Außer dem Umzug beschäftige ich mich noch mit etwas anderem, nämlich mit meiner Equipierung, um Ihnen mit den Berliner Bürgern entgegenzureiten. Ich lasse mir einen blauen Rock mit Gold sticken; denn das ist die Uniform, die die Bankiers und Kaufleute gewählt haben. Diese Herren spielen mit Gold und Stickereien, und da sie mich in ihre Gesellschaft aufgenommen haben, so muß ich es wohl ebenso machen wie sie. Ich werde mir das Pferd des guten Paters Suarez[2] nehmen, das recht sanft und ruhig ist und wert, einen alten Philosophen zu tragen, so daß ich mich keiner Gefahr aussetze.

Über d'Alembert wundere ich mich nicht, denn oft hatte ich die Ehre, Eurer Majestät zu sagen, ich wollte lieber ein guter Bürger in der Brüderstraße als der Kaiser von Rußland sein; und täglich sehe ich mich in dieser Ansicht bestätigt. Ich danke Eurer Majestät sehr für die Pferde, derer ich mich zu Ihrer Ehre und zu Ihrem Ruhm bedienen werde.

Hier kommen jeden Tag neue Truppen an. Man sagt, morgen werden die drei Bataillone von Quintus Icilius hier sein, die aufgelöst und in andere Regimenter gesteckt werden sollen. Ob die Königin von Ungarn eine Reform innerhalb ihrer Truppen vornehmen wird, weiß ich nicht; aber ich bin sicher, daß sie ihre Verwandtschaft einschränken wird und daß die Vetternschaft mit der Pompadour in Wien ebenso behandelt wird wie in Berlin die Freibataillone.

Dahlen, 10. März 1763

Während Sie, mein lieber *Marquis,* die Herolde sahen und ihre Zurufe an die Menge hörten, führe ich hier das mir sehr angemessene Leben eines Philosophen. Ich habe Schwierigkeiten mit dem Abtransport der Truppen, ein bißchen mehr als Sie mit Ihren Reichtümern. Aber da alles jetzt in gutem Gange ist, genieße ich etwas mehr Ruhe als in Leipzig.

Zu meiner Begrüßung steigen Sie bitte nicht zu Pferde. Es könnte Ihnen in dem Gedränge ein Unglück zustoßen, was mir unendlich leid täte. Ich weiß, daß meine Rückkehr Sie erfreut, warum aber Demonstrationen, die Ihnen Umstände machen und Unglück bringen könnten? Übrigens kann ich erst gegen sieben oder acht Uhr abends in Berlin eintreffen. Was aber machen Sie in frischer Luft? Sie werden sich Rheumatismus und andere Krankheiten zuziehen.

Nein, mein lieber Marquis, erwarten Sie mich in meinem Zimmer; da werde ich Sie wiedersehen, da werde ich Sie sprechen. Das ist ein gescheiteres Vergnügen und passender für uns beide als eine tollkühne Kavalkade, die mich erzittern läßt...

Anmerkungen zu den Briefen des Jahres 1763

1 Hermann Boerhaave (1668–1738), niederländischer Arzt von europäischem Rang. Mitglied der Pariser Akademie und der Londoner Royal Society.
2 Anspielung auf die Antwort des spanischen Jesuiten Suarez, gestorben 1617, auf die Frage des Herzogs von Medina-Sidonia, was für ein Pferd er haben wolle: «Eins, das wie ich sein soll, sanft und friedlich.»

Anhang

Editorische Notiz

Von den 317 überkommenen Briefen der Korrespondenz zwischen Friedrich dem Großen und dem Marquis d'Argens fallen 257 in die Zeit des Siebenjährigen Krieges. Davon wurden 121 Briefe ausgewählt. Sie verteilen sich, auch was die Gesamtzahl betrifft, sehr ungleichmäßig auf die Kriegsjahre. Für die Zeit von 1756 bis 1758 sind nur 16 Briefe überliefert, von denen 13 in diese Ausgabe aufgenommen wurden. Der Briefwechsel wächst dann in den Jahren 1759 bis 1762 sehr stark an. Nicht durchweg kann er den Leser fesseln. Der Herausgeber hat sich daher bemüht, die interessantesten, Personen und Korrespondenz charakterisierenden Briefe auszuwählen.

Aus den Hinterlassenen Werken Friedrichs II., erschienen 1788, wurden 45 Briefe von d'Argens und 26 Briefe des Königs entnommen; sie waren an Hand der Originale in Formulierung und Schreibweise zu überarbeiten. Weitere 44 Briefe von Friedrich entstammen der von M. Hein herausgegebenen Briefsammlung. Vom Herausgeber dieses Bandes erstmals übersetzt wurden die Briefe auf den Seiten 99, 123 ff., 132 f., 133 f., 250, 252 f., 325 ff., 373 f., 374 ff. und 378 (Briefe von Friedrich) und auf den Seiten 142 f. und 324 f. (Briefe von d'Argens).

Personenverzeichnis

Alembert, Jean le Rond d' (1717–1783), französischer Philosoph und Mathematiker. Er gab mit Diderot die «Enzyklopädie» heraus, begründete den wissenschaftlichen Positivismus und bereicherte durch seine Forschungen Zahlentheorie und Mechanik. Führender Aufklärer. Friedrich der Große wünschte sehr, er möge das Präsidium der Berliner Akademie übernehmen, die Zarin Katharina bat ihn, ihren Sohn Paul zu erziehen. Er lehnte beides ab.

Anna von Österreich (1601–1666), Tochter König Philipps III. von Spanien, vermählt mit Ludwig XIII. von Frankreich, Mutter Ludwigs XIV.

August II., Kurfürst von Sachsen, als August III. in Personalunion König von Polen (1696–1763), Sohn August des Starken. Er überließ die politische Führung seines Landes dem Grafen Brühl, einem Gegner Friedrichs des Großen. Um den Ausbau der Dresdner Galerie erwarb er sich hohe Verdienste.

August Wilhelm (1715–1781), Herzog von Braunschweig-Lüneburg-Bevern, preußischer General. Er wurde 1757 von den Österreichern bei Breslau geschlagen und besiegte sie 1762 bei Reichenbach. Gouverneur von Stettin.

August Wilhelm (1722–1758), Bruder Friedrichs des Großen, der ihn 1744 als präsumptiven Thronfolger zum «Prinzen von Preußen» ernannte. Im Siebenjährigen Krieg erlitt er beim Rückzug 1757 große Verluste, worüber es zum Bruch zwischen den Brüdern kam.

Batteux, Charles (1713–1780), Ästhetiker. Begründer der französischen Kunstphilosophie; er schrieb Untersuchungen über die Bildenden Künste.

386   PERSONENVERZEICHNIS

Bayard, Pierre du Terrail, Seigneur de (1476–1524), französischer Ritter, der sich in den italienischen Kriegen Frankreichs durch Tapferkeit auszeichnete. Er wurde auch «der Ritter ohne Furcht und Tadel» genannt.

Bayle, Pierre (1647–1706), französischer Philosoph, einer der einflußreichsten Denker der Aufklärung. Hauptwerk: das «Historische und kritische Wörterbuch», erschienen 1695–1697. Friedrich der Große verfaßte 1764 einen Auszug daraus und schrieb eine geistvolle Vorrede dazu.

Beausobre, Louis de (1730–1783), Sohn des von Friedrich dem Großen geschätzten Pastors Isaac de Beausobre; Mitglied der Berliner Akademie, zuletzt Geheimer Rat. Er publizierte Schriften über philosophische und staatswissenschaftliche Themen.

Beck, Philipp Lewin Freiherr von (1720–1768), bürgerlicher Herkunft, österreichischer Feldzeugmeister. Er nahm an den beiden ersten Schlesischen Kriegen teil und zeichnete sich im Siebenjährigen Krieg als Mitarbeiter Dauns aus.

Belle-Isle, Charles Louis Auguste Fouquet, Graf, seit 1748 Herzog von (1684–1761), französischer Marschall, seit 1751–1761 Kriegsminister.

Bernier, François (1620–1688), französischer Arzt, Philosoph und Reisender. Anhänger Gassendis.

Bernini, Lorenzo (1598–1680), stilbegründender Meister des italienischen Barock; wirkte in Rom, dessen Stadtbild er entscheidend mitprägte.

Bernoulli, Johann Daniel (1700–1782), Physiker und Mathematiker.

Boerhaave, Hermann (1668–1738), niederländischer Arzt von europäischem Rang. Mitglied der Pariser Akademie und der Londoner Royal Society.

PERSONENVERZEICHNIS 387

Boileau, Nicolas (1636–1711), französischer Dichter und Geschichtsschreiber Ludwigs XIV. Hauptwerk «L'Art Poétique».

Bossuet, Jacques Bénigne (1627–1704), bedeutender französischer Kanzelredner und Geschichtsschreiber, Bischof von Meaux.

Boufflers, Joseph-Marie Herzog von (1706–1747), französischer General, Regimentskommandeur im polnischen und im österreichischen Erbfolgekrieg, wo er sich in Flandern hervortat.

Broglie, Victor François Herzog von (1718–1804), Marschall von Frankreich. Im Siebenjährigen Krieg befehligte er die französischen Truppen im Kampf gegen Ferdinand von Braunschweig. Unter Ludwig XVI. war er zeitweise Kriegsminister. Bei Ausbruch der Französischen Revolution verließ er Frankreich. Er hinterließ «Erinnerungen an den Siebenjährigen Krieg».

Brühl, Heinrich Graf von (1700–1763), leitender Minister des Kurfürsten August II. von Sachsen. Er betrieb eine preußenfeindliche Politik ohne Erfolg. Finanzielle Mißwirtschaft.

Bülow, Friedrich Gotthard von, kursächsischer Minister und Gesandter am preußischen Hof von 1740 bis 1756.

Bute, John Stuart Earl of (1713–1792), britischer Staatsmann, Gegner Pitts und Friedrichs des Großen. Er löste das englisch-preußische Bündnis noch während des Siebenjährigen Krieges und schloß 1763 mit Frankreich Frieden.

Buturlin, Alexander Borissowitsch Graf (1694–1767), russischer Feldmarschall, Generalgouverneur von Moskau. Im Siebenjährigen Krieg operierte er ohne Erfolg.

Calprenède, Gautier de Costes, Seigneur de la (1609–1663), Verfasser phantasievoller Ritterromane.

388 PERSONENVERZEICHNIS

Carl Eugen (1728–1793), Herzog von Württemberg, am Hof Friedrichs des Großen erzogen. Despotischer aber schöpferischer Fürst, gründete die Hohe Karlsschule, baute in Stuttgart das Neue Schloß und die Schlösser Solitude und Hohenheim, schuf die heutige Landesbibliothek und die Akademie der Bildenden Künste. Den Dichter Schubert setzte er auf dem Asperg 10 Jahre lang fest; Schiller entzog sich einem möglicherweise ähnlichen Schicksal durch die Flucht 1782. Carl Eugens Geliebte und spätere zweite Frau, Franziska von Hohenheim, hat ihn günstig beeinflußt. Friedrich der Große verfaßte für ihn 1744 einen «Fürstenspiegel».

Catilina Lucius Sergius (um 108–62 v. Chr.), römischer Verschwörer gegen die Herrschaft des Senats. Von Cicero angeklagt, fiel er im Kampf.

Cato, Marcus Porcius, der Jüngere (95–46 v. Chr.), Republikaner und Gegner Cäsars. Nach dessen Sieg bei Thapsus gab er sich selbst den Tod.

Catt, Henri Alexandre de (1725–1795), Schweizer, von 1758 bis 1780 Vorleser und Privatsekretär Friedrichs des Großen. Für die Kenntnis des Königs sind seine Erinnerungen und «Gespräche» von großem Wert.

Caze, Pierre Jacques (1676–1754), französischer Maler, Mitglied der Pariser Malerakademie, später ihr Direktor.

Chaulieu, Guillaume de (1639–1720), der «französische Anakreon», dichtete gefällig im Stile von Horaz und Catull.

Cicero, Marcus Tullius (106–43 v. Chr.), römischer Staatsmann, berühmter Redner und Interpret der griechischen Philosophie. Er hatte großen Einfluß auf die Geistesgeschichte des Abendlandes. Im Bürgerkrieg wurde er ermordet.

PERSONENVERZEICHNIS

Chlodwig I. (466–511), König und Begründer des Franken-
reiches. Er trat zum Christentum über.

Coichy, Babette, französische Schauspielerin. Zusammen
mit ihrer Schwester, einer beliebten Tänzerin, wurde sie
von d'Argens an das Königliche Theater Berlin engagiert.
D'Argens heiratete sie 1749; sie gebar 1754 eine Tochter.
1768 ging sie mit ihrem Mann nach Frankreich zurück.

Collins, Anthony (1676–1729), englischer Philosoph und
Freidenker, dessen kritische Werke über die Dogmen
des Christentums die Aufklärung in Großbritannien
und Frankreich beeinflußt hatten.

Condé, Ludwig Prinz von (1621–1686), seit 1661 Herzog
von Bourbon, auch «der Große Condé» genannt, siegte
1643 und 1648 über die Spanier, wurde in den Wirren
der Fronde von Turenne geschlagen und errang nach
dem Pyrenäenfrieden 1659 als Feldherr unter Ludwig
XIV. große Erfolge.

Contades, Louis Georges Marquis de (1704–1795), Marschall von Frankreich; zeitweise hatte er das Oberkom-
mando der Rheinarmee im Siebenjährigen Krieg. Er
wurde bei Minden 1759 von Prinz Ferdinand von
Braunschweig geschlagen. Zuletzt war er Generalgouverneur von Lothringen.

Corneille, Pierre (1606–1684), französischer Dichter, Voll-
ender des klassischen Dramas, das meist Themen aus
der Antike behandelt. Hauptwerk «Der Cid».

Correggio, Antonio Allegri da (1489–1534), italienischer
Maler. Berühmt u.a. «Die heilige Nacht» in Dresden
und «Leda mit dem Schwan» in Berlin.

Cotin, Charles (1604–1682), Prediger und philosophischer
Schriftsteller.

Crébillon, Prosper Jolyot de (1674–1762), französischer
Dramatiker.

390 PERSONENVERZEICHNIS

Cumberland, William August Herzog von (1721–1765),
dritter Sohn König Georgs II. von Großbritannien. Im
Siebenjährigen Krieg befehligte er die deutsch-englischen Truppen gegen die Franzosen und kapitulierte
nach der Niederlage bei Hastenbeck 1757. Den Oberbefehl an der Westfront übernahm nach ihm erfolgreich
Prinz Ferdinand von Braunschweig.

Daun, Leopold Graf von (1705–1766), österreichischer
Feldmarschall und Reorganisator des österreichischen
Heeres. Im Siebenjährigen Krieg siegte er 1757 bei
Kolin, 1758 bei Hochkirch und zwang 1759 General
Finck bei Maxen zur Kapitulation. Er verlor die
Schlacht von Torgau 1760. Friedrich der Große unter-
schätzte ihn; aus übertriebener Vorsicht verstand es
Daun allerdings nicht, Siege und günstige Lagen zu
nutzen.

Demokrit (um 460–371 v. Chr.), griechischer Philosoph,
Begründer der Atomistik. Ethisch vertrat er den Eudä-
monismus.

Demosthenes (384–322 v. Chr.), bedeutendster griechischer
Redner, Gegner Philipps von Macedonien. Er starb
durch Selbstmord.

Descartes, René (1596–1650), Begründer der neueren
abendländischen Philosophie und Schöpfer der analyti-
schen Geometrie. Berühmt durch sein «Cogito ergo
sum» (Ich denke, also bin ich). Der Cartesianismus
beherrschte ein Jahrhundert lang die Philosophie.

Diderot, Denis (1713–1784), französischer Schriftsteller,
einer der führenden Männer der Aufklärung. Er verfaßte mit d'Alembert und anderen Autoren die «Enzyklopädie», auch Romane und Theaterstücke und viele andere Werke.

Dilthey, Wilhelm (1833–1911), einflußreicher deutscher

Philosoph und Verfasser grundlegender geisteswissen-
schaftlicher Arbeiten.

Diogenes (4. Jh.), griechischer Philosoph. Vertreter des
Kynismus, der Lehre von der Bedürfnislosigkeit.

Elisabeth Christine (1715–1797), Prinzessin von Braunschweig-Bevern, Nichte Kaiser Karls VI., wurde 1733
mit dem preußischen Kronprinzen Friedrich vermählt.
Die Ehe war unglücklich. Seit 1740 lebte sie als Königin
getrennt von ihrem Mann in Schönhausen.

Elisabeth Petrowna (1709–1762), Tochter Peters des Großen, kam durch Staatsstreich 1741 zur Regierung als
Kaiserin von Rußland. Sie ernannte ihren Neffen Peter
von Holstein-Gottorp zum Nachfolger; dieser war
durch Vermittlung Friedrichs des Großen mit Sophie
von Anhalt-Zerbst, der späteren Kaiserin Katharina der
Großen, vermählt. Elisabeth war die treibende Kraft
zum Kriege gegen Preußen.

Eller, Johann Theodor (1689–1760), Mediziner und Natur-
wissenschaftler. In preußischen Diensten unter Friedrich Wilhelm I. und Friedrich dem Großen, Leibarzt
und Direktor der physikalischen Klasse der Berliner
Akademie.

Empedokles (um 500 bis 430 v. Chr.), griechischer Natur-
philosoph, der sich der Sage nach in den Ätna gestürzt
haben soll.

Epiktet (um 50–138), griechischer Philosoph, Stoiker. Sein
«Handbüchlein der Moral» war ein Lehrbuch der Le-
bensweisheit.

Epikur (341–271 v. Chr.), griechischer Philosoph, dessen
Ethik das Glück des Menschen auf Seelenfrieden und
Schmerzlosigkeit gründete. Später wurde das Bild
eines Epikuräers zu dem eines Genußmenschen ver-
gröbert.

392 PERSONENVERZEICHNIS

Fare, Charles Auguste Marquis de la (1644–1712), Freund von Chaulieu, ebenfalls anakreontischer Poet.

Fénélon, François de Salignac de la Mothe (1651–1715), französischer Theologe und Schriftsteller, Vorläufer der Aufklärung aber auch des Pietismus. Berühmtestes Werk «Les aventures de Télémaque». Darüber kam es zum Zerwürfnis mit Ludwig XIV. Seit 1695 Erzbischof von Cambrai.

Ferdinand (1730–1813), jüngster Bruder Friedrichs des Großen, verheiratet mit Louise von Brandenburg-Schwedt, Vater des Prinzen Louis Ferdinand, der 1806 bei Saalfeld fiel. Ferdinand zeichnete sich in mehreren Schlachten des Siebenjährigen Krieges aus. Er war Großmeister des Johanniterordens.

Ferdinand (1721–1792), Prinz von Braunschweig, Schwager Friedrichs des Großen. Als Feldmarschall hatte er im Siebenjährigen Krieg den Oberbefehl über die deutsch-englischen Truppen im Kampf gegen die Franzosen. Er führte mit Tatkraft und schlug sie mehrfach in Niedersachsen, Hessen und Westfalen. Nach dem Kriege kurze Zeit Gouverneur der Festung Magdeburg.

Ferri, Ciro (1634–1689), italienischer Maler. Er arbeitete in Rom, Florenz und Bergamo.

Finck, Friedrich August von (1718–1766), preußischer General. Er kapitulierte 1759 bei Maxen vor der Übermacht der Österreicher.

Finck von Finckenstein, Karl Wilhelm Graf (1714–1800), Kabinettsminister Friedrichs des Großen bis zu dessen Tod.

Fleury, Claude (1640–1723), Abbé, Prinzenerzieher und Kirchenhistoriker. Friedrich der Große veröffentlichte 1766 einen Auszug aus seiner Kirchengeschichte und schrieb eine Vorrede dazu.

PERSONENVERZEICHNIS 393

Fontenelle, Bernard de (1657–1757), französischer Schriftsteller, Sekretär der Pariser Akademie. Er schrieb die
seinerzeit viel gelesenen «Unterhaltungen über die Viel-
falt der Welt» und andere geistvolle Abhandlungen im
Sinne der Aufklärung.

Fouqué, Heinrich August Freiherr de la Motte (1698 –
1774), preußischer General, Freund Friedrichs des Großen. Er wurde 1760 bei Landeshut von den dreifach
stärkeren Österreichern unter Laudon geschlagen und
schwer verwundet gefangengenommen. Er starb als
Domprobst in Brandenburg.

Fredersdorf, Michael Gabriel (1708–1758), einfacher Herkunft, Kämmerer und Faktotum Friedrichs des Großen.
Er genoß sein ganzes Vertrauen.

Fréron, Elie Cathérine (1718–1760), französischer Publizist
und Kritiker, Herausgeber der Zeitschrift «L'Année
littéraire». Gegner Voltaires.

Friedrich II. der Große (24. 1. 1712 – 17. 8. 1786). Schwere
Jugend in der Auseinandersetzung mit dem despoti-
schen Vater König Friedrich Wilhelm I. Fluchtversuch
1730, Gefangenschaft in Küstrin, Hinrichtung seines
Freundes Katte. 1733 Heirat auf Befehl des Vaters mit
der ungeliebten Prinzessin Elisabeth Christine von
Braunschweig-Bevern. Als Kronprinz residierte Friedrich von 1736 bis 1740 in Rheinsberg.

Nach dem Regierungsantritt 1740 innere Reformen im
Geist des aufgeklärten Absolutismus; als «Philosoph
von Sanssouci» war der König Mittelpunkt eines Kreises geistreicher Persönlichkeiten. Pflege der Musik,
auch durch eigene Kompositionen, Freund der bildenden Künste, Bauherr von erlesenem Geschmack.

Ruhmsüchtig nutzte Friedrich die Krise des Hauses
Habsburg nach dem Tode Kaiser Karls VI. zum Einfall

in Schlesien, um seinem noch schwachen Staat das Gewicht einer Großmacht zu verschaffen. Die tapfere Maria Theresia, Erbin des kaiserlichen Vaters, lehnte die Forderung nach Abtretung ab. In zwei Kriegen (1740–42 und 1744–45) mit fünf siegreichen Schlachten, die ihn als größten Feldherrn seiner Zeit auswiesen, sicherte der König die Erwerbung. Es folgten zehn Friedensjahre mit Aufbauarbeit auf vielen Gebieten: Rechtspflege, Verwaltung, Siedlungspolitik, Wirtschaftsförderung u. a. Friedrich schrieb 1746 die «Geschichte meiner Zeit», 1751 «Denkwürdigkeiten des Hauses Brandenburg» und nach dem Siebenjährigen Krieg 1763 die Geschichte dieses Krieges; ferner schrieb er Gedenkreden, Testamente, politische und militärische Abhandlungen und immer wieder Gedichte. Außerdem unterhielt er eine riesige private und politische Korrespondenz.

Als «der alte Fritz» war er die berühmteste Gestalt seiner Zeit. Einsam lebte er als erster Diener des Staates seiner Pflicht. Das aufblühende deutsche Geistesleben blieb ihm fremd, er blieb der französischen Sprache und Kultur aufs engste verbunden. Bei der ersten Teilung Polens 1772 sicherte er sich Westpreußen; gegen die Erwerbsabsichten Österreichs in Süddeutschland zog er 1778 ins Feld. Er starb in seinem geliebten Sanssouci.

Friedrich Eugen (1732–1797), Bruder des Herzogs Carl Eugen von Württemberg, trat als Oberst 1749 in preußischen Dienst. General im Siebenjährigen Krieg, wurde dort mehrfach verwundet. Nach dem Krieg Regent in Mömpelgart. Schwiegervater des Zaren Paul. Von Friedrich Wilhelm II. wurde er zum Generalfeldmarschall ernannt. Er wurde Nachfolger seiner Brüder Carl und Ludwig 1795 als Herzog von Württemberg.

PERSONENVERZEICHNIS 395

Friedrich Wilhelm I. (1688–1740), der «Soldatenkönig», bestieg 1713 den preußischen Thron und führte ein streng patriarchalisches Regiment. 1720 erwarb er im Krieg gegen Schweden Vorpommern mit Stettin. Er schuf das preußische Beamtentum und organisierte die preußische Armee. Seinem Nachfolger hinterließ er einen ansehnlichen Staatsschatz.

Galilei, Galileo (1564–1642), italienischer Naturforscher, Begründer der Kinematik und mathematischen Naturwissenschaft, Entdecker der Jupiter-Monde. Geriet in Gegensatz zum Aristotelismus und der herrschenden kirchlichen Lehre über der Frage des kopernikanischen Weltbildes. Die Inquisition zwang ihn zum Schweigen und Widerruf.

Gassendi, Pierre (1592–1655), französischer Naturforscher und Philosoph, der an die Atomistik Epikurs anknüpfte. Gegner von Descartes.

Giordano, Luca (1632–1705), fruchtbarer italienischer Maler und Radierer. Wandmalereien in Florenz.

Gleditsch, Johann Gottlieb (1714–1786), Botaniker, Mitglied der Berliner Akademie, Leiter des Botanischen Gartens. Hauptwerk «Systematische Einleitung in die neuere Forstwirtschaft».

Gotter, Gustav Adolf Graf von (1692–1762), trat aus herzoglich-gothaischen Diensten in preußische unter Friedrich Wilhelm I. und wurde von Friedrich dem Großen zum Oberhofmarschall und Geheimen Staatsrat, zum Kurator der Akademie und Generalpostmeister ernannt. Als Gesandter vertrat er Preußen 1741 kurze Zeit in Wien. Als er 1745 vorübergehend seinen Abschied nahm, schrieb der König, er beklage den liebenswürdigen Mann, dessen Verlust ein Bankrott für Berlin sei.

396   PERSONENVERZEICHNIS

Gotzkowski, Johann Ernst (1710–1775), Berliner Kaufmann und Textilfabrikant, Begründer der Berliner Porzellanmanufaktur. Im Siebenjährigen Krieg machte er sich um Berlin verdient; auch tätigte er für Friedrich den Großen Bildankäufe.

Gribeauval, Jean Baptiste (1715–1789), österreichischer und französischer General. Er verteidigte Schweidnitz 1762. Fachmann für den Minenkrieg.

Hadik, Andreas Reichsgraf von (1710–1790), österreichischer Feldmarschall. Er besetzte 1757 für ein paar Stunden Berlin. Heerführer 1789 im Türkenkrieg.

Hawke, Eduard (1705–1781), britischer Admiral. Er besiegte die französische Flotte im Österreichischen Erbfolgekrieg 1747 bei der Insel Belle-Isle und vernichtete sie im Siebenjährigen Krieg 1759 in der Seeschlacht bei Quiberon. Erster Lord der Admiralität.

Heinrich IV. (1553–1610), König von Navarra und Frankreich. Als Calvinist Führer der Hugenotten. Bei seiner Vermählung mit Margarete von Valois kam es 1572 zum Massenmord in der Bartholomäusnacht. Nach dem Tod Heinrichs III. 1589 war er Erbe der Krone Frankreichs, was die Katholische Liga zum Aufstand gegen ihn veranlaßte. 1593 gewann er Paris durch Übertritt zum Katholizismus. Den Hugenotten gewährte er freie Religionsausübung im Edikt von Nantes 1598. Er wurde 1610 ermordet.

Heinrich, Prinz (1726–1802), Bruder Friedrichs des Großen, im Siebenjährigen Kriege einer der besten Heerführer, Sieger in der Schlacht bei Freiberg 1762. Er hatte maßgeblichen Anteil an den Verhandlungen mit Rußland wegen der Teilung Polens. Gespanntes Verhältnis zum König.

Heraklit (um 550–480 v. Chr.), griechischer Philosoph,

PERSONENVERZEICHNIS 397

tiefsinniger Denker von großem Einfluß auf die abendländische Philosophie.

Herder, Johann Gottfried (1744–1803), Theologe, Geschichtsphilosoph und Literaturkritiker. Goethes Mentor in Straßburg, Generalsuperintendent in Weimar. Seine Werke wie «Über den Ursprung der Sprache», «Von deutscher Art und Kunst», «Ideen zur Philosophie der Geschichte der Menschheit», «Briefe zur Beförderung der Humanität», «Stimmen der Völker in Liedern» u. a. haben die deutsche Geistesgeschichte nachhaltig beeinflußt.

Holbach, Paul Heinrich Baron von (1723–1789), gehörte zum Kreis der Enzyklopädisten. Sein «System der Natur» gilt als eines der Hauptwerke des Materialismus.

Holderness, Robert Earl of Arcy (1718–1778), britischer Staatssekretär, Mitarbeiter Pitts. Nach dessen Rücktritt 1761 wurde auch er entlassen.

Horaz (65–8 v. Chr.), bedeutender römischer Lyriker, der in seinen Oden Liebe und Freundschaft besang; auch schrieb er Satiren und Episteln sowie eine «ars poetica».

Hülsen, Johann Dietrich von (1693–1767), preußischer General; nahm an fast allen Feldzügen im Siebenjährigen Krieg teil und war wegen seiner Tapferkeit berühmt.

Jordan, Charles Etienne (1700–1745), aus französischer Refugié-Familie, reformierter Prediger in der Mark. Von Friedrich dem Großen nach Reinsberg gerufen, wurde er sein enger Freund; 1740 Geheimer Rat, 1744 Vizepräsident der Berliner Akademie.

Joyard, Oberküchenmeister Friedrichs; ein wichtiges Hofamt, denn der König war ein Feinschmecker.

Julianus, Flavius Claudius (332–363), römischer Kaiser, schlug 357 die Alemannen bei Straßburg. Er versuchte, das Heidentum im neuplatonischen Geist wiederherzu-

398 PERSONENVERZEICHNIS

stellen. Daher der Beiname Apostata (gr. Abtrünniger),
den ihm die Christen gaben.

Karl II. (1661–1700), letzter habsburgischer König von
Spanien. Sein Tod löste den spanischen Erbfolgekrieg
von 1701 bis 1714 aus, in dem Österreich im Bündnis
mit England und Preußen gegen Frankreich und Bayern um die Thronfolge kämpfte. In den Friedensschlüs-
sen von Utrecht 1713 und von Rastatt 1714 wurde das
spanische Erbe zwischen den Häusern Bourbon und
Habsburg aufgeteilt.

Karl V. (1500–1558), Erbe der österreichischen Länder,
von Burgund und den Niederlanden, von Spanien und
Sizilien, römisch-deutscher Kaiser seit 1519. In seine
Regierungszeit fiel die Eroberung Mexikos und Perus
durch Spanien. Ständig in Kriege gegen Frankreich
verwickelt, bekämpfte er, streng katholisch, in Deutschland Luthers Reformation. Er dankte 1556 ab.

Karl VI. (1685–1740), zweiter Sohn Kaiser Leopolds I.,
Nachfolger seines Bruders Josephs I. 1711 als römisch-
deutscher Kaiser. Er beendete den spanischen Erbfolgekrieg durch den Frieden von Rastatt 1714. Sein Feldherr
Prinz Eugen siegte im Türkenkrieg von 1716–18.
Durch die Pragmatische Sanktion von 1713 suchte er
die Nachfolge seiner Tochter Maria Theresia zu sichern
und übergab dafür Lothringen an Frankreich. Mit ihm
starb der Mannesstamm der Habsburger aus.

Karl XII. (1682–1718), König von Schweden. Er schlug
im Nordischen Krieg die Russen bei Narva 1700 und
August den Starken in Polen und Sachsen. Im Bündnis
mit dem Kosakenhetmann Masepa versuchte er, Zar
Peter den Großen zum Frieden zu zwingen, verlor aber
die Schlacht von Poltawa 1709. Jahrelang hielt er sich in
der Türkei auf, dann kehrte er 1714 zurück. Er fiel bei

PERSONENVERZEICHNIS

der Belagerung der norwegischen Festung Frederikshall. Voltaire hat ihm eine glänzende Biographie gewidmet, Friedrich der Große einen gehaltvollen Essay. Mit seinem Tode endete Schwedens Großmachtstellung.

Karl Wilhelm Ferdinand (1735–1806), Erbprinz von Braunschweig, Neffe Friedrichs des Großen; er zeichnete sich im Siebenjährigen Krieg aus. Herzog seit 1780, führte er das preußische Heer im Revolutionskrieg gegen Frankreich und 1806 gegen Napoleon. Schwer verwundet bei Auerstedt, starb er auf der Flucht.

Katharina II. die Große (1729–1796), Prinzessin von Anhalt-Zerbst; sie heiratete 1745 den russischen Thronfolger, ihren Vetter, den späteren Kaiser Peter III. Durch Staatsstreich bestieg sie 1762 den Thron. An der bald darauf erfolgten Ermordung ihres Gatten war sie nicht beteiligt. Katharina festigte Rußlands Großmachtstellung durch siegreiche Türkenkriege und durch die drei Teilungen Polens. Sie verschönte St. Petersburg durch glänzende Bauten. Umfassende Reformen im Innern blieben stecken. Sie betrachtete sich als Anhängerin der Aufklärung und förderte Diderot und die Enzyklopädisten. Ähnlich wie Friedrich der Große schrieb sie viele Werke und unterhielt eine große Korrespondenz mit den führenden Köpfen der Zeit.

Kaunitz, Wenzel Anton Graf, Fürst von Rietberg (1711 – 1794), österreichischer Staatsmann, seit 1753 Staatskanzler. Leiter der österreichischen Außenpolitik bis 1793. Er brachte die Große Koalition gegen Friedrich zustande.

Keith, George (1693–1778), Lordmarschall, Parteigänger der Stuarts; er mußte Großbritannien verlassen und trat 1748 in die Dienste Friedrichs des Großen. Von 1754–1762 Gouverneur von Preußisch-Neuchâtel. Vor-

400 PERSONENVERZEICHNIS

übergehend wieder in Schottland, beschloß er sein Leben in Preußen.

Keith, James (Jacob) (1696–1758), Bruder des Lordmarschalls, der ebenfalls die Heimat verlassen mußte. Er war General in russischen Diensten und kämpfte gegen die Türken; 1748 kam er nach Berlin und wurde preußischer Feldmarschall. Er fiel in der Schlacht bei Hochkirch 1758.

Keyserlingk, Dietrich Freiherr von (1698–1745), 1729 von König Friedrich Wilhelm I. zum Gesellschafter des Kronprinzen bestimmt. Er wurde Friedrichs hochgeschätzter Freund. Der König war auch Pate seiner Tochter. Generaladjutant seit 1740.

Knobelsdorff, Georg Wenzeslaus von (1699–1753), großer preußischer Baumeister. Er leitete die Umbauten der Schlösser von Rheinsberg, Charlottenburg und Potsdam und baute Schloß Sanssouci nach den Vorstellungen Friedrichs des Großen. Auch die Berliner Oper ist sein Werk.

Knobloch, Karl Gottfried (1697–1764), preußischer General; er kämpfte auf fast allen Schauplätzen des Siebenjährigen Krieges, zuletzt Kommandant von Schweidnitz.

Köppen, Friedrich Gotthold, Geheimer Rat, seit 1751 Kriegszahlmeister.

Körner, Christian Gottfried (1756–1831), Oberkonsistorialrat in Dresden, später Geheimer Oberregierungsrat im preußischen Staatsdienst. Freund Schillers, der von 1785 bis 1787 in seinem Hause in Loschwitz wohnte.

Konstantin I., der Große (um 288–337), römischer Kaiser, machte das Christentum zur Staatsreligion. Er verlegte 330 die kaiserliche Residenz von Rom nach Byzanz.

La Fontaine, Jean de (1621–1695), erwarb Weltruhm durch seine auch heute noch in Frankreich populären Fabeln

PERSONENVERZEICHNIS   401

in Versen, wofür er die ganze bekannte Fabelüberliefe-
rung, vor allem des Altertums, heranzog.

Lagrange-Chancel, François Joseph de (1676–1758), französischer Dramatiker in der Nachfolge Corneilles und
Racines.

Lamettrie, Julien Offray de (1709–1751), französischer Philosoph, Materialist und Atheist. Außer der Veröffentlichung des Buches «Der Mensch, eine Maschine» befaßte er sich als Mediziner mit der vergleichenden Biolo-
gie. Seit 1748 Mitglied der Berliner Akademie.

Lacy, Franz Moritz Graf von (1725–1801), österreichischer
Feldmarschall, Generalquartiermeister unter Daun.

Laudon, Gideon Freiherr von (1717–1790), fähigster österreichischer Feldmarschall, im Siebenjährigen Krieg Sieger bei Kunersdorf 1759 und Landeshut 1760. Geschlagen von Friedrich dem Großen bei Liegnitz 1760. Ober-
befehlshaber im Türkenkrieg 1787–1791; Eroberer von
Belgrad 1789.

Lehwaldt, Hans von (1685–1768), preußischer Feldmarschall, Gouverneur von Königsberg. Mit stark unterle-
genen Kräften griff er 1757 die Russen bei Groß-Jägern-
dorf an; obwohl er unterlag, räumten die Russen vorübergehend Ostpreußen.

Lengefeld, Karoline von (1763–1847). Sie und ihre drei
Jahre jüngere Schwester Charlotte lernten 1787 Schiller
kennen, der eine Zeitlang schwankte, bis er sich für
Charlotte entschied. Karoline war in zweiter Ehe mit
ihrem Vetter Freiherr von Wolzogen verheiratet; sie
schrieb Romane, auch eine Schiller-Biographie.

Livius, Titus (um 59 v. Chr. – 17 n. Chr.), römischer Geschichtsschreiber, der die Geschichte Roms von der Grün-
dung der Stadt (753 v. Chr.) bis zum Tode des Drusus
(9 v. Chr.) darstellte. Nur teilweise überkommen.

402 PERSONENVERZEICHNIS

Locke, John (1632–1704), englischer Philosoph, in Staats-
ämtern Parteigänger Wilhelms von Oranien. Sein
Hauptwerk, veröffentlicht 1690, «Ein Versuch über den
menschlichen Verstand», begründete die moderne Er-
kenntnistheorie. In seiner Staatslehre forderte er die
Trennung der ausführenden und der gesetzgebenden
Gewalt und beeinflußte über Voltaire und Montesquieu
die europäische Aufklärung entscheidend.

Lothar II., fränkischer König von 855 bis 869, Sohn Kaiser
Lothars; sein Herrschaftsgebiet war das nach ihm be-
nannte Lothringen. Er verstieß 857 seine Gemahlin
Teutberga zugunsten seiner Geliebten Waltrada.

Lucretius Carus, Titus (98–55 v. Chr.), römischer Dichter,
Verfasser des wohl bedeutendsten Lehrgedichts des Altertums, eines hexametrischen Epos in sechs Büchern
«Über die Natur», in dem das Weltbild Epikurs darge-
stellt wurde, um die Menschen von Furcht und Aberglauben zu befreien. Lukrez starb durch Selbstmord.

Ludwig der Fromme (778–840), Kaiser von 814 bis 840, Sohn
Karls des Großen. Er teilte das Frankenreich unter seine
Söhne und leitete damit die Trennung zwischen Ostreich
und Westreich, zwischen Deutschland und Frankreich
ein, die 843 im Vertrag von Verdun vollzogen wurde.

Ludwig XIV. (1638–1715), König von Frankreich, der
«Sonnenkönig»; er verkörperte den königlichen Absolutismus. Erbauer des Schlosses von Versailles, Förde-
rer der Künste und der Literatur. Seine Machtpolitik
und seine ständigen Kriege gegen Habsburg und das
Reich überstiegen schließlich Frankreichs Kräfte.

Ludwig XV. (1710–1774), König von Frankreich, Urenkel
Ludwigs XIV. Ein schwacher, dem Genuß ergebener
Herrscher. Die französische Politik wurde zwei Jahr-
zehnte lang von dem klugen Kardinal Fleury und dann

PERSONENVERZEICHNIS 403

von Madame Pompadour bestimmt. Seine Regierung endete mit dem Verlust des französischen Kolonialreichs und in einer Mißwirtschaft, die eine der Ursachen der französischen Revolution war.

Luxembourg, François Henri de Montmorency, Herzog von (1628–1695), Marschall von Frankreich unter Ludwig XIV., Sieger in mehreren Schlachten in Flandern im Kampf gegen Wilhelm von Oranien.

Marcus Aurelius (121–180), römischer Kaiser, Philosoph auf dem Thron. Seine «Selbstbetrachtungen» sind das verbreitetste Werk des Stoizismus.

Malebranche, Nicole (1638–1715), französischer Philosoph. Hauptwerk «Zur Erforschung der Wahrheit».

Maratti, Carlo (1625–1713), italienischer Maler des römischen Spätbarocks.

Marggraf, Andreas Sigismund (1709–1782), angesehener Chemiker, Entdecker des Zuckers in der Runkelrübe, berühmt als Forscher. Er wurde Nachfolger von Eller als Direktor der Klasse für Naturwissenschaften an der Berliner Akademie.

Maria Augusta (1706–1756), Herzogin von Württemberg, Gemahlin Herzogs Karl Alexander, Mutter der Herzöge Carl Eugen, Ludwig Eugen und Friedrich Eugen von Württemberg.

Maria Theresia (1717–1780), Königin von Ungarn und Böhmen, Erzherzogin von Österreich, Erbtochter Kaiser Karls VI., verheiratet mit Herzog Franz von Lothringen, der von 1745 bis 1765 Kaiser war. Ihr Erbe verteidigte sie tapfer im Österreichischen Erbfolgekrieg 1740–1748 gegen Preußen und Frankreich, verlor aber Parma und Piacenza an die spanischen Bourbonen und Schlesien an Friedrich den Großen. Die Wiedergewinnung Schlesiens war das Ziel ihrer Außenpolitik, doch

404 PERSONENVERZEICHNIS

am Ende des Siebenjährigen Krieges mußte sie im
Frieden von Hubertusburg 1763 auf Schlesien verzichten.

Marius, Gajus (156–86 v. Chr.), besiegte Jugurtha in Nord-
afrika und die Teutonen und Kimbern in Norditalien.
Gegner Sullas, der ihn ächtete. Nach Sullas Tod kehrte
er nach Rom zurück und nahm blutige Rache an seinen
Gegnern.

Maupertuis, Pierre Louis de (1698–1759), französischer
Physiker und Mathematiker, leitete 1736 die Gradmes-
sung in Lappland und berechnete die Abplattung der
Pole. Er wurde 1741 durch Friedrich den Großen zum
Präsidenten der Berliner Akademie berufen.

Mitchell, Andrew Sir (1708–1771), britischer Diplomat,
seit 1753 Gesandter am preußischen Hof. Er gewann
das Vertrauen Friedrichs des Großen und war während
des Siebenjährigen Krieges in seiner Umgebung.

Montesquieu, Charles Baron de (1689–1755), französischer
Schriftsteller und Denker. Er kritisierte in den «Persischen Briefen» 1721 die europäischen Verhältnisse; sein
Hauptwerk ist «Der Geist der Gesetze» von 1748, worin er die Gewaltenteilung im Staate fordert und damit
die Verfassungen der USA und der Französischen Revolution maßgebend beeinflußte.

Moritz, Graf von Sachsen (1696–1750), Marschall von
Frankreich, Sohn August des Starken und der Gräfin
Aurora von Königsmarck. Er eroberte im Österreichischen Erbfolgekrieg die Niederlande. Friedrich schätzte
seine militärischen Fähigkeiten.

Newton, Isaac (1643–1727), bahnbrechend auf den Gebieten der Mathematik, der Mechanik, der Astronomie
und Optik.

Nicolai, Friedrich (1733–1811), Berliner Schriftsteller und

PERSONENVERZEICHNIS 405

Buchhändler; er gründete mit Lessing und Moses Mendelssohn die Zeitschrift «Bibliothek der schönen Wissenschaften und freien Künste» und gab die von Lessing verfaßten «Briefe, die neueste Literatur betreffend» heraus. Vertreter der deutschen Aufklärung.

Nikolaus I., Papst von 858 bis 867, hielt strenges Kirchenregiment und trat dem Frankenkönig Lothar II. entgegen, als dieser seine Gattin Teutberga zugunsten seiner Geliebten Waltrada verstieß. Er setzte den Patriarchen von Konstantinopel ab, wodurch es zum Bruch mit Byzanz kam.

Nivernois, Louis Jules Barbou Herzog von (1716–1798), französischer Diplomat und Schöngeist, Mitglied der Akademie. 1756 in besonderer, aber erfolgloser Mission in Berlin.

Noël, Friedrichs Leibkoch.

O'Donnell, Charles Graf von Tyrconnel (1715–1791), österreichischer General. Er zeichnete sich im Siebenjährigen Krieg bei Kolin, Hochkirch und Maxen aus. Nach dem Krieg Generalinspekteur der österreichischen Kavallerie.

Otho, Marcus Salvius (32–69), einige Monate römischer Kaiser; er endete durch Selbstmord.

Pascal, Blaise (1623–1662), französischer Religionsphilosoph, Mathematiker und Physiker, Erfinder einer Rechenmaschine, Entdecker des Gesetzes der kommunizierenden Röhren und des Luftdrucks. Zurückgezogen im jansenistischen Kloster Port Royal befaßte er sich mit den Grundfragen des christlichen Dogmas. Nach seinem Tod erschienen die weltberühmten «Gedanken über die Religion».

Pesne, Antoine (1683–1757), französischer Maler, seit 1711 Hofmaler in Berlin. Er malte neben Wand- und Dek-

406 PERSONENVERZEICHNIS

kenbildern vor allem Portraits der Angehörigen der
königlichen Familie.

Peter I. der Große (1672–1725), seit 1682 Zar von Rußland.
Er öffnete sein Reich der europäischen Zivilisation
durch umwälzende Reformen auf dem Gebiet der Verwaltung und des Militärwesens und eroberte im Nordischen Krieg 1700–1721 die schwedischen Provinzen
im Baltikum. Schöpfer der russischen Flotte, Gründer
von St. Petersburg 1703. Nach dem siegreichen Krieg
nahm er den Kaisertitel an. Rußland wurde europäische
Großmacht.

Peter III. (1728–1762), Sohn von Peters des Großen Tochter Anna und des Herzogs Karl Friedrich von Holstein-
Gottorp. Bewunderer Friedrichs des Großen, kehrte er
nach dem Tod seiner Tante, der Kaiserin Elisabeth,
1762 als Kaiser die russische Politik völlig um. Er wurde
von seiner Frau Katharina gestürzt und von Alexej
Orlow ermordet.

Pibrac, Guy du Four, Seigneur de (1529–1584), französischer Schriftsteller.

Philipp II. (um 382–336 v. Chr.), König von Makedonien,
Vater Alexanders des Großen; er unterwarf Griechen-
land.

Pitt, William Earl of Chatham (1708–1778), bedeutender
britischer Staatsmann während des Siebenjährigen
Krieges, der «auf den Schlachtfeldern Europas» den
Franzosen die amerikanischen und indischen Kolonien
abgewann.

Plato (427–347 v. Chr.), größter griechischer Philosoph,
Schüler des Sokrates, Begründer der Akademie zu
Athen. Im Mittelpunkt seiner Philosophie steht die
Lehre von den Ideen als Ausdruck des Unveränder-
lichen, immer gleich bleibend Seienden.

PERSONENVERZEICHNIS 407

Plutarch (um 50–125), griechischer Philosoph und Historiker. Bekannt durch seine vergleichenden Lebensbeschreibungen großer Griechen und Römer.

Pöllnitz, Karl Ludwig Freiherr von (1692–1775), Kammerjunker unter König Friedrich I. von Preußen, Kammerherr bei Friedrich Wilhelm I. und Friedrich dem Großen, dem er auch als Vorleser diente. Ein amüsanter, unruhiger Geist, meist in Geldverlegenheiten. Zuletzt Theaterdirektor.

Pompadour, Jeanne-Antoinette Marquise de (1721–1764), Geliebte Ludwigs XV. Sie beeinflußte maßgeblich die französische Politik.

Pompejus, Gnäus P. (106–48 v. Chr.), römischer Feldherr und Staatsmann; er schlug Sertorius in Spanien und Mithridates in Kleinasien. 60 schloß er mit Cäsar und Crassus das 1. Triumvirat. Im Bürgerkrieg vertrat er die Sache des Senats und wurde von Cäsar 48 bei Pharsalus besiegt. Er floh nach Ägypten und wurde dort ermordet.

Poseidonios (135–51 v. Chr.), griechischer Philosoph, Lehrer des Pompejus und des Cicero; bedeutender Denker des Altertums.

Ptolomäus, Claudius (um 85–160), Geograph und Astronom in Alexandrien; sein geozentrisches Weltbild blieb gültig bis zu Kopernikus.

Puschkin, Alexander Sergejewitsch (1799–1837), Schöpfer der neueren russischen Literatur, Rußlands größter Dichter. Lyriker, Erzähler und Dramatiker. Er starb an den Folgen eines Duells.

Quintus Icilius, eigentlich Guichard, Karl Gottlieb (1724–1775). Er wollte die wissenschaftliche Laufbahn als Philologe und Kenner orientalischer Sprachen einschlagen, trat aber im Siebenjährigen Krieg zunächst bei

408 PERSONENVERZEICHNIS

Ferdinand von Braunschweig und dann bei Friedrich dem Großen in militärische Dienste. Er kommandierte als Major mehrere Freibataillone und führte 1761 den unrühmlichen Auftrag aus, Schloß Hubertusburg zu plündern.

Rabelais, François (1494–1553), französischer Schriftsteller und Humanist. Er verfaßte die abenteuerlichen und derben Geschichten der Riesen Gargantua und Pantagruel, die zugleich viel Zeitkritik enthalten.

Racine, Jean Baptiste (1639–1699), französischer Dramatiker. Zu seinen wichtigsten Tragödien gehören «Andromache», «Mithridates», «Phaedra» und «Athalie». Friedrich der Große schätzte ihn über alles.

Ranke, Leopold von (1795–1886), Begründer der modernen deutschen Geschichtswissenschaft durch Quellenforschung und Darstellung, «wie es eigentlich gewesen ist.» Seine historischen Werke umfassen 54 Bände.

Reuß, Graf von, preußischer Oberhofmarschall und Geheimer Staatsminister, starb 1780.

Richelieu, Armand Jean du Plessis (1585–1642), Kardinal und Leiter der französischen Politik unter Ludwig XIII. Er begründete im Kampf gegen den Hochadel und gegen die Hugenotten den Absolutismus in Frankreich. Im Dreißigjährigen Kriege unterstützte er Schweden gegen das Haus Habsburg. 1635 gründete er die Académie Française.

Richelieu, Louis Arnaud François du Plessis, Herzog von (1696–1788), erfolgreicher französischer Heerführer im österreichischen Erbfolgekrieg, anfangs auch im Siebenjährigen Krieg. Freund Voltaires.

Romano, Giulio (1492–1546), italienischer Maler, Schüler Raffaels.

Rothenburg, Friedrich Rudolf Graf von (1710–1751), zuerst

PERSONENVERZEICHNIS

in französischen, seit 1740 in preußischen Diensten. Als General in der Schlacht von Chotusitz 1742 schwer verwundet. Er gewann als Soldat und Diplomat das Vertrauen und die Freundschaft Friedrichs des Großen.

Rousseau, Jean Baptiste (1670–1741), französischer Dichter, berühmt als Verfasser von Oden.

Rousseau, Jean-Jacques (1712–1778), französischer Schriftsteller der Aufklärung, aber auch ihr Überwinder insofern, als er mit seinen Werken Empfindung und Gefühl gegen die Ratio wieder zur Geltung brachte. Seine gesellschaftspolitischen Ideen beeindruckten ganz Europa.

Saurin, Jacques (1677–1730), französischer Geistlicher, der berühmteste der protestantischen Prediger. Nach Aufhebung des Edikts von Nantes 1685 ging er nach England und Holland. Seine Predigten umfassen 9 Bände.

Schmidt, Georg Friedrich (1712–1775), erster Illustrator der Werke Friedrichs des Großen, gewissermaßen ein Vorläufer von Menzel. Hervorragender Kupferstecher. Er gehörte mit Knobelsdorff und Pesne zu den führenden Berliner Künstlern.

Schulenburg, Mathias Johannes Graf von (1661–1747), General im Dienste Augusts des Starken von Sachsen, wurde er von Karl XII. geschlagen und führte die sächsischen Truppen aus Polen nach Sachsen zurück. Als venezianischer Feldmarschall erwarb er im Türkenkrieg 1716 großen Ruhm durch die erfolgreiche Verteidigung von Korfu.

Schwerin, Kurt Christoph Graf von (1684–1757), preußischer Feldmarschall, Sieger von Mollwitz 1741 im Ersten Schlesischen Krieg; er fiel im Siebenjährigen Krieg in der Schlacht bei Prag 1757.

Seneca, Annäus (um 1–65), römischer Philosoph und Tragödiendichter, Erzieher Neros. Er starb durch Selbst-

410   PERSONENVERZEICHNIS

mord. In seinen Schriften spiegeln sich die Lehren der Stoiker und Epikuräer.

Sertorius Quintus (um 123–72 v. Chr.), Gegner Sullas im Bürgerkrieg; vorübergehend befreite er Spanien von der römischen Herrschaft, unterlag aber Pompejus und wurde ermordet.

Seydlitz, Friedrich Wilhelm von (1721–1773), preußischer Reitergeneral; er entschied die Siege von Roßbach 1757 und Zorndorf 1758.

Sokrates (470–399 v. Chr.), griechischer Philosoph, dessen Tugendlehre durch Plato vermittelt wurde. Wegen Gottlosigkeit wurde er zum Tode verurteilt und trank den Schierlingsbecher.

Sophie Dorothea (1687–1757), Königin in Preußen, vermählt mit Friedrich Wilhelm I., Mutter Friedrichs des Großen.

Soubise, Charles de Rohan (1715–1787), Marschall von Frankreich, Günstling der Pompadour. Er wurde 1757 bei Roßbach vernichtend geschlagen.

Spinoza, Baruch de (1632–1677), Philosoph, Vertreter der Lehre vom Pantheismus (Gott und Natur sind eins) und Begründer der rationalen Schriftquellenforschung. Sein Werk hatte maßgeblichen Einfluß auf die deutsche Philosophie bis in die Neuzeit.

Süßmilch, Johann Peter (1707–1767), angesehener Theologe und Statistiker in preußischen Diensten. Seit 1745 Mitglied der Berliner Akademie, seit 1750 des Oberkonsistoriums. Sein Hauptwerk «Die göttliche Ordnung in den Veränderungen des menschlichen Geschlechts» (1741) war für die Entwicklung der Bevölkerungsstatistik bahnbrechend.

Sulla, Lucius Cornelius (138–78 v. Chr.), römischer Feldherr und Staatsmann, bekämpfte siegreich Mithridates in Kleinasien und als Diktator die Partei des Marius.

PERSONENVERZEICHNIS
411

Tacitus, Cornelius (um 55–116), römischer Konsul und Geschichtsschreiber, bekannt vor allem als Verfasser der «Germania».

Thiébault, Dieudonné (1733–1807), von Friedrich dem Großen 1765 als Lehrer für Französisch an die Berliner Akademie berufen. 1784 ging er nach Frankreich zurück. Er hinterließ interessante «Persönliche Erinnerungen an einen zwanzigjährigen Aufenthalt in Berlin».

Thou, Jacques Auguste (1553–1617), französischer Geschichtsschreiber und Staatsmann. In der vielbändigen «Historia mei temporis» beschrieb er die Religionskämpfe in Frankreich.

Timäus (um 400), pythagoräischer Philosoph aus Locris, Unteritalien.

Tizian, Vecellio (angeblich 1476–1576), einer der bedeutendsten venezianischen Maler.

Totleben, Gottlieb Heinrich (1710–1773), russischer General deutscher Herkunft. Er besetzte 1760 für ein paar Tage Berlin.

Tschernyschew, Sachar Grigorewitsch Graf (1722–1784), russischer General, seit 1773 Feldmarschall. Generalgouverneur von Moskau.

Turenne, Henri de Latour d'Auvergne, Vicomte de (1611–1675), Marschall von Frankreich, Heerführer im Dreißigjährigen Krieg und in den Kriegen Ludwigs XIV. Er fiel im Gefecht bei Saßbach.

Tyrconnel, Richard Francis Talbot Earl of, Marschall von Frankreich, von 1750–1752 Gesandter am preußischen Hof. Er starb in Berlin.

Valory, Louis Guy Henri Marquis de (1692–1774), zeichnete sich in jungen Jahren in den Kriegen Ludwigs XIV. aus und ging 1739 als Gesandter an den preußischen Hof. Seine große diplomatische Geschicklichkeit und

412 PERSONENVERZEICHNIS

sein aufrechter Charakter gewannen ihm das Vertrauen Friedrichs. Lebenslängliche Freundschaft verband ihn mit Voltaire. Seine Erinnerungen erschienen 1820.

Verelst, niederländischer Gesandter in Berlin seit 1760; er erwarb sich Verdienste für Berlin während der Tage der Besetzung durch die Russen und die Österreicher; Friedrich erhob ihn 1767 in den Grafenstand.

Verres, Gajus, gest. 43 v. Chr., wurde als Statthalter von Sizilien 70 von Cicero wegen seiner Übergriffe und Erpressungen angeklagt. Er ging in die Verbannung.

Vergilius Maro, Publius (70–19 v. Chr.), römischer Dichter; Verfasser der «Bucolica», Hirtengedichte, und der «Georgica», Gedichte über den Landbau, sowie des Epos' «Aeneis».

Vertot, René Aubert de (1655–1735), französischer Historiker. Seine Geschichte der römischen Revolutionen erschien 1719–20, die der schwedischen 1695.

Voltaire, eigentlich François Marie Arouet (1694–1778), die geistreichste Verkörperung der Aufklärung, die er auf allen Gebieten der Wissenschaften und Künste bewundernswert vertrat. Seine Werke umfassen 52 Bände. Entscheidend für ihn war ein dreijähriger Aufenthalt in England, wo er Anhänger Lockes und Newtons wurde und ihre Lehren in Werken und Briefen in Frankreich und damit in Europa verbreitete. Berühmt seine Epen «Die Henriade» und «La Pucelle», seine Dramen und Romane, vor allem «Candide». Mit dem Werk «Das Jahrhundert Ludwigs XIV.» und dem großen Essay «Über die Sitten und den Geist der Nationen» begründete er eine neue Form der Kulturgeschichte, die sich vor allem sozialen, kulturellen und wirtschaftlichen Erscheinungen zuwandte. 1750 kam er an den Hof Friedrichs des Großen, mußte aber 1753 Preußen wieder verlassen. Charakterlich sehr schwierig, war er als Schriftsteller eine öffentliche Macht und erwarb sich im unermüdlichen Kampf gegen Intoleranz und Fanatismus für Vernunft und Gerechtigkeit große Verdienste. Von 1758 bis ans Lebensende wohnte er als Fürst des Geistes auf seinem Landsitz in Ferney an der Grenze zur Schweiz. Friedrich bewunderte ihn wegen der unübertrefflichen Eleganz seines Stils und unterhielt einen Briefwechsel, in dem sich zwei Große ihres Jahrhunderts begegneten. Der König hat ihm zu Ehren 1778 in der Berliner Akademie eine ihn würdigende Gedächtnisrede verlesen lassen.

Watteau, Jean-Antoine (1684–1721), französischer Maler. Die von Friedrich in Berlin zusammengetragene Sammlung seiner Gemälde ist die größte außerhalb Frankreichs.

Wilhelm III. von Oranien (1650–1702), Erbstatthalter der Niederlande, vermählt mit Maria, der Tochter des letzten Stuartkönigs Jakob II. von Großbritannien. Durch Beschluß des englischen Parlaments wurde er in der «Glorreichen Revolution» 1688 mit Maria auf den britischen Thron erhoben. Führend im Kampf gegen Ludwig XIV. von Frankreich.

Wilhelmine Sophie Friederike (1709–1758), Lieblingsschwester Friedrichs des Großen, verheiratet auf Befehl des Vaters mit dem Markgrafen Friedrich von Bayreuth. Ihr Tod am Tage von Hochkirch 1758 hat den Bruder tief erschüttert.

Winterfeldt, Hans Karl von (1707–1757), preußischer General, Freund Friedrichs des Großen und engster militärischer Mitarbeiter. Er wurde im Gefecht bei Moys tödlich verwundet.

Wunsch, Johann Jakob von (1717–1788), preußischer General, nachdem er zuvor in württembergischen, bayrischen und holländischen Diensten stand. Er zeichnete sich bei der Belagerung von Prag und bei Leuthen aus. 1759 nahm er Torgau und Wittenberg ein. Seit 1763 Chef eines Infanterieregiments.

Zastrow, Karl Anton Leopold von (1702–1799), preußischer General, der nach der Kapitulation von Schweidnitz 1761 bei Friedrich in Ungnade fiel.

Zeno (um 350–264 v. Chr.), griechischer Philosoph, Begründer des Stoizismus. Er starb durch Selbstmord. Die stoische Ethik lehrt vernunftgemäßes Leben, Pflichterfüllung und leidenschaftslose Unerschütterlichkeit gegenüber dem Schicksal.

Literaturhinweis

Quellen

Œuvres de Frédéric le Grand, herausgegeben von J. D. E. Preuß, 30 Bände, Berlin 1846–1856. Band 19 enthält die überkommene Korrespondenz zwischen Friedrich dem Großen und d'Argens, 317 Briefe in französischer Sprache.

Hinterlassene Werke Friedrichs II., Königs von Preußen, 15 Bände, Berlin 1788. Band 10 enthält 75 Briefe Friedrichs an d'Argens, Band 13 121 Briefe von d'Argens an Friedrich.

Die Werke Friedrichs des Großen in deutscher Übersetzung, herausgegeben von G. B. Volz, 10 Bände, Berlin 1912–1914.

Briefe Friedrichs des Großen, herausgegeben von M. Hein, 2 Bände, Berlin 1912–1914; Band 2 enthält 51 Briefe Friedrichs an d'Argens.

Friedrich der Große im Spiegel seiner Zeit, herausgegeben von G. B. Volz, 3 Bände, Berlin 1926/27.

Friedrich der Große, Gespräche mit Catt, herausgegeben von W. Schüßler, Leipzig 1940.

Dieudonné Thiébault, Friedrich der Große und sein Hof. Persönliche Erinnerungen an einen 20jährigen Aufenthalt in Berlin, 2 Bände, Stuttgart 1901.

Pierre Gaxotte, Argens, in: Dictionnaire des Lettres Françaises, XVIIIe siècle, Paris 1960.

Elise Johnston, Le Marquis d'Argens, sa vie et ses œuvres. Thèse d'Université Paris, o. J.

R. Trousson, Les opinions littéraires du Marquis d'Argens. Romanische Forschungen, Band 77, Frankfurt/Main, 1965.

Literatur

Wilhelm Dilthey, Friedrich der Große und die deutsche Aufklärung, Leipzig 1927.

Walter Elze, Friedrich der Große. Geistige Welt, Schicksal, Taten. Berlin 1943.

Pierre Gaxotte, Friedrich der Große, Frankfurt/Main, Berlin und Wien, 1974.

Otto Hintze, Die Hohenzollern und ihr Werk, Berlin 1960.

Reinhold Koser, Geschichte Friedrichs des Großen, 4 Bände, Stuttgart und Berlin, 1912–1914.

Franz Kugler, Die Geschichte Friedrichs des Großen, Bayreuth 1981.

Leopold von Ranke, Friedrich II., König von Preußen. Sämtliche Werke, Band 51 und 52, Leipzig 1888.

Leopold von Ranke, Der Ursprung des Siebenjährigen Krieges, Leipzig 1871.

Theodor Schieder, Friedrich der Große. Ein Königtum der Widersprüche. Frankfurt/Main 1983.

Eduard Spranger, Der Philosoph von Sanssouci, Berlin 1942.

Eduard Vehse, Friedrich der Große und sein Hof, Stuttgart 1901.

Eduard Zeller, Friedrich der Große als Philosoph, Berlin 1886.

Bildnachweis

S.   3:   Friedrich II. der Große, König von Preußen.
Kupferstich von J. F. Bause, 1787, nach dem Ge-
mälde von Anton Graff. Bildquelle: Archiv für
Kunst und Geschichte, Berlin

S.   7:   Jean-Baptiste de Boyer, Marquis d'Argens. Kup-
ferstich eines unbekannten Künstlers. Bildquelle:
Leopold von Ranke, Zwölf Bücher preußischer
Geschichte.

S. 15:   Charles Etienne Jordan. Gemälde von Antoine
Pesne. Bildquelle: Archiv Gerstenberg, Wietze.

S. 17:   Hans Karl von Winterfeldt. Holzschnitt von
Kretzschmar nach Menzel, 1851. Bildquelle: Archiv für Kunst und Geschichte, Berlin.

S. 18:   Heinrich August Freiherr de la Motte-Fouqué.
Punktierstich. Bildquelle: Leopold von Ranke,
Zwölf Bücher preußischer Geschichte.

S. 31:   Elisabeth Christine, Königin von Preußen. Kupferstich. Bildquelle: Archiv für Kunst und Geschichte, Berlin.

S. 32:   Friedrich der Große und Voltaire unter den
Kolonnaden von Sanssouci. Kupferstich von
P. Haas, um 1800. Bildquelle: Archiv für Kunst
und Geschichte, Berlin.

S. 35:   Ludwig XV., König von Frankreich. Federlitho-
graphie nach einem zeitgenössischen Gemälde.
Bildquelle: Bildarchiv Preußischer Kulturbesitz,
Berlin.

S. 36:   Julien Offray de Lamettrie. Kupferstich von
Georg Ferdinand Schmidt. Bildquelle: Bildarchiv
Preußischer Kulturbesitz, Berlin.

418 BILDNACHWEIS

S. 71: August III., König von Polen, Kurfürst von Sachsen. Kupferstich von Georg Ferdinand Schmidt nach dem Gemälde von Louis Silvestre. Bildquelle: Archiv für Kunst und Geschichte, Berlin.

S. 72: Heinrich Graf von Brühl. Kupferstich von Balechoux, 1750, nach dem Gemälde von Louis Silvestre. Bildquelle: Archiv für Kunst und Geschichte, Berlin.

S. 75: Karl Wilhelm Graf Finck von Finckenstein. Kupferstich von H. Sintzenich. Bildquelle: Archiv Gerstenberg, Wietze.

S. 82: Sophie Dorothea, Königin in Preußen. Zeitgenössischer Kupferstich. Bildquelle: Archiv Gerstenberg, Wietze.

S. 83: Friedrich Wilhelm I., König in Preußen. Zeitgenössischer Kupferstich. Bildquelle: Archiv Gerstenberg, Wietze.

S. 102: Leopold Graf von Daun. Zeitgenössischer Kupferstich. Bildquelle: Archiv Gerstenberg, Wietze.

S. 105: James (Jacob) Keith. Stich von Eduard Kretzschmar nach Menzel. Bildquelle: Archiv für Kunst und Geschichte, Berlin.

S. 125: Pierre Louis Moreau de Maupertuis. Zeitgenössischer Kupferstich. Bildquelle: Leopold von Ranke, Zwölf Bücher preußischer Geschichte.

S. 135: Maria Theresia, Kaiserin von Österreich. Gemälde von Martin van Meytens. Bildquelle: Pflugk-Harttung, Weltgeschichte. Neuzeit 1650–1815, Berlin 1908.

S. 136: Elisabeth Petrowna, Zarin von Rußland. Schabkunstblatt von Stenglin nach Caravaca. Bildquelle: Interfoto, München.

S. 149: Prinz Ferdinand von Braunschweig. Kupferstich

BILDNACHWEIS
419

nach einem Gemälde von Ziesenis. Bildquelle: Archiv Gerstenberg, Wietze.

S. 155: Charles Louis Fouquet, Herzog von Belle-Isle. Kupferstich von Moitte nach La Tour. Bildquelle: Archiv für Kunst und Geschichte Berlin.

S. 172: Jean le Rond d'Alembert. Kupferstich von Henriquez nach einem Gemälde von Jollain. Bildquelle: Archiv für Kunst und Geschichte, Berlin.

S. 175: Charles de Rohan, Prinz de Soubise. Zeitgenössisches Gemälde. Bildquelle: Archiv Gerstenberg, Wietze.

S. 189: Johann Peter Süßmilch. Kupferstich von J. F. W. Bollinger nach Glume, 1795. Bildquelle: Archiv für Kunst und Geschichte, Berlin.

S. 217: Jeanne Antoinette Marquise de Pompadour. Xylografie nach einem Gemälde. Bildquelle: Interfoto, München.

S. 235: Friedrich Wilhelm von Seydlitz. Kupferstich nach einem Gemälde im Ohlauer Stadthaus. Bildquelle: Archiv für Kunst und Geschichte, Berlin.

S. 249: Friedrich der Große besucht die Seidenfabrik des Berliner Kaufmanns Johann Ernst Gotzkowski. Holzschnitt von Adolph von Menzel, 1856. Bildquelle: Archiv für Kunst und Geschichte, Berlin.

S. 274: Voltaire. Anonymer Stahlstich nach einem zeitgenössischen Kupferstich. Bildquelle: Archiv für Kunst und Geschichte, Berlin.

S. 283: William Pitt, Earl of Chatham, Schabkunstblatt von Richard Houston, 1766. Bildquelle: Archiv für Kunst und Geschichte, Berlin.

S. 287: Ernst Gideon Freiherr von Laudon. Kupferstich von Fiestinger nach Steininger, 18. Jahrhundert.

420 BILDNACHWEIS

Bildquelle: Archiv für Kunst und Geschichte, Berlin.

S. 291: Wenzel August Graf Kaunitz, Fürst von Kaunitz-Rietberg. Kupferstich von J. Schmutzer nach J. Steiner, 1765. Bildquelle: Archiv für Kunst und Geschichte, Berlin.

S. 326: Peter III., Zar von Rußland. Kupferstich von Fritzsch nach Denner, 1745. Bildquelle: Archiv für Kunst und Geschichte, Berlin.

S. 347: Katharina II. die Große, Zarin von Rußland. Stich nach einem zeitgenössischen Gemälde. Bildquelle: Archiv für Kunst und Geschichte, Berlin.

S. 359: Prinz Heinrich von Preußen. Kupferstich von Georg Ferdinand Schmidt. Bildquelle: Archiv Gerstenberg, Wietze.

Inhalt

Friedrichs Freund d'Argens	9
Zur Vorgeschichte des Siebenjährigen Kriegs	49

Mein lieber Marquis!

1756

Einführung	67
Briefe	69
Anmerkungen	77

1757

Einführung	81
Briefe	85
Anmerkungen	93

1758

Einführung	97
Briefe	99
Anmerkungen	109

1759

Einführung	113
Briefe	115
Anmerkungen	177

1760

Einführung	183
Briefe	185
Anmerkungen	255

INHALT

1761

Einführung 263
Briefe 265
Anmerkungen 307

1762

Einführung 313
Briefe 315
Anmerkungen 365

1763

Einführung 369
Briefe 371
Anmerkungen 379

Anhang

Editorische Notiz 383
Personenverzeichnis 385
Literaturhinweis 415
Bildnachweis 417

Die Karten auf dem Vorsatz geben die Lagebilder von vier bedeutenden Schlachten des Siebenjährigen Krieges wieder: der Eröffnungsschlacht bei Lobositz am 1. Oktober 1756, in der Friedrich über die Österreicher siegte; die Schlacht von Hochkirch am 15. Oktober 1758 (siehe auch das Umschlagbild), in der Friedrich infolge eines Überraschungsangriffs durch Daun und Laudon eine schwere Niederlage erlitt; die Schlacht bei Liegnitz am 15. August 1760, in der Friedrich seinerseits durch einen ähnlichen Überraschungsangriff die österreichische Armee unter Daun und Laudon besiegte; und die Schlacht bei Freiberg in Sachsen am 29. Oktober 1762, in der Prinz Heinrich von Preußen die Reichsarmee vernichtend schlug und damit den sächsischen Feldzug beendete. Die Karten sind einer Sammlung von 39 Kupferstichen in Einzelblättern entnommen, erschienen unter dem Titel *Les Plans de la guerre de Sept ans contenans les Batailles, Combats, Prises de Villes, Camps etc. dessinés par L. Therbu, Lieut.-Ingen., gravé par Cöntgen, Mayence o.J.*

CIP-Kurztitelaufnahme der Deutschen Bibliothek

Mein lieber Marquis!: Friedrich der Große,
sein Briefwechsel mit Jean-Baptiste d'Argens
während d. Siebenjährigen Krieges / ausgew.,
kommentiert u. mit e. Nachw. vers. von
Hans Schumann
Zürich: Manesse Verlag, 1985
(Manesse Bibliothek der Weltgeschichte)
ISBN 3-7175-8046-9

NE: Schumann, Hans [Hrsg.];
Friedrich ⟨Preußen, König, II.⟩ [Mitverf.];
Argens, Jean Baptiste de Boyer Marquis d' [Mitverf.]

Umschlag und typographisches Konzept:
Hans Peter Willberg, Eppstein

Copyright © 1985 by Manesse Verlag, Zürich
Alle Rechte vorbehalten